U0927238

武汉纺织大学学术著作出版基金资助出版

武汉纺织大学人文社科文库（第三辑）

卢卡奇对现代性的批判

■ 宋朝普／著

中国社会科学出版社

图书在版编目(CIP)数据

卢卡奇对现代性的批判/宋朝普著.—北京:中国社会科学出版社,2014.11

ISBN 978-7-5161-5002-3

Ⅰ.①卢… Ⅱ.①宋… Ⅲ.①卢卡奇,G.(1885~1971)—哲学思想—思想评论 Ⅳ.①B515

中国版本图书馆CIP数据核字(2014)第247397号

出 版 人 赵剑英
选题策划 田 文
责任编辑 夏 侠
责任校对 闫 萃
责任印制 王 超

出 版 中国社会科学出版社
社 址 北京鼓楼西大街甲158号
邮 编 100720
网 址 http://www.csspw.cn
发 行 部 010-84083685
门 市 部 010-84029450
经 销 新华书店及其他书店

印 刷 北京市大兴区新魏印刷厂
装 订 廊坊市广阳区广增装订厂
版 次 2014年11月第1版
印 次 2014年11月第1次印刷

开 本 710×1000 1/16
印 张 14.5
插 页 2
字 数 210千字
定 价 45.00元

凡购买中国社会科学出版社图书,如有质量问题请与本社联系调换
电话:010-84083683

目　录

前　言 ………………………………………………………… (1)

　　第一节　选题的缘由与意义 ……………………………… (1)

　　第二节　国内外研究现状分析 …………………………… (4)

　　第三节　基本思路和主要创新点 ………………………… (7)

第一章　时代环境与理论背景 ……………………………… (15)

　　第一节　现代性批判的时代背景 ……………………… (15)

　　第二节　现代性批判的思想语境 ……………………… (19)

第二章　现代性批判的开端:从新康德主义时期到革命伦理阶段 ………………………………………………… (45)

　　第一节　新康德主义环节 ……………………………… (47)

　　第二节　基尔凯郭尔化了的黑格尔主义时期 ………… (59)

　　第三节　革命的伦理阶段 ……………………………… (68)

第三章　现代性批判的深入:卢卡奇对现代性的双重批判 ……… (73)

　　第一节　现代性的基本样式:物化现象与物化意识 ………… (74)

　　第二节　现代性的观念形态:理性主义形式体系 ………… (83)

第四章 对现代性的扬弃:阶级意识理论 …………………………（103）
第一节 无产阶级阶级意识的普遍性 …………………………（105）
第二节 无产阶级阶级意识的生成机制 ………………………（108）

第五章 辩证地对待卢卡奇的现代性批判理论 ………………（135）
第一节 卢卡奇现代性批判的意义 …………………………（135）
第二节 卢卡奇现代性批判的限度 …………………………（157）

结束语 敞开卢卡奇思想的当代视域 ……………………………（162）

参考文献 ……………………………………………………………（186）

附录一 卢卡奇的历史唯物主义学说探析 ………………………（199）

附录二 论卢卡奇的意识形态理论 ………………………………（210）

后 记 ………………………………………………………………（222）

前　　言

第一节　选题的缘由与意义

本书旨在从卢卡奇对现代性批判思想的内在发展逻辑来展开一项有关卢卡奇思想的发生学研究。本书将以物化理论和阶级意识理论为基本成果形式的卢卡奇思想，置于卢卡奇的思想努力与现代性问题之关联的视域中加以理解和把握，探究物化理论和阶级意识理论的形成过程及其与现代性问题的关联，即探究卢卡奇如何通过自己的理论思考和实践活动来贯彻现代性批判，并在对现代性批判的逐步深入中来建构自己的物化理论和阶级意识理论。笔者以为，从卢卡奇思想与现代性批判的关联来把握卢卡奇思想的精神实质是必要的。这对于理解卢卡奇思想的发展和转变，理解卢卡奇思想性质及其当代性，具有重要意义。本书的选题缘由和意义如下：

首先，卢卡奇思想的发生语境及时代背景与现代性问题紧密相连。在卢卡奇生活的年代，匈牙利正处于深重社会危机。由于贵族的日益败落和农民的日渐贫困，匈牙利兴起了反动的民族主义，即反犹主义的产生。这意味着以资本主义为根基的自由主义政治和思想遭到了严重的挑战。而在西方社会，在繁荣昌盛的现代社会背后其实已隐藏着深重的现代文明危机，这种危机特别在“第一次世界大战”时得以凸显出来。人们以前对自由、民主、科技进步等现代性要素持坚定的信仰态度，现在逐渐变为动摇，怀疑以至于否定。伽达默尔认为，伴随着“第一次世界大战”，出现了一种真正的划时代意识，它终结了19世纪，即“资产阶级时代把对技术进步的信仰同对有保证的自由、至善至美的文明的满怀信心的期待统一起来”[①] 这样一个时代。这种划时代意识可以说是一种对现代性进行反思和批判的意识。当时这种批判意识在哲学上表达为新康德主义对实证主义的批判和反动。在这种时代状况和思想背景下，犹太人卢卡奇并没有投入犹太复国主义或激进的自由主义与反犹主义相对抗，而是对以理性文明为根基的现实世界本身进行反思和批判。于是他转向了现代主义艺术，相信艺术能解决现代性的危机问题，并因此亲近和走进新康德主义、黑格尔主义和马克思主义。卢卡奇是在面对现代性问题，并在批判现代性的过程中一步步提出其物化理论和阶级意识理论的。由此可见，我们需要将现代性批判这个视角切入卢卡奇思想中来探求卢卡奇思想的精神实质和本质内涵。

其次，考察卢卡奇思想与现代性问题的思想关联有助于拓展对卢卡奇思想来源的基本认识。在前马克思主义时期，卢卡奇的思想主要继承了狄尔泰的生命哲学、西美尔的文化哲学和韦伯的理性化理论，国内学界对此并无异议。而对这时期宗教资源加入卢卡奇思想建构的问题，也不断有人研究。[②] 而对《历史与阶级意识》的研究，国内学界一般将其看作对20世纪初的无产阶级革命失败的经验总结和理论创造，并把它看作仅仅是为了反对第二国际和第三国际的“正统马克思主义”而重新理解马克思主义写就的。如果这样理解的话，就是简单地把卢卡奇放入马克思主义哲学史上去理解，从而忽略了他在前马

---

① ［德］伽达默尔：《哲学解释学》，夏镇平、宋建平译，上海译文出版社2004年版，第110页。

② 对此有专门的研究，国内学者有张双利（《当代国外马克思主义评论》（8），人民出版社2010年版，第266—288页）等，国外学者有Macheal Holzman（*Lukács's Road to God*, Center for Advanced Research in Phenomenology & University Press of America, Washington, D. C., 1985）等。

克思主义时期的理论运思对《历史与阶级意识》的建构性影响，并因此否定了他在西方思想史上的重大作用。然而，如果我们把卢卡奇的思想还原到西方思想史上去，使其思想与现代性批判建立起勾连，我们发现，《历史与阶级意识》的产生其实是卢卡奇的现代性批判的必然产物。卢卡奇正是在批判现代性的过程中形成自己的物化理论和阶级意识理论。其物化概念最早来源新康德主义的异化概念，他对实证主义和新康德主义的批判，发展到后来通过无产阶级的自我意识来对现代性的观念形态，即现代性的内在悖论本身进行批判和超越。因此，从现代性批判这个角度切入卢卡奇的思想，既能厘清其思想来源，又能使其不同时期的文本之间建立起逻辑关联和思想互参。

再次，从此角度出发还有助于对卢卡奇思想的性质作出恰当判断。国内学界一般认为，卢卡奇是黑格尔主义者，这既有他自己的思想告白，又有众多的文本依据。特别表现在《历史与阶级意识》中。他毫不讳言自己在恢复马克思革命理论中的黑格尔因素所作的贡献，但是他也承认自己在一些重大理论问题上错失了马克思的境界，比如说在方法论上强调总体对经济的优先性，以及对异化问题的讨论。这在总体上或存在论基础上来说是不错的。然而，如果我们把卢卡奇的思想与现代性批判关联起来，并从现代性批判这个角度来对卢卡奇的思想性质作出评价的话，我们发现其思想与黑格尔主义之间是有张力的。卢卡奇的确受益于黑格尔的思想。作为近代哲学的集大成者和形而上学的完成者，黑格尔既是现代性的激烈批判者同时又是其忠实辩护者。黑格尔对近代哲学的批判可谓透彻和深刻，但是其哲学的抽象性和思辨性使他最终和资本主义社会形成圆融一体的关系，从而成为现代性的维护者。而卢卡奇只是接受黑格尔对现代性批判的一面。卢卡奇提出无产阶级的自我意识就是要接着黑格尔的辩证法向前走，并在马克思的境界上实现对现代性的扬弃和超越。后来他自感没能获得成功，才有了他对辩证法的进一步思考，进而产生有关社会存在的本体论建构。因此，从这个意义上可以说卢卡奇思想与黑格尔主义之间葆有一种逻辑的张力，他并非一个纯粹的黑格尔主义者。

最后，从强调卢卡奇思想的当代性来讲，这种关联意义重大。如果我们把卢卡奇局限于马克思主义和西方马克思主义的历史发展中，那么我们将发现，卢卡奇思想只具有思想史上的意义，因为马克思主义的当代性问题在学界至今仍处于争论中，而西方马克思主义作为一个流派已走向逻辑的终结。但是，如果我们用现代性批判来重构卢卡奇的思想，那么就会出现另一番景象，卢卡奇思想的当代意义就有得到阐释的可能性。尽管在当代，现代性的基本样式不再表现为物化现象，但物化现象所体现的现代性特征，即合理化、形式化和抽象化在当今世界却有进一步强化和扩散的趋向，而且现代性的观念形态，即现代性的内在悖论不仅没有得到解决，反而表现得愈加强烈。实证主义哲学不仅没有消亡，而且还顽固地在当代社会持存。以客观理性为主导的现代文明世界似乎就是历史的终结。现代性的内在本质在当代依然未变。这就是卢卡奇现代性批判的当代意义所在。在当代中国，社会主义现代化建设正如火如荼地进行。30 年的改革开放证明现代化道路的正确性，以资本主导来发展现代化已取得共识，但对资本的膜拜和信仰也相伴而生。同时由于我国经济的发展速度过快，现代性问题也接踵而至。富士康事件以及近年来频繁出现的食品安全事件就足以为证。此时卢卡奇的现代性批判就具有特别的现实意义。他对物化意识的批判，对人本主义的诉求——使得人与人之间的物化关系回复到人与人之间直接的社会关系，从而使人与世界重新结成通畅一体的关系——对我国出现的众多现代性问题起到不可替代的批判和治疗作用。

第二节　国内外研究现状分析

目前国内外对卢卡奇思想的研究时间较长且论题广泛，无论是从整体角度还是从专题角度，都有人研究过。研究卢卡奇思想的论著可谓是汗牛充栋，数不胜数，概括起来，主要有以下几种：一是从总体性上对卢卡奇思想进行研究，有从哲学角度入手的，有从文学和美学的角度切入的，也有从史学角度来研究。由于卢卡奇思想一般被认为是前后期差别较大，所以这种整体式的研究一般都采取比较研究的方法，例如把《历史与阶级意识》与《关于社会存在的本体论》的哲学思想进行对比研究。二是从专题角度进行研究，比如对早期卢卡奇的文学和美学思想研究，有对《历史与阶级意识》思想进行研究的，还有对晚年卢卡奇的社会存在本体论思想进行研究等。三把卢卡奇思想与其他思想家的思想进行比较研究，包括把卢卡奇的物化理论与马克思早期的异化理论进行比较，卢卡奇与海德格尔、布洛赫以及胡塞尔的思想进行对比，卢卡奇思想对当代社会思潮的影响等。

以上是从整体而言对卢卡奇思想的研究现状。如果就卢卡奇思想与现代性批判的关系作课题化研究来说，相关研究著作和论文就屈指可数，为数不多。经查阅，从专著方面看，国内外还没有专门研究卢卡奇现代性批判理论的著作，只有一些章节论述：提摩西·波伊斯和提摩西·霍尔主编的《乔治·卢卡奇：存在的基本异议》（Continuum Publishing Corporation，2011）、胡绪明的博士论文《西方马克思主义的现代性批判理论研究》（复旦大学2009年版）和单世联的《反抗现代性：从德国到中国》（广东教育出版社1998年版）中的部分章节。而讨论卢卡奇现代性批判理论的论文数量也很少，大概有以下几篇：吴晓明的《思入时代的深处》中的《卢卡奇与现代性批判——〈历史与阶级意识〉的分析定向及存在论基础》（北京师大出版社2006年版）；张双利的论文《从韦伯到马克思——再论卢卡奇对资本主义社会的双重批判》（参见《当代国外马克思主义评论》（8），人民出版社2010年版）以及《对资本主义危机的末世论洞见——论卢卡奇有关现代性的思想》（《马克思主义与现实》2005年第4期）；胡绪明的《卢卡奇〈历史与阶级意识〉的现代性批判理论探析》（参见《当代国外马克思主义评论》（6），人民出版社2008年版）；张闯的《卢卡奇的现代性批判——基于物化理论》（《武汉大学学报》人文科学版 2009 年第 6 期）；佟轶材的《卢卡奇现代性批判的形而上追求》（《社会科学战线》2009 年第 9 期）；郑飞的《现代性辩证法视野中的现代性批判——青年卢卡奇哲学思想评析》（《社会科学辑刊》2008 年第 2 期）等。

从这些研究资料来看，基本研究成果主要表现在以下两个方面。一是从《历史与阶级意识》入手来阐发卢卡奇的现代性批判思想。吴晓明在论文《卢卡奇与现代性批判——〈历史与阶级意识〉的分析定向及存在论基础》中认为卢卡奇在《历史与阶级意识》中展开了对现代性的双重批判，并认为其现代性批判有着重要意义，但是其在存在论基础上却囿于黑格尔主义定向中。胡绪明在《卢卡奇〈历史与阶级意识〉的现代性批判理论探析》中探讨了《历史与阶级意识》中卢卡奇的现代性批判的理论渊源，它们大致涵括了黑格尔的现代性批判思想，韦伯的“合理化”理论以及马克思有关“商品拜物教”理论。二是从整个西方哲学的现代性问题的思想背景中来理解卢卡奇的现代性批判思想，即认为卢卡奇现代性批判理论肇始于其早年文化艺术的研究。张双利的《对资本主义危机的末世论洞见——论卢卡奇有关现代性的思想》梳理了从早年的《小说理论》到《历史与阶级意识》中卢卡奇的现代性批判之路，即从伦理道路转向革命道路。

总体来看，这些研究成果对理解卢卡奇的思想实质和本论文所要阐述的主题，无疑有着重要参考价值和借鉴作用。但是，目前的有关研究在总体上还不够充分，不仅专门研究论著少，而且相关论文也不多，卢卡奇思想与现代性批判的关系并没有成为卢卡奇思想研究的基本主题。然而，既然两者关系对理解卢卡奇思想起源和本质有着重要理论和现实意义，我们就有把两者关系课题化研究的必要。而其中要做的基础性和关键性工作就是把现代性批判视角切入卢卡奇思想中，通过对卢卡奇主要文本著作进行精细解读和细致分析，来阐发卢卡奇如何展开自己独特的现代性批判理路，进而提出其物化理论和阶级意识理论。其中又要特别阐明他是如何对现代性的具体思想样态（实证主义、新康德主义和德国古典哲学等）进行批判，以致最后对现代性观念形态，即理性主义形式体系进行批判，并用无产阶级阶级意识超越它。

第三节　基本思路和主要创新点

一　基本思路

就我们所讨论的范围而言，卢卡奇学术思想阶段指的是早年新康德主义时期到后来黑格尔主义的马克思主义时期。① 在新康德主义时期，卢卡奇走的是现代主义艺术道路，当时他以为现代主义艺术能解决现代性的问题。而当他发现这条路行不通时，他就转向黑格尔主义，以至于黑格尔主义的马克思主义。而本书所指涉的现代性意味着现代（资本主义）世界或现代文明的基础和核心，是现代社会之为现代社会之本质根据。在哲学上，现代性表达为一种观念体系，即普遍的理性主义形式体系②，它有两个对立的思想极端，即抽象的形式

---

① 本书研究的卢卡奇思想主要指其青年时期的思想。为了标示卢卡奇思想前后期的一致性，本书并未从思想上将青年卢卡奇与晚年卢卡奇区分开来，而只是将之统称为卢卡奇思想。如果从其学术著作来看，青年卢卡奇主要指从《现代戏剧发展史》到《历史与阶级意识》这段时期。张一兵将青年卢卡奇界划为1918年以前作为资产阶级文学理论家和20世纪20年代作为西方马克思主义创始人的两个青年卢卡奇（参见张一兵《文本的深度耕犁》第1卷，中国人民大学出版社2004年版，第3页）。他对青年卢卡奇的学术思想分期是有一定道理。但是他对卢卡奇一生思想作不同阶段的划分，目的是要强调卢卡奇不同时期思想理论逻辑之异质性的区分，尽管他并不否认其思想发展的总体进程。而本书对青年卢卡奇思想的界定与其相似，但是这种界定主要是基于与现代性批判思想的关联，并力图把青年卢卡奇的思想放置于现代性批判这个西方思想史的范围内，从而阐发卢卡奇思想在整个西方思想史上的重要意义。

② 吴晓明在分析《历史与阶级意识》中卢卡奇对现代性的批判时，把现代性的观念体系界定为理性主义形式体系，而这个体系内部蕴含着主观与客观、形式与内容之间的矛盾与对立（参见吴晓明《思入时代的深处》，北京师范大学出版社2006年版，第373—375页）。

理性与具体的非理性的内容。[①] 而对这种对立和矛盾的态度和立场就构成了现代性的种种思想样态，即独断的理性主义，德国古典哲学以及实证主义与新康德主义等（在卢卡奇思考和研究的视域内，我们可以把现代性的思想样态主要归结为这三类）。就卢卡奇所处时代来说，现代性思想具体表现为实证主义和新康德主义，其基本样式是资本主义社会的异化（Entfremdung）现象或物化（Verdinglichung）现象。早期卢卡奇基于对实证主义所表达的以客观理性为根基的现代世界深重危机的清醒认识，走上现代主义艺术道路。他以现代主义艺术回应现代文明危机，企图通过这条艺术道路提供一种对无意义现代世界的解答。而这与新康德主义以主观文化对抗客观文化来批判作为现代资本世界的意识形态的实证主义道路相契合，于是他亲近并走进新康德主义。然而，当他发觉新康德主义并不能提供一条真正解决实证主义问题的道路，于是他转向了黑格尔主义，之后又投向了马克思主义。纵观他早期现代性批判历程，他先是把实证主义，接着把新康德主义作为自己在哲学上的批判对象，直至最后把批判对象直指现代性内在悖论的本质表现，即以黑格尔哲学为代表与顶峰的理性主义形式体系。就现代性基本样式而言，卢卡奇把它定义为异化现象或物化现象。“异化”范畴是卢卡奇对整个现代资本主义世界的总体印象，他感觉

① 本书对现代性范畴的界定还借助于约翰·麦考米克的论述，他在《施米特对自由主义的批判》一书中这样讲道：“施米特面对的问题是，现代性似乎有两个对立的极端，一端是经济技术思想，即与经济学、技术和实证主义联系在一起的抽象形式的理性；另一端是浪漫派的各种路线，即对于特别具体对象的主观的和审美的着迷。”而对早期施米特来说，其理论任务是要在当下理解“这两个极端的相互关联性”，并试图“在实践中超越这两者”。麦考米克认为，施米特和卢卡奇最终“诉诸20世纪不同的政治神话”，以求扬弃现代性内部的对立两极。本书正是在吴晓明和麦考米克的启发下，结合卢卡奇对现代性的哲学话语——理性的独断主义哲学，德国古典哲学和实证主义以及新康德主义——的阐述，来进行构思。以上有关麦考米克的论述，参见［美］约翰·麦考米克《施米特对自由主义的批判》，徐志跃译，华夏出版社2005年版，第27—33页。当然，我们应该清楚的是，对现代性的内在矛盾和对立思想的阐述，可追溯到施米特和卢卡奇的导师韦伯那里，韦伯把现代性范畴阐发为形式理性与实质理性、目的理性与价值理性的对立与冲突。

其家庭、匈牙利和整个现代世界都已处于深重异化状态中[①]。在他看来，“异化问题是19世纪黑暗面的中心议题”。[②] 在卢卡奇的新康德主义思想时期，“异化”就是一个占支配性的核心概念。而这个异化概念主要是来源狄尔泰的生命哲学和西美尔的文化哲学。在从这种异化观到《历史与阶级意识》中物化概念的过渡中，还有一个韦伯的环节。韦伯主要是从宗教社会学角度把资本主义发展理解为一种合理化进程。也就是说，韦伯并没有把资本主义社会理解为一个异化的、不合理的社会，而是把资本主义领会为一个合理的、必然的发展过程。所以，相对于西美尔的异化概念是“一个消极性的描述概念”，韦伯的合理性概念是“一个积极性记述概念”[③]。这样的话，在《历史与阶级意识》中，卢卡奇把韦伯的合理性概念融进马克思的商品拜物教批判来分析物化概念时，对韦伯的合理性概念作了意义上的逆转，把一个积极性的描述概念转换为一个否定性的批判概念。[④]

本书主要力图从卢卡奇对现代性批判的内在发展理路来展开一项有关卢卡奇思想的发生学研究，即回答卢卡奇的理论研究和实践探索如何在对现代性批判中形成其物化理论和阶级意识理论这一基础性问

---

① L. Congdon, *The Young Lukács*, the University of North Carolina Press, 1983, pp. 3 – 11.

② Ibid., p. 10.

③ 周凡：《重申卢卡奇的物化理论》，《社会科学家》2003 年第 3 期。

④ 本书在此处的意思是说，如果把卢卡奇的物化概念置于其早年思想发展的延长线上来估量的话，物化概念是来源他早年的异化思想。而他早年的异化思想是受狄尔泰的生命哲学和西美尔的文化哲学的影响。在韦伯的理性化思想和马克思的商品拜物教批判思想的中介下，卢卡奇才形成自己批判性的物化理论。周凡和初见基都表达了这层意思。“物化概念又是卢卡奇在对狄尔泰、西美尔和韦伯思想批判与吸收的基础上形成的，正是借助这一核心概念，卢卡奇走出了早年的‘异化观’”（参见周凡《重申卢卡奇的物化理论》，《社会科学家》2003 年第 3 期）。初见基认为卢卡奇的物化思想来源狄尔泰、西美尔和韦伯的思想，但这些思想家提出和论述的物化是一个记述概念，而卢卡奇依据马克思思想观点提出和论证的物化是一个规范概念和批判概念（参见［日］初见基《卢卡奇：物象化》，范景武译，河北教育出版社 2001 年版，第 44—49、311—313 页）。此处讨论的卢卡奇的物化与他早年异化思想的关系，在国内学界表现为卢卡奇的物化思想与马克思的早期异化思想之间的相似关系。这固然没错，而且这也是卢卡奇后来自己所承认的。然而，本书重点是把卢卡奇的物化思想放于其现代性批判这个视域中，所以，这种相似关系就略去不谈。

题。本书主要是基于卢卡奇早期的基本文本，以卢卡奇的思想发展为基本线索，采取文本解读和思想史解读相结合的方式，努力将卢卡奇的理论探索还原到现代性批判这个西方思想史的基本语境中来加以把握。在此基础上，通过与马克思的现代性批判相比较，对以物化理论和阶级意识理论为成果形式的卢卡奇现代性批判理论进行总体上的评价和估量，以阐明其现代性批判的意义与限度。

全书从“时代环境与思想背景”、“现代性批判的开端：从新康德主义时期到革命伦理阶段”、“现代性批判的深入：卢卡奇对现代性的双重批判”、“对现代性的扬弃：阶级意识理论”和“辩证地对待卢卡奇的现代性批判理论”五个方面来解读卢卡奇对现代性的批判和扬弃。

第一章“时代环境与思想背景”力图对青年卢卡奇生活的时代背景和他所处的思想史背景做一个总体性把握，为其理论探索和现代性批判理论奠定一个基本的时代基础和思想语境。当时匈牙利正处于深重社会危机，由此出现了反犹主义。反犹主义促生了犹太民族主义，但是卢卡奇并没有陷入这种抽象的二元对立之中，他思索的是这种二元对立的根源。他认为这意味着以理性文明为支撑的现代社会出现了深重危机，而要走出这种危机，只有对现代社会进行毫不留情的批判。卢卡奇对西方文明本身的反思和批判是与当时的时代思想氛围紧密相关的。当时正是新康德主义与实证主义对垒的时期。这种理论上的对垒在第二国际理论内部发展为经济决定论与伦理社会主义之间的简单对立。实证主义作为资本主义的时代精神，遭到了新康德主义的强烈反对。新康德主义对现代性不妥协的立场，使卢卡奇后来亲近和走进新康德主义。正是站在新康德主义立场上，卢卡奇开始了其现代性批判之旅。韦伯作为新康德主义的代表人物，提出了著名的合理化思想。此种思想不仅在新康德主义哲学中产生重大反响，对卢卡奇的物化思想和法兰克福学派的现代性批判思想也产生深远影响。

第二章“现代性批判的开端：从新康德主义时期到革命伦理阶

段”主要探讨卢卡奇的前马克思主义时期现代性批判思想的内在发展环节和逻辑进程，以阐明其现代性批判所持立场以及对现代性问题的解决道路。卢卡奇对现代性的批判起步于其新康德主义时期。这时他对实证主义进行了激烈批判。而要反对实证主义，只有投入戏剧和论说文等现代主义艺术的怀抱。他认为只有艺术能拯救现代性危机。而当他觉得新康德主义坚持抽象的“应当”立场并不能真正解决实证主义问题，他转向了基尔凯郭尔化了的黑格尔主义，以期通过小说这种叙事文学在现实世界中实现总体性。但是小说作为一种艺术形式注定不可能完成这样艰巨的任务。在多种宗教资源的交互触媒下，卢卡奇走到了革命伦理阶段。这里他区分了两种伦理，即第一伦理和第二伦理。在陀思妥耶夫斯基的两个宗教世界影响下，他选择了第二伦理，从而走上了马克思主义的无产阶级革命道路。

第三章“现代性批判的深入：卢卡奇对现代性的双重批判”探讨了卢卡奇在转向了马克思主义后对现代性的双重批判。这表现在其物化理论上。他是在把韦伯的理性化理论融合进马克思对资本主义世界的商品拜物教批判中提出自己的物化范畴。物化是资本主义社会中的普遍范畴，但它要成为现实，须以物化意识为中介。物化现象与物化意识就是现代性基本样式的体现。对他来说，物化范畴是有内在悖论。这种悖论在哲学上表达为理性主义形式体系，即现代性观念形态。这种理性主义形式体系的内在对立体现在自在之物概念上。德国古典哲学致力于解决这种对立和矛盾，没有成功，但它提示了解决问题的方向，即只要在历史中找到同一的主客体，就能消除物化和扬弃现代性。

第四章“对现代性的扬弃：阶级意识理论”主要探讨了卢卡奇扬弃现代性的阶级意识理论。在对现代性进行了双重批判后，卢卡奇发现只有在人类历史中同一的主客体身上才能扬弃现代性。而这只有在达到无产阶级阶级意识才能实现。无产阶级阶级意识是一种普遍性的和哲学上的意识。第一节主要从无产阶级本身的普遍性和无产阶级人本主义立场的普遍性两方面来论证无产阶级阶级意识的普遍性。第二节则对无产阶级阶级意识的生成进行了哲学上的论证。无产阶级阶级意识的生成需要中介和总体性范畴的加入，而且必须进入人类历史。只有这样，物化的社会关系才能被打破，工人才能上升为阶级，工人的一般心理意识才能成长为无产阶级阶级意识。无产阶级阶级意识本身具有实践性质，它是对现代性观念形态的超越，从而达到对物化的真正消除。然而，无产阶级阶级意识的生成有许多理论环节和实践环节，因此是一个长期过程。

第五章探讨了卢卡奇现代性批判的意义及其限度。本书在对卢卡奇的现代性批判作了回顾后，对其作了一个辩证评价。本书把卢卡奇的现代性批判从总体上而言界定为一种文化的或意识形态批判。相对于马克思的以资本或资本主义生产方式为存在论根基的现代性批判，卢卡奇的现代性批判在一定意义上是对马克思现代性批判的进一步推进和发展。而且其意识形态批判对西方马克思主义也产生了深远影响。从现代性批判这个西方思想史的背景来看，其现代性批判理论也对西方思想影响巨大，并对当代世界和当今中国的实际也有重要启发作用和现实意义。最后，在与马克思的现代性批判比较基础上，本书也指证了卢卡奇现代性批判思想在存在论基础上的黑格尔主义性质，虽然就其理论旨趣也开始有超出黑格尔主义倾向。

二　创新点

本书的创新点主要表现在以下几方面。

第一，在学术界已有研究成果基础上，本书专门将卢卡奇思想与现代性问题之间的互相关联作为一个课题来加以研究。本书强调卢卡奇思想发展应当置于现代性批判这个思想史的大背景下去理解，而且对卢卡奇思想性质的认定与评价也要奠定在现代性批判基础之上。为此，本书把卢卡奇思想发展还原到现代性批判的思想语境中，在现代性批判这个基础上去重构卢卡奇思想。这样的话，《历史与阶级意识》就可在更广泛的思想语境中加以思考，而非仅仅是对20世纪初无产阶级革命的经验总结和对第二国际和第三国际的“正统马克思主义”直接反动的结果。同时作为成果形式的物化理论与阶级意识理论也可得到更深理解与把握。它们不仅仅只是一种无产阶级革命理论，而是既来源狄尔泰的生命哲学、西美尔的文化哲学、陀思妥耶夫斯基的宗教哲学和黑格尔的辩证法等思想资源，同时也是对它们进行再融贯和创造的产物。

第二，也正是在此意义上，本书对卢卡奇思想性质作出了新的理解，即他不是一个严格的黑格尔主义者，而是一个有着独特理论思路的现代思想家。假如我们仅仅局限于《历史与阶级意识》，卢卡奇很容易被看作一个黑格尔主义者。而在现代性批判这个宏大思想视域中，问题就没那么简单了。诚然，卢卡奇是个复活黑格尔主义的积极提倡者和实践者。黑格尔既是现代性的批评者又是其辩护者，但卢卡奇始终是现代性的批判者。卢卡奇在《历史与阶级意识》就批评过黑格尔只是从思想上克服了资产阶级思想的二律背反。他要在马克思境界上用无产阶级立场去扬弃现代性。即使他是用黑格尔同一的主体——客体的思辨逻辑来论证无产阶级立场，但是他强调工人身上尚未枯萎和畸变的“灵魂”[①] 这种他者性的力量，其实已蕴含着超出黑格尔的倾向。因此，我们可以说卢卡奇思想在存在论上或总体上具有黑格尔主义性质，然而，我们也应看到他在其思想的实践旨趣上已开始超出黑格尔主义。

第三，本书把卢卡奇的现代性批判理论就整体而言看作一种意识形态批判，并在与马克思的现代性批判比较中考量卢卡奇现代性批判的得与失。这里我们采取的是一种辩证评价态度。从现代性批判视角出发，整个卢卡奇思想可看作一种文化的或意识形态批判理论。这种批判理论强调意识维度对现代社会的异化或物化现状的改变。而马克

---

① 卢卡奇：《历史与阶级意识》，杜章智等译，商务印书馆1999年版，第261页。

思现代性批判总体上是一种以资本批判为核心的实践批判理论，意识形态批判在他那里居于从属地位。就与马克思的现代性批判而言，卢卡奇的批判理论针对的主要是当时欧洲无产阶级革命失败的实践经验，因此它在一定意义上适应了时代的要求，是对马克思现代性批判理论的丰富和发展。然而，由于缺乏社会历史的存在论基础，卢卡奇的现代性批判陷于“抽象的乌托邦主义”。这就是为什么他后来要对经济学与辩证法之间的哲学联系作出考察，并最后进行关于社会存在本体论理论建构的缘故。

第一章
时代环境与理论背景

第一节　现代性批判的时代背景

卢卡奇（Georg Lukács，1885—1971）是20世纪最著名最伟大且又最富有争议的思想家之一。在半个多世纪的理论工作中，他在哲学、美学和文学批评等诸多领域为人类思想的发展作出了卓越的贡献。他一生著作颇丰，可谓著述等身。除了20世纪20年代他有过短暂的政治生涯，他一生始终都在忙于著书立说。他一生历经坎坷，命运跌宕起伏，一波三折，特别是在他加入匈牙利共产党和成为马克思主义者以后，也就是说，他的曲折人生大半是由于当时波涛汹涌的政治运动所致。但尽管有如此多的困厄和苦难，他每次都能逢凶化吉，化险为夷。而这既得益于他家庭的显赫地位和好友的慷慨相助，又源于他那坚毅而柔韧的性格。他是一个真正将思想和生活融为一体的人，他的思想来自于生活，同时又能把思想贯彻到生活中去。他的整个人生都是在为追求真理而奋斗。尽管他的思想总是在不断地发展变化，但他自始至终对资本主义世界抱有极深的“仇恨和蔑视”，在某种意义上我们可以说他始终致思于对现代性的批判。[①]

---

① Mihailo Markovic：“不管卢卡奇生命中的各个阶段如何歧异，其思想有一个不变的结

卢卡奇是一个跨越世纪的人物，其思想是在19世纪末20世纪初形成的。从一种真正历史的观点来看，19世纪事实上是以歌德和黑格尔的去世为起点而以第一次世界大战的爆发收尾。[①]如果以这种观点看，卢卡奇思想诞生于19世纪。当时欧洲和美国的资本主义正处于繁荣兴盛时期。这时期社会经济上产生的最大变化是第二次工业革命，它使人类社会的发展由蒸汽时代进入电气时代。第二次工业革命使垄断组织成为整个社会经济的根基。而垄断组织的产生，标志着资本主义由自由资本主义演化到帝国主义阶段。总体而言，此时整个资本主义世界处于稳定发展时期。由于科学技术飞速发展，资产阶级据此提高了劳动生产效率，因此工人的生活状况得以改善。相应地，在政治领域，政治民主制得到较好的贯彻，人民的民主权利得以扩展。文化领域也出现欣欣向荣的景象。伴随着物质丰裕现象，各种文化艺术流派粉墨登场。总之，19世纪的人们一般沉浸于乐观主义的理性主义氛围中，他们对进步科学、政治民主、文化昌盛等理性主义产物大加赞赏，对西方现代文明的未来充满信心和希望。相对于当时多数西方人对理性主义文明所持的乐观态度，当时欧洲一批世纪末思想家们却对现代的物质文明持强烈的批判态度。他们在西方理性文明的繁盛景象中看到其中蕴含的深刻危机，他们敏锐地觉察到20世纪将会显现的主题：自由主义和个人主义的危机，对实证主义的反抗，虚无主义，异化，对共同体的追求以及西方的没落等[②]。这种对现代性的

（接上页）构特征，即他对当时资产阶级社会的现实和文化进行了激烈的批判，特别是对德国的哲学和文学。”（参见 Tom Rockmore（ed.），*Lukács Today*, D. Reidel Publishing Company, 1988, p. 17）我国学者张双利也持同样的看法，她提出卢卡奇一生始终关注的根本问题就是对现代性的反对，“纵观卢卡奇所写下的大量的著作，尤其是一些重要的思想自传性的文字，我们会发现他一生都在投身于同一项事业，那就是反对现存世界，后来他把它更明确地表达为反对资本主义世界。卢卡奇对现代资本主义世界的反对，在根本上就是对现代性的反对”（参见张双利《对资本主义危机的末世论洞见》，《马克思主义与现实》2005年第4期）。

① 伽达默尔：《哲学解释学》，夏镇平、宋建平译，上海译文出版社2004年版，第110页。

② L. Congdon, *The Young Lukács*, the University of North Carolina Press, 1983, p. 10.

批判只是一些先知性的语言，只存在于这些思想家的理论或思维中，并未对当时社会以及人的思想产生广泛影响。第一次世界大战彻底把人们从理性主义的美梦中惊醒过来。在“第一次世界大战”中，先进的科学技术只是用来无情地摧毁人的生命以攫取最大的物质利益。人们开始发觉，以理性主义为基础的文明给人类带来美好未来只是一种一厢情愿的幻象。它只会带来无尽灾难和痛苦。技术进步并不能保证人类自由的实现和社会的进步。19 世纪这样一个信仰理性精神和科学进步的时代就黯然收场。一些有识之士开始反思现代文明。各种对现代性的批判如雨后春笋般地出现。发轫于“第一次世界大战”的 20 世纪就这样有意识地退出 19 世纪，并对它进行了最尖锐的拒斥。在 20 世纪的头几十年，对现代性的批判成了思想界的时代潮流。人们要么单纯地拒绝现代社会，对现代理性文明进行不遗余力的批判，对人类未来充满悲观情绪，要么在深刻批判现代性的同时，提出各种疗救现代性的药方。而俄国“十月革命”的胜利给予他们以拯救现代性的希望和方向，他们发现了西方文明可能得以转机的一丝光线。不管怎样，对现代社会和现代性的反思已成为当时思想家们的致思旨向。

卢卡奇于 1885 年 4 月 13 日出生于布达佩斯一个富有的犹太家庭。其父是匈牙利综合信用银行的董事长。作为犹太人，卢卡奇家族的命运与匈牙利的政治政策息息相关。在 1905—1906 年匈牙利的政治危机之前，匈牙利政府由自由党把持，实行的是双重（dualism）政策。自由党于 1867 年和奥地利签订了“奥匈协定”（Ausgleich）（即双重帝国法，其中明确记载了信仰和婚姻自由），并在匈牙利实行了对犹太人的同化政策。所谓同化政策，就是在法律上认定犹太人问题就是宗教问题，犹太人只要脱离犹太教而改宗基督教，就可在原则上加入基督教的共同体中，消除与基督教之间的差别，由此消除与西欧社会和西欧文化的隔膜。犹太人就可以拥有与其他人同样的政治权利和其他的平等权利。自由党之所以支持犹太人的同化政策，一方面是其自由主义政策所致；另一方面是犹太人在1848—1849年革命时期曾积极地支持了匈牙利的民族解放事业。在“奥匈协定”签订后不久，一项犹太人解放的法律就被通过了。于是马扎尔人（即匈牙利的主要民族）采取了对犹太人的同化政策。为了在匈牙利求得生存和发展的权利，许多犹太人都接受了同化的政策，结果到19世纪末，3/4的犹太人都实现了马扎尔化。

在这样一股巨大的历史潮流冲击下，卢卡奇的父亲在1890年主动改姓卢卡奇，以实际行动支持了匈牙利的同化政策。但是一次政治事件改变了匈牙利的社会发展进程。1905年匈牙利举行了一次全国大选。出乎人意料的是，一个由五党组成的联合政党取得了大选的胜利。这个联合政党的领导们向奥匈帝国皇帝提出一系列减少奥地利对匈牙利的统治的要求。这个联合政党之所以敢提出这种要求，是受当时挪威从瑞典的统治下分离出来的刺激。它也想仿效挪威，以实现匈牙利民族的真正独立。而要达到民族的独立，一方面要摆脱奥地利的管辖；另一方面则是反对犹太民族。奥匈之间的政治危机由于奥匈帝国的皇帝的干预而平息了[①]，这样的话，犹太人问题就成了匈牙利当时主要的社会问题。以前的同化政策，现在转而变为对犹太人的排斥。犹太人问题再次出现，还有更重要的社会历史原因。由于资产阶级在匈牙利的崛起，大量匈牙利贵族在政治、经济和社会等方面都遭遇到重大损失；同时，随着自由主义经济的发展，农民的利益也受到极大的损害。在这种社会背景下，匈牙利兴起了激进的民族主义，而它的主要内容就是反对犹太人。犹太人问题在政治上和思想上也体现了自由主义的危机，即自由主义的思想和政治在匈牙利已经激起了极大的社会矛盾和冲突，已经不足以支撑匈牙利继续向前发展，自由主义必须加以改变。

---

① L. Congdon, *The Young Lukács*, the University of North Carolina Press, 1983, p. 189, Note 21.

不断高涨的反犹主义，激起了匈牙利的一部分犹太人的激烈回应，他们采取了犹太复国主义或激进的自由主义的道路。身为犹太人的卢卡奇指责反犹主义，但他对自由主义并无好感，也不赞成狭隘的犹太民族主义。在他看来，反犹主义与犹太民族主义是同一水平上的对立的两极。相反，他对现代世界为何陷于重重危机之中作了深刻的反思。由于家庭环境的深刻影响以及“世纪末”思想家对他思想的深度启发，他对现代世界的种种危机有一种强烈的感受。卢卡奇这种对现代世界危机的敏感，我们可以把它看作是对现代性问题的意识。与当时大多数欧洲人对现代性的进步的强烈信念不同，他看到的却是现代性的黑暗面。他同当时许多伟大思想家一样，回应着现代性的各种要素，这些要素以西方进步的各种主要表达方式醒目地描述为工业主义、技术、大众民主、平等主义、科学、世俗主义以及个人从传统价值中的解放等①，并对现代性持强烈的批判态度。因此，卢卡奇从对犹太人问题的思考出发，进而反思自由主义和个人主义的危机的问题，而自由主义的危机其实就是现代性的危机问题。

第二节　现代性批判的思想语境

“现代”一词最早出现于公元 5 世纪，其内涵有意识地标明古今之间的根本差异与断裂。然而，一般来说，真正意义上的“现代”是从文艺复兴开始。从此，现代表明了一种全新的时间意识，并由此显现出与古代和中世纪的本质区分。就现代的历史划界而言，大体将 1500 年作为现代与中世纪的分水岭。黑格尔就将“新时代”（即现代）追溯到 1500 年前后新大陆的发现、文艺复兴与宗教改革。但是，现代并非仅是一种编年史意义上的时间概念，而是一种建基于形态学

① Nisbet, *Sociology as an Art Form*, p. 115，转引自 L. Congdon, *The Young Lukács*, the University of North Carolina Press, 1983, p. 10。

的历史观上，因而是一种形态学意义上的时间。卡林内斯库曾说过：“只有在一种特定时间意识，即线性不可逆的、无法阻止地流逝的历史实践意识的框架中，现代性这个概念才能被构想出来。在一个不需要时间连续型历史概念，并依据神话和重现模式来组织其时间范畴的社会中，现代性作为一个概念是毫无意义的。”① 现代基于与古代的对立，并且它是面向未来开放的。现代性是现代社会之所以为现代社会的那个本质与基础。由于现代是与古代相对立的，所以现代性是自我确证的。就现代意识在哲学上的反应而言，现代性的自我确证表现在哲学的理性概念中，现代性是在理性中得以自我明确和自我巩固的。

众所周知，自笛卡尔以降，现代哲学关注的主体性与自我意识。黑格尔就将主体性原则作为现代性的基本标志。主体性保证的是理性的自明性和自我肯定性，由此其他的一切都要受到批判和质疑。理性成了世界的大法庭，任何事情或行为的正确性都要在理性法庭上接受检验和评判。然而，启蒙理性的高昂导致理性的自我僭越，因而出现了理性辩证法。“理性的压制特征建立在自我反思的结构当中……同一主体性，最初表现为自由和解放的源泉——同时表现为宣告和欺骗——后来又暴露出是一种野蛮的客观化的源头。”② 康德的三大批判理论就是理性自我批判的产物。黑格尔运用历史辩证法，对理性（主要表现为知性）的僭妄进行激烈的批判，并把其放入历史哲学中来加以解决。尽管黑格尔对理性进行了批判，但由于这种理性批判湮没在其宏大的理性主义形而上学体系中而导致最终失败。理性批判的结果是大写理性的最后确立。黑格尔之后，黑格尔哲学被当作一条“死狗”对待，同时对理性的声讨绵延不绝。在这些批判理性（即现代

① ［美］卡林内斯库：《现代性的五副面孔》，顾爱彬、李瑞华译，商务印书馆 2003 年版，第 18 页。

② ［德］哈贝马斯：《后民族结构》，曹卫东译，上海人民出版社 2002 年版，第 183 页。

性）的哲学流派中，实证主义异军突起。实证主义的产生和流传与19世纪上半叶欧洲实证自然科学、特别是进化论的出现和产生直接相关联，同时也是现代性批判的结果。黑格尔主义理性大厦的坍塌使理性的声名扫地。实证主义认为，哲学和科学的研究对象不再是超验的理性形而上学的问题，而是人们的经验以及现实世界。理性的至尊地位不再，但人们可以使用理性来分析和整理人的感性经验和经验现象。作为对实证主义的反动，新康德主义反对实证主义对现实世界的纯经验描述和实证，认为实证主义对事实的不触动和理性地位的贬低，是对西方物质文明世界的内心认同，而不知以理性文明为标志的现代世界已深陷危机中。新康德主义重视人的文化价值和精神现象，以期在物欲横流的现代文明世界中重拾人生的价值和生命的意义。

卢卡奇就生活在新康德主义和实证主义相互对垒的时代中。下面我将对两者作一个概要介绍，以便对卢卡奇思想的发生和发展语境有一个粗轮廓的了解和把握。同时重点阐述马克斯·韦伯的现代性批判思想。①

一　实证主义

（一）实证主义的起源和特征

实证主义诞生于19世纪的三四十年代，它的主要代表是法国的孔德以及英国的穆勒和斯宾塞。作为一种哲学流派，实证主义是在西

---

①　韦伯是个新康德主义者。在卢卡奇现代性批判思想进程中，韦伯的现代性批判思想起着极其重要的中介作用。作为卢卡奇现代性批判的核心思想，物化理论蕴含着韦伯的合理化批判思想这个环节。实际上卢卡奇是站在马克思主义的辩证法立场上把马克思的资本批判理论与韦伯的合理化批判思想融合在一起形成自己的物化理论（复旦大学当代国外马克思主义研究中心：《当代国外马克思主义评论》（8），人民出版社2010年版，第266—288页）。而就整个西方马克思主义现代性批判思想史来说，韦伯的合理化批判思想是个主要思想资源（［德］哈贝马斯：《交往行为理论》第1卷，曹卫东译，上海人民出版社2004年版）。我们这里强调韦伯的现代性批判思想，正是说明韦伯思想对卢卡奇思想和法兰克福学派思想的思想史上的引导和塑形作用。当然，我们也知道，后者在继承前者思想的同时也超越了前者思想。

方哲学史上出现一股反对近代形而上学哲学体系的浪潮中出现的。它提出用一种实证的科学精神去扬弃近代理性主义的哲学。

19 世纪上半叶，作为近代理性主义哲学之集大成的黑格尔哲学走上了无上的巅峰。随着黑格尔的逝世，庞大的黑格尔哲学体系迅速分崩离析，出现了许多批判和超越黑格尔主义哲学的运动。尽管黑格尔哲学表达了他那个时代的精神，但是人们已经厌倦了黑格尔哲学的抽象性和思辨性，而期望一种新的具有生活气息的哲学的出现，也就是说，近代形而上学哲学已陷入深重危机，而它自身又无法解决自身的困境，它必须加以改变。而且时代已经发生了变化，19 世纪的时代已不再是个革命的年代，而是一个自然科学日渐昌盛、资本主义经济正在蓬勃发展的时期。对于当时居于社会的统治地位的资产阶级来说，他们不再关心革命的问题，而是倾力于发展资本主义经济的发展和促进自然科学的不断进步。这意味着他们需要这样一种哲学，即它既不倡导革命，又能推动社会进步；既不强调理性的万能，又不抛弃理性，而只是对理性的权威加以限制；既不对实在穷根究底，又不否定日常生活和经验的实在性；既不排斥宗教信仰，又竭力提倡科学的发展。[①] 而当时英法两国出现的实证主义恰好就是这样的一种哲学。这样的话，我们可以说实证主义的出现就是时代的必然产物。

既然实证主义是当时社会的时代精神，那么它具有哪些特征使得它的出现是时代的必然呢？实证主义认为实证的自然科学是知识的典范，唯有实证的知识是真的知识。[②] 它的原则就是从实在的、有用的和确定的东西出发，它排除掉非实在的、无用的和不确定的形而上学的东西。而这个实证的和确实的东西就是现象。实证主义哲学继承和发展了休谟的现象主义，把哲学和一切科学都限定在现象（经验）世界范围之内，而且不承认经验或现象以外的任何物质或精神的实

---

① 刘放桐等编：《新编现代西方哲学》，人民出版社 2000 年版，第 2 页。

② 张祥龙：《当代西方哲学笔记》，北京大学出版社 2005 年版，第 12 页。

在，把对世界的本体或基础这样形而上学的问题进行追问看作虚妄的事情而加以拒绝。既然我们只能讨论现象或经验内的东西，则我们所能够做的事情就是，必须接受那个以现象的形式而存在的既定的现实，并遵循一定的原则对它进行整理，然后根据已经认识到的规律去预见未来，并以此作为自己的行动指南。① 卢卡奇在论述实证主义时也指认，它放弃了对理性主义体系的建构，而单纯致力于对既定事实的分析和描述。②

（二）第二国际理论家对马克思哲学的实证科学化

早期卢卡奇生活的时代，就是一个实证主义欣欣向荣的时代。出于自小就对资本主义世界的轻蔑和憎恨，他对作为其意识形态的实证主义哲学就坚持强烈反对的态度。他正是怀着对实证主义的不满而走向生命哲学和新康德主义的，以图找到一条解决实证主义问题的途径。等到他后来进行马克思主义理论和实践工作时，他发觉实证主义已经渗透到马克思主义理论阵营之内。这表现为第二国际庸俗理论家们把马克思主义唯物论哲学知性科学化，以及相应地把马克思主义的唯物主义历史观庸俗化为“经济决定论”。

第二国际内部这一马克思主义哲学实证科学化的倾向固然是受当时实证主义思潮的影响，同时也有其深刻的社会历史根源。在19世纪下半叶，随着世界自由资本主义向垄断资本主义过渡，资本主义社会在政治、经济和科学技术领域都发生了深刻的变化。这时，各国社

① ［德］汉斯·施杜里希：《世界哲学史》，吕叔君译，山东画报出版社2006年版，第337页。

② 卢卡奇在论述资产阶级思想的三期发展（即理性的独断主义哲学、德国古典哲学和实证主义以及新康德主义）时，认为实证主义的出现是德国古典哲学发展的必然产物。实证主义清醒地认识到，资产阶级思想的二律背反或自在之物问题（内容和形式的关系问题）在资本主义社会是不可能解决的，于是它转而放弃了对这个问题的解决，只承认呈现在眼前的既定的事实，并对它们作单纯地记录和描述，“既定性、内容、物质进入形式，进入形式结构，进入形式的相互关系，即肯定地进入体系本身的结构，这样，作为体系的体系就必须被抛弃，体系只能是对事实的尽可能一目了然的记载，一种尽可能条分缕析的描述”。见卢卡奇《历史与阶级意识》，杜章智等译，商务印书馆1999年版，第190页。

会民主党利用资产阶级民主的条件在议会斗争中取得了较大的进展，这使得人们似乎有了某种幻想，即无产阶级和资产阶级的“阶级合作”有了某种可能。另外，资本主义发展过程中出现了一些新的特点，即随着资本的殖民扩张，资本主义国家内的经济危机转嫁到被殖民国家，而且马克思所说的资本主义社会中的对立阶级结构产生了分化，出现了一些富有的中间阶层，因此，马克思所谓的阶级斗争和无产阶级专政学说似乎不合时宜了。这在哲学上的表现为，马克思主义的哲学已过时了，马克思主义哲学的批判性和革命性应该被剔除掉，马克思主义理论只是一种纯粹的知性科学。伯恩施坦就是这种对马克思主义进行理论修正和庸俗化的始作俑者，而考茨基、梅林和普列汉诺夫等第二国际正统马克思主义者则是这种理论修正和庸俗倾向的加强者和巩固者，尽管他们曾对伯恩施坦的修正主义思想进行了不遗余力的批判和抨击。

伯恩施坦追随社会学家保尔·巴尔特，把马克思的历史观简单归结为“经济决定论”，将历史唯物主义歪曲为“经济唯物主义”。而且他还认为马克思和恩格斯的“最致命之处”，就在于坚持了“黑格尔的矛盾辩证法的残余”，以此来否定黑格尔哲学的合理内核，用庸俗进化论来取代唯物辩证法。[①] 伯恩施坦对马克思唯物辩证法的否弃，实则是对马克思主义内在的哲学维度的取消，以此来强调马克思主义的纯粹科学性。考茨基被社会民主党的理论家们追捧为“马克思主义理论权威”的人物，可他承认自己在哲学上“从来都不是一个强者”。关于对马克思主义的理解，他认为“马克思主义不是哲学，而是一种经验科学，一种特殊的社会观。”[②] 在科尔施看来，梅林这个看上去最正统地依照导师指示行事的马克思主义者，在描述关于哲学问题的正统的马克思主义见解时，竟然认为接受大师们（指马恩）

① 刘佩弦、马健行主编：《第二国际若干人物的思想研究》，中国人民大学出版社1994年版，第88—89页。

② 同上书，第190—191页。

不朽成就的前提是抛弃所有的哲学幻想。[①] 在历史观上，普列汉诺夫这位第二国际最出色的理论家大致来说还是坚持唯物主义和辩证法的，但他在对待历史发展过程中的经济因素和政治因素的关系问题上，日益陷入庸俗的经济决定论中，最后终于滑落于第二国际机会主义所宣扬的“庸俗化了的所谓‘生产力’论”的泥淖中。对于列宁在《四月提纲》中正确提出的将资产阶级民主革命转变为社会主义革命的方针，他坚决反对。他以为，在俄国资本主义尚未达到阻碍生产力发展的那个高级阶段，在这样的条件下是不可能谈论社会主义革命的。因此，他说，“如果一国的资本主义尚未达到阻碍本国生产力发展的那个高级阶段，那么号召城乡工人和最贫苦的农民推翻资本主义就是荒谬的”[②]。而且即使他“对‘经济决定论’发表了那么多的批评、调整和补充意见，但当他面临需要加以回答的哲学问题时，他竟然……把解决问题之可能性寄托于有朝一日运用数理计算的方法。不用说，这是一种只有在孔德主义那里才能发现的极端的实证主义。”[③] 可以说，这些第二国际的理论家们在继承和发展马克思主义理论的过程中，实际上对马克思主义作了重大修正，阉割了马克思主义的哲学性质，把马克思主义只看作简单的经济决定论或一门与物理学、数学等相并立的实证自然科学。这种把马克思主义理论座架在知性科学的范围之内的做法，是对马克思主义——一种集科学性和价值性于一体的革命学说——的强行肢解和严重误解。往后我们将看到，卢卡奇始终都在致力于对这种第二国际内的实证主义进行不懈的批判和反击。

---

① ［德］卡尔·柯尔施：《马克思主义与哲学》，王南湜、荣新海译，重庆出版社1989年版，第3页。

② ［俄］普列汉诺夫：《在祖国的一年》，生活·读书·新知三联书店1980年版，第24页。

③ 吴晓明：《思入时代的深处》，北京师范大学出版社2006年版，“代序”第5页。

二 新康德主义

（一）新康德主义的兴起

新康德主义是19世纪中叶黑格尔学派哲学解体后，在60年代以后逐渐形成的一个现代西方哲学流派。它包含许多各具特点的哲学支流。这些哲学支派的共同特征是通过回到康德和重新理解康德的理论来建立自己的哲学学说。康德的哲学理论是一个全面而系统甚至还包含对立和矛盾的理论体系。每个哲学支派都可以从中各取所需，要么批判它，要么继承和发展它。因此，严格来说，新康德主义并非一个单纯的哲学流派，而是一种借助“回到康德”的口号而形成的广泛的哲学思潮。

随着黑格尔主义的没落和衰败，实证主义和科学主义开始兴起。这一方面是由于德国古典哲学的艰深晦涩不再满足现实的需要；另一方面是19世纪的自然科学和技术的飞速发展。实证主义远离德国唯心主义哲学的抽象和思辨，拒斥形而上学，而专注于眼前的事实和现象。而且实证主义和科学主义思潮也渗透人文社会科学之中。人文社会科学领域里各学科普遍采用自然科学的具体和清晰的概念和科学的手段及方法，把一切都还原为可以计算、度量和测知的东西，不承认任何不能用数学方法算计的抽象的概念和理论，如把达尔文的生物进化论运用到社会当中，用自然的演化说来理解和解释社会的历史变化。对于这种自然科学主义的泛滥，一部分现代哲学家感到强烈不满，他们主张限制自然科学的应用范围，并强调历史、社会等领域的独特性。狄尔泰的生命哲学就是在作这方面的努力。他提出了精神科学（Geisteswissenschaften）和自然科学的区分。一般来说，精神科学以社会历史事物和文化现象为研究对象，而自然科学以自然事物和现象为研究对象。然而，两者更本质的区别并不在于它们的对象，更不是说有两种不同的存在。两者的不同是我们的心灵对事物的态度不同，或对经验的立场不同。这两种不同的经验世界的方式分别是内在的经历（Erlebnis）和外在的感觉经验（Erfahrung）。经历是一种原始的生命过程，它比感觉经验更根本，更原始。[①] 正是以对生命的经历、表达和理解为基础，狄尔泰不仅把各门人文社会科学统一起来，而且也为自然科学奠定了一个坚实的生存基础。

作为对实证主义和科学主义的反动，新康德主义也功不可没。作为一种回归康德的运动，新康德主义是由赫姆霍尔茨、朗格和李普曼发起的，但其真正的创始人是海尔曼·柯亨。[②] 新康德主义哲学里流派众多，但影响较大的主要是以柯亨、纳托普和卡西尔为代表的马堡学派与以文德尔班和李凯尔特为代表的西南学派。马堡学派主要是利用 19 世纪下半叶自然科学的最新成果来进一步论证和发挥康德的哲学思想，因此该学派的哲学家们主要致力于与数学和自然科学相关的认识论和逻辑学研究。而西南学派则重视社会历史问题的研究。该学派主要关注的对象是精神科学以及如何独立地建立精神科学和正确地划分精神科学与自然科学的界限。文德尔班认为，自然科学研究的是一般规律，而与之相反，精神科学研究特殊的、唯一的和个别的事物。这个学派的另一个特点是特别强调价值问题。由于精神科学研究的主要是具体的历史事件，而要描述和分析这些特殊事件的前提条件是要在大量的个别现象中作出选择。要选择就得遵循一定的标准，而这个标准的依据只能是对象的价值。[③] 新康德主义中的西南学派通过强调精神科学和自然科学、价值和事实、应当和所是的对立和二元来突出前者相对于后者的重要性，反抗实证主义和科学主义对人及其活动的价值和意义的漠视和戕杀，以重建一种统一的建立在人的生存和生命意义基础上的新的人文社会科学。可以说，这种哲学的努力在当时的思想语境中有其历史的意义，但新康德主义由于坚持抽象的“应

---

① 张汝伦：《现代西方哲学十五讲》，北京大学出版社 2003 年版，第 107—108 页。

② ［德］汉斯·施杜里希：《世界哲学史》，吕叔君译，山东画报出版社 2006 年版，第 388—389 页。

③ 同上书，第 391—392 页。

当”而对生活毫不触动，从而在最终的意义上与实证主义其实是处在同一水平上的对立的两极。青年卢卡奇正是因此而离开了新康德主义。

（二）资产阶级学者和第二国际内部的伦理学社会主义思想

新康德主义哲学对欧洲各国社会民主党和第二国际理论界的影响主要体现在伦理学社会主义思想上，即主张社会主义的理论基础不是历史唯物主义，而是康德的伦理学，社会主义的真正奠基人不是马克思，而是康德，因此要用康德的伦理学来补充马克思主义的科学社会主义理论。伦理学社会主义的基本论点和理论前提是由马堡学派和西南学派的哲学家提出的，他们都反对唯物史观，都企图从伦理道德观念出发来解释社会历史，把历史的进步归结为道德观念的进步。[①] 最先提出伦理学社会主义基本思想的是柯亨。他认为马克思的社会历史观只注意了经济的社会，而忽视了伦理的社会。而在他看来，唯有道德原则才是社会发展的真正原则。因此，应取消马克思的“经济唯物主义”作为社会主义的基础，而代之以伦理学为基础。这种伦理学，就是康德的唯心主义伦理学。他认为康德的“人是目的”这种思想“包含了近代和‘全部’‘将来历史’的道德纲领”，而这种道德纲领就是社会主义的纲领，柯亨由此宣称康德是社会主义的奠基人。[②]

在第二国际内部，伯恩施坦是伦理学社会主义思想的积极宣传者和鼓吹者。我们知道，由于受实证主义的深刻影响，大部分第二国际理论家都遗忘或抛弃了马克思主义的哲学性质，而把马克思主义作为知性科学化理论来进行理解和诠释，认为马克思主义只是一门纯粹的科学理论。这种解释在社会历史观上表现为经济决定论，即按照生产力决定生产关系和经济基础决定上层建筑的原理，主张只要生产力发展到一定高度，资本主义就会自动地进入到社会主义，就好像自然界

① 刘放桐等编：《新编现代西方哲学》，人民出版社 2000 年版，第 90 页。

② 同上书，第 91 页。

的客观规律一样，而无须人的主观能动性。而“伯恩施坦则以新康主义为依据，向上述通式理解提出了批评，但当他在批判第二国际对科学社会主义理解的同时，却将其直接等同于马克思的科学社会主义理论本身，进而以新康德主义来批判马克思本人，试图为马克思补充一个新康德主义的基础。”[①] 伯恩施坦先是认为马克思主义的“科学社会主义”这个概念本身是矛盾的。社会主义理论是一种社会历史理论，它是建立在对社会领域内的事物进行主观评价和价值判断基础上，所以它并非是科学，“在作为社会主义理论的马克思主义学说中，并不全部都是科学”，“也不可能全部都是科学”[②]，因为所谓的科学都是建立在经验现象的基础上。因此，马克思的社会主义学说并非一种科学理论，而是一种以道德和伦理为基础的价值理论，“社会主义的学说中只有一点是社会主义所特有的：贯穿着它的判断的伦理观或正义观”。[③] 既然马克思的社会主义学说不是科学理论，那么它也就不会是一种经济决定论，而应该是伦理学的社会主义学说，但是“在马克思的理论中，没有一个地方是倚仗（作为基本力量的）伦理的”[④]，所以马克思主义亟须伦理学的补充。伯恩施坦认为这些伦理力量就是社会阶级利益、社会认识和道德意识。这些“观念力量”共同构成了社会主义运动的正当原动力。就利益而言，伯恩施坦认为“马克思社会主义所假定的利益，从一开始就具有了一种社会的或伦理的因素”。[⑤] 就“社会认识”而言，即关于国家、社会、经济、历史的一定的观念，本身就是从属于价值领域的道德判断。“通过对所谓‘正当原动力’的强调，伯恩施坦实际上已经赋予了道德一种神奇的力量，将道德看作‘一个能起创造作用的力量’，以此鼓吹社会

---

① 姚顺良等：《资本主义理解史》第2卷，江苏人民出版社2009年版，第366页。

② 中共中央编译局资料室编：《伯恩施坦言论》，生活·读书·新知三联书店1966年版，第278页。

③ 同上书，第283页。

④ 殷叙彝编：《伯恩施坦文选》，人民出版社2008年版，第84页。

⑤ 同上书，第78页。

主义只能由道德创造出来，进而消除马克思社会主义理论的科学基础。”[1] 伯恩施坦用来补充马克思的社会主义理论的伦理和道德其实就是指康德的伦理学，“在我看来，‘回到康德去！’这句话在一定程度上对社会主义理论也是适用的”[2]。

针对伯恩施坦的伦理学社会主义思想，梅林和考茨基等第二国际理论家们进行了针锋相对的批驳。梅林揭露了新康德主义反科学社会主义的本质，他认为“新康德主义在客观上和实质上只是一种想摧毁历史唯物主义的企图。”[3] 他指出，新康德主义把康德的“人是目的”这个观点当作社会主义的伦理基础是不正确的。社会主义是资本主义经济发展的必然产物，新康德主义企图从康德的这个论点中推论出社会主义是明显的错误。而考茨基则在《伦理学与唯物史观》中对康德唯心主义伦理观进行了有力的驳斥，并力图用历史唯物主义观点来阐释伦理和道德的起源、本质和作用等，以批判新康德主义和伯恩施坦的伦理学社会主义思想。[4] 卢卡奇也对第二国际内的伦理学社会主义进行了深刻而有力的抨击。他首先指出经济决定论必然会导致宿命论的思想，而宿命论与唯意志论就是相通的。“宿命论和唯意志论只是从非辩证的和非历史的观点来看才是彼此矛盾的”，“从辩证的历史观来看，它们则是互相补充的对立面”。[5] 这里的唯意志论相当于新康德主义的伦理学。对卢卡奇来说，经济宿命论与对社会主义的伦理改造是一致的，它们是同一硬币的正反两面。这种一致主要是“在方法论上采用个人主义的结

① 姚顺良等：《资本主义理解史》第2卷，江苏人民出版社2009年版，第371页。

② 殷叙彝编：《伯恩施坦文选》，人民出版社2008年版，第72页。

③ 梅林：《保卫马克思主义》，人民出版社1982年版，第126页。

④ 《伦理学与唯物史观》这本小册子就是“为了反对那种硬把康德的伦理学同马克思主义拉扯在一起的企图而写的”。见卡尔·考茨基《一个马克思主义者的成长》，生活·读书·新知三联书店1973年版，第23页。

⑤ 卢卡奇：《历史与阶级意识》，杜章智等译，商务印书馆1999年版，第51页。

果”，即“把单个的人作为一切事物的尺度”。[①] 只有当这个世界在理论上采取“永恒自然规律”的形式，只有当人对这种自律的规律采取纯直观的、宿命论的态度，它才能为个人所理解和把握。在这样的情况下，个人在世界中的行动只有两种可能性：一种是把“被宿命论地接受的、不可改变的‘规律’用于人的一定目的（例如技术）；另一种是‘完全向内的行动，即试图在世界的唯一剩下不受约束的地方，即在人本身上改变世界（伦理学）。’”[②] 而这种伦理学始终是抽象的，“始终只具有规定和要求的性质”。由于有些“马克思主义者”在考察社会和经济现实时放弃了对社会历史过程作总体的考察，所以他们一提出行动的问题，就“必然回到康德学派抽象的要求伦理学上去。”[③] 从以上论述可知，卢卡奇认为，只要马克思主义者分析社会历史现象时放弃了总体性的考察方法，则他们在理论上就会倾向于经济决定论，在行动上导致新康德主义的伦理社会主义。就像实证主义和新康德主义是同一水平上的独立的两极，在第二国际内部，经济决定论和伦理社会主义也只能在简单的对立中徘徊。也就是说，后者是出于对前者的反对并致力于消除前者的弊端而出现，结果却是沦为对前者问题的虚幻的解决，并在最终的意义上跌落于与前者一致的思想境况。

三　韦伯的现代性批判思想

在卢卡奇思想发展早期，狄尔泰的生命哲学、西美尔的文化哲学和韦伯的理性化思想发挥了极其重要的影响。而其中韦伯的思想尤其起着关键作用。韦伯是德国著名的社会学家。他从文化社会学的角度阐释了现代资本主义社会产生的精神动力，提出了一套有别于马克思社会分析的独特学说，对当时和之后的现代性（批判）研

---

① 卢卡奇：《历史与阶级意识》，杜章智等译，商务印书馆1999年版，第91、291页。

② 同上书，第91页。

③ 同上书，第91—92页。

究产生了深远影响。对韦伯来说，理性化（即合理化，Rationalisierung）就是现代性的本质特征。他对现代性的独特把握主要表现在对新教伦理与资本主义精神的关系、现代社会的理性特征、工具理性与价值理性的对立与冲突以及现代社会合理化导致统一世界观和价值观的分裂和人的自由的丧失等现代性问题的恰当诊断和理性分析上。下面我们对之逐一进行分析和阐释。

（一）现代性的特征：合理化

对韦伯而言，现代社会是资本主义社会。作为现代社会之为现代社会的根基和本质，现代性就是资本主义精神。从哲学上看，资本主义精神意指合理化精神，当然是西方文化所固有的、特殊形态的理性主义的精神。这种理性化精神自有其独特的西方思想内涵。然而，这种理性化精神并非随着社会经济和历史发展而必然形成的一种精神成果，而是有其深刻的伦理根基，即新教伦理。正是由于新教伦理这种伦理力量的推动作用，资本主义精神才得以产生和发展。

1. 资本主义精神与合理化

韦伯非常重视资本主义精神作用。鉴于经济因素的基本重要性，韦伯主要在经济领域中探讨资本主义。他认为近代资本主义的发展不在于资本额，而在于资本主义精神。“近代资本主义扩张的原动力为何的问题，首先并不在于追究可供资本主义利用的货币量从何而来，而是，尤其是，在于资本主义精神之发展的问题。”① 资本主义精神其实就是理性化精神。韦伯以为，理性化有诸多含义，其概念通常表现得极为模糊不清，有时甚至完全背反。“神秘冥想的‘理性化’，亦即一种从其他生活领域的观点看来是特别‘非理性’的行为方式也有其‘理性’，正如经济、技术、科学工作、教育、战争、法律与行政的‘理性化’一样。再者，所有这些领域皆可从许多不同的终

① ［德］韦伯：《新教伦理与资本主义精神》，康乐、简惠美译，广西师范大学出版社2007年版，第43页。

极观点与目的上予以‘理性化’……因此，极为不同的理性化曾存在于所有文化圈的各个不同的生活领域中。”[①] 韦伯这里阐述的理性化精神是西方特有的理性主义精神。这种理性化精神在经济上的表现行为是建基于利用交易机会而追求利益的行为，而且它以资本核算为取向。基于这种精神的资本主义建立起（形式上）自由劳动的理性——资本主义组织。而且，这种理性化精神的产生根源于西方特有的科学技术。“其（近代西方特有的资本主义）合理性在本质上是取决于，技术上的决定性因素的可计算性，这些关键性的技术要因乃精确计算的基础。换言之，这合理性乃是有赖于西方科学的独特性，尤其是奠基于数学及实验的那种既精确又理性的根基上的自然科学之特殊性。”[②] 正是在以数学为代表的精密自然科学的基础上产生了西方资本主义独特的合理性精神。

就资本主义精神的具体内涵来说，韦伯把它看作一种将工作奉为天职、有系统且理性地追求合法利益的心态，或者是一种带有伦理色彩的生活样式准则的性格。[③] 当然，这里指的是西方特有的近代理性经营的资本主义，而不是普遍存在于世界各地的资本主义。资本主义精神中蕴含的“天职”思想和为职业劳动而献身的观念，是一种独特的资本主义“伦理”。按照这种伦理，人们把营利当作人生的目的，而不是仅仅满足人们物质生活需要的手段。也就是说，他们把赚钱当作一种职业义务。为了达到获利目的，他们不辞辛劳地劳动，把劳动看作绝对的目的本身，同时进行理性的算计和筹划，并且不注重物质享受。

现代性有三个层面。理性化指的是现代性的观念系统，或者叫作精神层面。现代性还有制度构成的层面，即理性化在现代资本主

---

① ［德］韦伯：《新教伦理与资本主义精神》，康乐、简惠美译，广西师范大学出版社2007年版，第12页。

② 同上书，第11页。

③ 同上书，第40、27—28页。

义社会中各个领域的具体表现。由此，韦伯使用理性化的概念来把握资本主义社会的各个方面，包括政治、经济和文化等。有关经济的理性化，我们在前面略有论述。西方的经济资本主义的独特性在于，理性的经营方式的投资与理性的资本主义劳动组织已成为决定经济行为取向的支配力量。西方资本主义以自由劳动为基础，进行严格的经济核算和理性算计，以达到资本增值和企业盈利的目的。文化合理化的重要特征是世界的“祛魅”。世界的“祛魅”意味着以前在文化价值领域的宗教——形而上学世界观的一统局面已一去不复返，出现了文化价值方面的多元并立状态。这主要得益于现代科学技术的发展。科技的发展使人们崇尚理性，祛除迷信，从而摆脱了宗教神秘主义的影响。人们开始相信，自己是世界的主人，人类可以依凭理性工具认识和改造一切。文化的理性化隐含这样的知识或信念：“只要人们想知道，他任何时候都能够知道；从原则上说，再也没有什么神秘莫测、无法计算的力量在起作用，人们可以通过计算掌握一切。”① 理性化就是为世界祛魅，而其中技术和计算发挥着关键功效。然而，理性化的结果是在价值领域的“诸神之战”的局面。“它（现代的理性化世界）的命运便是，那些终极的、最高贵的价值，已从公共生活中销声匿迹。它们或者遁入神秘生活的超验领域，或者走进了个人之间直接的私人交往的友爱之中。”② 宗教统一世界观的隐退必然出现人类价值观的多元或冲突状态。理性化在政治和社会领域的展开，表现为建立在理性计算基础上的形式主义法律体系和国家行政官僚制度。现代资本主义的发展不仅需要理性的科学和技术等物质手段，还需要资本主义经济相适应的理性法律制度和官僚体系。资本主义的法律制度和行政官僚制度都建基于理性的可计算原则之上。可计算原则是现代官僚制最重

① ［德］韦伯：《学术与政治》，冯克利译，生活·读书·新知三联书店 2005 年版，第 29 页。

② 同上书，第 48 页。

要因素。“官僚制到了高度发达的程度时，也会在特定意义上服从无恨亦无爱的原则。官僚制发展得越完备，它就越是‘非人化’，在成功消除公务职责中那些不可计算的爱、憎和一切纯个人的非理性情感要素方面就越是彻底。这就是它得到资本主义肯定的特殊品性。”① 这种得到肯定的品性即可计算性的理性原则，而这同样也适用于资本主义的法律体系。

2. 资本主义精神与新教伦理

资本主义精神就是理性化精神。但是关于它的产生，历来众说纷纭。韦伯反对马克思主义的“经济决定论”的唯物论解释，即理性化精神是经济状况的反映，也反对把之归结于所谓的“上层建筑”。韦伯认为，资本主义精神并非理性主义整体发展的一部分，不是理性主义历史发展的产物。“将‘资本主义精神’的发展看作理性主义整体发展的部分现象，似乎是最好理解的……只是，当我们认真地试图这么做时，立即显示出这样的解题方法根本是行不通的，因为理性主义的历史显示出它在各个人生领域里绝非平行应和地向前发展的。”②理性主义精神在人类社会生活各个领域里的不平衡发展，表明我们不能把现实理性当作资本主义精神产生的原因。而且，如果我们把理性主义理解为注重个人世俗利益的生活态度，则其更谈不上是促成资本主义精神产生的动因。“如果将‘实际的理性主义’（praktischer rationalismus）理解为：有意识地把世界上的一切连接到个我的现世利益上、并以此为出发点做判断的生活样式……此种理性主义绝非资本主义所需的那种人以‘职业’为使命的关系得以滋长茁壮的土地。”③韦伯在此处明确否认以现世利益为行为取向的理性主义并非西方独特

① ［德］韦伯：《经济与社会》第2卷上册，阎克文译，上海人民出版社2010年版，第1114页。

② ［德］韦伯：《新教伦理与资本主义精神》，康乐、简惠美译，广西师范大学出版社2007年版，第50页。

③ 同上书，第50—51页。

的以劳动为天职的资本主义精神的原动力。

那么到底什么才是资本主义精神生成的真正动因呢？资本主义精神中内含着一种以劳动为天职的伦理观念。“此一思想（即职业义务）正是资产阶级文化的‘社会伦理’独树一格的特征，而且就某种意义而言，正是其本质之所在。”在韦伯看来，这种职业义务就是以劳动为天职的宗教伦理。“近代的资本主义精神，不止如此，还有近代的文化，本质上的一个构成要素——立基于职业理念上的理性的生活样式，乃是由基督教的禁欲精神所孕生出来的。”[①] 因此，韦伯把基督教的禁欲主义看作资本主义精神的起源。这种禁欲主义就是新教的禁欲伦理。我们知道，人类犯有原罪的灵魂救赎需要禁欲，这是基督教的基本教义。中世纪的天主教徒采取出世的方式来求得灵魂的救赎。他们通过隐修的方式来荡涤自己罪恶的灵魂以获得精神的升华。而清教徒采取的是入世方式在救赎自己的灵魂。他们怀着虔敬的心情直接面对上帝，通过节制自己的欲望和永不停息的世俗劳动来荣耀上帝。这两种禁欲方式体现了新教伦理与传统的宗教伦理的区别。新教就是对传统宗教改革后的产物。宗教改革的主要目的是基于对天主教信仰的形式化体系的不满。基督教教会是作为上帝和人类之间沟通的媒介。教会是上帝的使者，它代表上帝来拯救人类。它是通过复杂的教义教规和烦琐的宗教仪式来实现的。教会掌握着人类灵魂救赎的解释权和执行权，但这种神权统治却导致教会的腐化堕落。新教改革就是要革新教会的神权统治地位，它把灵魂得救的权力收归为上帝。信徒灵魂救赎不取决于教会，而是早已由上帝决定好了。加尔文教派提出“上帝预定论”，即上帝仅对选民施予恩典并给予灵魂救赎，并且是早就预定好的。预定说使信徒陷入一种无比的焦虑状态中。因为信徒不知道自己是否已经被上帝选中，而且人现在没有教会

---

① ［德］韦伯：《新教伦理与资本主义精神》，康乐、简惠美译，广西师范大学出版社2007年版，第186页。

的庇护和襄助，人只是凭着对上帝的信仰孤独地面对上帝。这种因灵魂是否得救的未知和无助给人们带来无穷的焦虑，但是出于对上帝的信仰，以及人们相信自己是实现上帝意志的工具，人们兢兢业业地工作，期望通过对世界的改造和世俗的成功，以此来获取上帝恩宠的确证。而人们要改造世界就要给世界祛魅，使世界不再与上帝联系在一起，而是人与上帝关联的工具。通过祛魅，世界就成为人们计算和改造的对象。人们只有不断地劳动和取得世俗的成功才有赢得上帝恩宠的可能性。为了获得成功，人们采取禁欲行为，并理性地规划自己的工作和生活。“基督新教的入世禁欲举其全力抵制财产的自由享乐，勒紧消费，特别是奢侈消费。反之，在心理效果上，将财货的取得从传统主义的伦理屏障中解放出来，解开得利追求的枷锁，不只使之合法化，而且直接视为神的旨意。”① 人们把这种禁欲和理性盈利的行为看作实现上帝旨意和荣耀上帝的活动。而且，由于经济成功也不能完全保证能获取上帝恩宠，所以对于信徒来说，这种禁欲行为和焦虑状态伴随他终身。“对天主教徒来说，教会的圣礼恩宠是对弥补自己之不足的手段……信徒在告解与悔改里求助于他（教士），自他那里得到赎罪、恩宠希望与赦罪的确信，从而得以解脱那种可怕的紧张——生活在这种可怕的内在紧张里，是卡尔文教徒无法逃脱也无法借助他力来缓解的命运。”②

对韦伯而言，新教的禁欲伦理是资本主义精神的起源。这与马克思主义的唯物论解释完全相反。然而，韦伯认为，这两种解释都有可能诠释历史的真实。只不过，他在这里着重强调宗教意识的作用。“我们当然也并不打算，以片面的唯心论的文化与历史因果解释，来取代同样片面的‘唯物论的’文化历史观。对于历史真实，两者是

① ［德］韦伯：《新教伦理与资本主义精神》，康乐、简惠美译，广西师范大学出版社2007年版，第173页。

② 同上书，第100页。

同样可能的。”[①] 这里需强调的是，韦伯讲的新教伦理这种宗教热情退去后，剩下的只是技术理性。这是后来的法兰克福学派强烈批判的一点。

（二）现代性的内在悖论及其后果

对韦伯而言，合理化是现代性的本质特征，是现代社会的根基。现代社会是个不断合理化的过程。这种合理化过程不仅发生在经济领域和文化领域，也渗透进政治制度和法律制度中。针对这一合理化过程，韦伯区分了两种合理性，即形式合理性和实质合理性，或称作目的——工具合理性和价值合理性。这两种合理性构成了现代性的内在冲突或内在张力。现代性内在悖论的后果是，合理化的不断增加本应该带来理性的增长与人的自由度的提升，而事实上却出现与预期相反的结果。现代社会合理化过程的结果是实质合理性不断让位于形式合理性，形式合理性不断扩大其势力范围，而价值和规范等理念不断被边缘化，这具体体现为社会合理化导致人的自由的丧失，文化合理性导致人的生命意义的缺席。总而言之，自由丧失和意义空场是现代性内在冲突的两大严重后果。

1．形式合理性与价值合理性

我们知道，康德对理性本身进行了深刻的反思与批判，他把理性本身分为理论理性、实践理性与审美理性。韦伯追随康德思想，但他把理性区分为形式理性与实质理性两种。康德是哲学家，他是从哲学角度来分析人类认识能力的理性根源。而韦伯是社会学家，他对理性的理解是从社会学角度来解释，即他把理性看作人类社会行为的根据。韦伯认为，社会学是一门试图说明性理解的社会行为，并由此而对这一行为的过程和作用作出因果解释的科学。[②] 从人的社会行为出

---

① ［德］韦伯：《新教伦理与资本主义精神》，康乐、简惠美译，广西师范大学出版社 2007 年版，第 189 页。

② ［德］韦伯：《社会学的基本概念》，胡景北译，上海人民出版社 2005 年版，第 1 页。

发，韦伯区分了目的——工具理性与价值理性。[①] 韦伯认为，社会行为是由目的理性、价值理性、感情因素和传统因素等决定的。根据目的理性，行为者预期外界事物的变化和他人的行为，并利用这种预期作为“条件”或者作为“手段”，以实现自己当作成绩追求的、经过权衡的理性目的。而在价值理性的引导下，行为者自觉地和纯粹地信仰某一特定行为固有的绝对价值（例如伦理的、美学的、宗教的或任何其他性质的绝对价值），而不考虑能否取得成就。[②] 也就是说，目的合理性行为是这样一种行为，即行为者有明确的预期目标并根据它选择理性手段的行为。“目的理性行为指的是，行为者以目的、手段和附带后果为指向，并同时在手段与目的、目的与附带后果，以及最后在各种可能的目的之间作出合乎理性的权衡，然后据此而采取的行动。”[③] 价值合理性行为是一种只重视手段或行为本身的价值或意义而忽视行为目的或后果的行为。“纯粹的价值理性行为，指的是行为者无视可以预见的后果，而仅仅为了实现自己对义务、尊严、美、宗教训示、崇敬或者任何其他一种‘事物’重要性的信念，而采取的行动。”[④]

韦伯把理性分为目的理性与价值理性，但其实两者的界限并非泾渭分明，而是互相缠绕交织在一起的。“行为的价值理性取向和目的理性取向之间，可能存在不同性质的联系。然而，从目的理性

① 韦伯从理性本身的内在结构出发区分出价值理性和目的理性。而从对社会行为的理解看，韦伯分别出目的合理性与价值合理性。“合理性”概念即是韦伯在方法上借以把握行为性质的一个“关系”概念。在韦伯那里，目的理性与形式理性基本上是同义的，而价值理性与实质理性的意义也基本相近。形式合理性具有事实的性质，它是关于不同事实之间的因果关系判断；实质合理性具有价值的性质，它是关于不同价值之间的逻辑关系判断。形式合理性主要被归结为手段和程序的可计算性，是一种客观的合理性；实质合理性则基本属于目的和后果的价值，是一种主观的合理性（陈嘉明：《现代性与后现代性十五讲》，北京大学出版社 2006 年版，第 107—108 页）。

② ［德］韦伯：《社会学的基本概念》，胡景北译，上海人民出版社 2005 年版，第 32 页。

③ 同上书，第 34 页。

④ 同上。

的立场出发，价值理性总是非理性的……但是，绝对的目的理性行为，本质上也仅仅是一种假设出来的边界情况。”① 韦伯在这里明确阐明两者互相关联的一面。我们一般把价值理性看作非理性的。其实在价值理性看来，目的理性才是非理性的。韦伯主张理性主义有各种不同的解读，如神秘冥想的“理性化”，亦即一种从其他生活领域的观点看来特别是非理性的行为方式也有其理性。所有社会领域皆可从许多不同的终极观点与目的上予以理性化。而且，从一种观点看是理性的，从另一观点看可能是非理性的。② 我们知道，资本主义精神作为一种理性化精神，却是起源于新教伦理这种价值理性。这充分表明两者理性之间边界的模糊性。然而，我们也应清醒地认识到，从韦伯提出的“理想类型”看，形式理性也有不断扩张和膨胀的一面，以至于有压缩价值理性空间的趋势。赫勒对此深有体会：“韦伯坚持认为，在现代世界中，理性的行动较少是由价值观念引导的，而较多的是由为一个既定目标选择适当的手段所引导的……对现代人来说，价值并不比理性的手段/目标模式拥有更大的力量。目标—实现被最有效地进行。”③ 这种激烈的冲突与对立构成了现代性的内在张力，并对人类现实生活产生不可估量的后果。

2．意义和自由的双重丧失

对韦伯而言，现代社会合理化过程促使价值合理性和目的合理性两者对立结构的出现。这两者的冲突和对立构成现代性的内在张力。而这种对立的后果是生命意义和个体自由的双重缺失。首先是意义的丧失。在 16 世纪和 17 世纪，随着宗教改革、人文主义复兴和现代科学技术的发展，宗教和形而上学统一世界观受到了普遍质疑，出现了

① ［德］韦伯：《社会学的基本概念》，胡景北译，上海人民出版社 2005 年版，第 34—35 页。

② ［德］韦伯：《新教伦理与资本主义精神》，康乐、简惠美译，广西师范大学出版社 2007 年版，“前言”第 12 页。

③ ［匈］赫勒：《现代性理论》，李瑞华译，商务印书馆 2005 年版，第 58 页。

各种价值不断分化的状态。在现代社会不断合理化过程中，原来一统的文化价值观出现裂痕，社会各种价值观处于分立态势。在现代社会的众多价值领域内，现代人必须从中作出一种选择。赫勒恰当地描述了现代社会这种价值多元化情况。她认为每一个现代社会领域都是一个价值领域。科学、政治、艺术、宗教、法律、经济等是主要的价值领域。每个领域有它自己的标准与规则，有它自己的伦理，而个人必须在它们之间作出选择，这种选择也是一种存在的选择。[①] 韦伯对这种价值多元或诸神之争状态作了深刻的阐述：现代世界上不同的价值制度处于无法调和的斗争中。一件事情虽然不美、不神圣、不善，却可以是真的，还不仅仅如此，真就真在不美、不神圣、不善上，这是一个日常真理。不过，这仅仅是各种制度与价值之间争斗的最基本形式。[②] 以前那种整合社会各领域的统一的宗教和形而上学世界观坍塌了。每个社会领域都有自身独特的价值理念，它能从自身中获取存在意义。而各个领域之间处于价值冲突状态。这就是现代社会价值分裂和多元并存的状况。这种价值上的诸神不和局面其实是古代多神论的翻版，只不过今天的价值观被祛魅罢了。“今天，已被脱了魔，因而失去了超人形象的诸神又从坟墓中站了出来，试图主宰我们的生活，又开始了它们之间的永恒斗争。”[③]

对于这样一种价值多元和意义缺失的态势，我们能否通过发展科学来克服吗？韦伯给出否定答复。科学的发展和进步是无止境的，人对科学的追求也是永无止境。因此，这种所谓的“科学进步”对人是无意义的，死对人来说也是无意义的。[④] 而且科学本身也不涉及终极关怀和人或世界的意义问题。“除了在自然科学界还能找出来的几个天真的大娃娃，谁今天还相信，天文学、生物学、物理学或者化学的知识

① ［匈］赫勒：《现代性理论》，李瑞华译，商务印书馆2005年版，第60页。
② ［德］韦伯：《伦理之业》，王容芬译，广西师范大学出版社2008年版，第25页。
③ 同上书，第26页。
④ 同上书，第15—16页。

能够教给我们，世界的意义是什么……如果真要自然科学这样做，那么，按照它们的本性，它们会把诸如世界的‘意义’一类的信念连根拔掉。”① 这种价值多元状况表明了现代社会中人类精神的无家可归状态，而这种无所归依的精神状态会导致现代社会的分裂与异化。哈贝马斯概括了这种令人担忧的局面：“能够创造意义的形而上学——宗教世界观的同一性已经土崩瓦解了，这就使得现代生活世界的同一性成了问题，进而严重危及到了社会化主体的认同及其社会团结。”②

其次是人的自由丧失。现代社会合理化的过程导致人类自由的丧失。韦伯是用行为理论来把握自由丧失问题。在人们日常工作和生活中，人们一般把目的理性与价值理性联系起来，即目的理性要受到个体的道德判断的指挥和影响，也就是说，个体行为要做到价值合理性。然而，随着社会合理化的不断增长，在经济部门和行政管理部门里，个体行为的目的合理性必须独立于其价值理性判断及其决策。个体行为只要对手段与目标之间进行理性权衡，而无关乎手段或事情本身的价值合理性。个体行为只要遵循目的理性原则，而无关乎个体自身的价值判断。这样的话，个体行为就成为一种没有思想或灵魂的行为，从而人的自由也就相应地消失殆尽。

前面我们讲过，新教的禁欲伦理孕育了资本主义精神，即基于职业理念的理性生活样式。这样一种以劳动为天职的宗教理念促进了以理性经营为特征的经济资本主义迅速发展。然而，令人吊诡的是，以理性盈利为目标的经济资本主义却丢弃了其宗教禁欲主义前提。新教徒采取禁欲行为，抑制自己不公正与纯粹冲动性的物欲，在企业经营活动中实行严格的理性核算和理性组织，以至于获得经济上的成功，最终目的是增添上帝的荣光。对新教徒来说，金钱等物质利益只是一件“随时可以卸下的薄斗篷”。然而，“获胜的资本主义，既已盘根

---

① ［德］韦伯：《伦理之业》，王容芬译，广西师范大学出版社 2008 年版，第 19 页。

② ［德］哈贝马斯：《交往行为理论》第 1 卷，曹卫东译，上海人民出版社 2004 年版，第 329 页。

在机械文明的基础上，便也不再需要这样的支柱”。禁欲伦理悄然退去，理性致富成了经济资本主义的最终目标。人们被编织进一张以目的理性为主要原则的大网，“命运却使得这斗篷变成了钢铁般的牢笼（stahlhartes Gehaeuse）”。[①] 人们深陷这张形式理性原则主宰下的牢笼中，自然无任何自由而言。

经济资本主义条件下的人们毫无自由，而这又与官僚制的形成密不可分。在官僚制的形成过程中，资本主义体制无疑发挥了重要作用。“资本主义对于官僚制行政而言乃是最理性的经济基础，能够以最理性的方式得到发展。”[②] 反过来，官僚制主要是在资本主义的扶持下，创造了一种较稳定、严格、紧张、可计算性的行政管理体制，并以此保证了资本主义生产的长期持续性。官僚制凭借形式理性原则的完美运用，从而有可能使得行政管理者和相关行动者的行为后果具有相当高度的可计算性。由此，其精确性、稳定性、纪律的严厉程度及其可靠性，可以说比任何其他形式都更优越。从纯粹技术观点来看，官僚制“能够达到最高度的效率，而且就这个意义来说，在形式上也是对人类行使权威的已知最理性的手段。”正由于其高效性和非人格性，可适应性强，官僚制已经渗透进现实社会各种经济组织和社会团体中。“现代组织形式在所有领域中的发展与官僚制行政的发展和持续扩张是完全相辅相成的。教会、国家、军队、政党、经济经营、利益集团、基金会、俱乐部等，概莫能外。极而言之，它的发展乃是现代西方国家的根基。”[③] 官僚制以其公平、高效和可控性在社会各领域获得最广泛的适应性，然而，由于作为其内在主导原则的形式理性尽可能排除了价值理性影响，人的行动目的自然表现出非人性

---

① ［德］韦伯：《新教伦理与资本主义精神》，康乐、简惠美译，广西师范大学出版社2007年版，第187页。

② ［德］韦伯：《经济与社会》第1卷，阎克文译，上海人民出版社2010年版，第331页。

③ 同上书，第330页。

的趋向，从而人的自由和意志也被最大限度的损毁。在官僚体制化构成的这架庞大机器中，人只能是上面的一颗小螺丝钉，完全听命于机器的指令。这就是现代人的历史命运。形式理性在社会各领域的全面渗透，科学技术不断进步，人的生活水平不断上升，然而人类却深陷自由不断丧失的困境。

现代社会理性化过程就是现代性内在矛盾不断发展过程，其结果是自由和意义的双重丧失。为了解决现代性的内在矛盾与冲突，韦伯提出了超凡魅力或“卡里斯玛”（Charisma）的解决办法。卡里斯玛型领袖能够整合目的理性与价值理性，使它们能很好地融贯于一身，从而能有效地抵制目的理性在现代社会各领域内的扩张。哈贝马斯认为创造性的卡里斯玛能有效地消除官僚制的非人性影响。“如果创造性的卡里斯玛与限制自由的官僚制在看似‘不可避免的’合理化进程中想要获得胜利的话，就只能选择这样一种组织模式，即‘领袖加机器’。在经济领域，意味着权威经济领袖的功利主义，在政治领域，则意味着一种经过公民投票而确定的领袖民主制，而综合这两个领域，则意味着一种选择领袖的最佳机制。”① 但韦伯对超凡魅力并不持乐观态度。他认为超凡魅力的统治是不稳定的，因为它最终要走向程序化和制度化：“领袖本人及其门徒对他的超凡魅力的信仰，只有在初生状态时才会势不可当、一以贯之且行之有效……一俟那种使超凡魅力领导群体从日常生活中脱颖而出的非常事态又返回了日常程式的轨道，那么至少超凡魅力支配的‘纯粹’形式就会遭到削弱并转变为一种‘制度’。”② 除了诉诸卡里斯玛来从宏观层面抵抗官僚制的非人格性，韦伯还提出责任伦理，即从个体行为层面来抗争官僚制。然而，不管怎样，韦伯对现代性内在矛盾的扬弃还是持极度悲观态度。

---

① ［德］哈贝马斯：《交往行为理论》第1卷，曹卫东译，上海人民出版社2004年版，第334页。

② ［德］韦伯：《经济与社会》第2卷下，阎克文译，上海人民出版社2010年版，第1272页。

第二章
现代性批判的开端：从新康德主义时期到革命伦理阶段

卢卡奇从小就对资本主义制度下的生活怀有强烈的仇恨和蔑视，他感觉到其家庭生活、匈牙利社会和整个现代世界已处于深深的异化状态中。正是这样一种对生活的强烈感受使得他对现代世界一直持有不满态度。在卢卡奇生活的年代，匈牙利正处于深重的社会危机中。由于贵族的日益败落和农民的日渐贫困，匈牙利兴起了反动的民族主义，即反犹主义的产生。这意味着以资本主义为根基的自由主义政治和思想遭到了严重挑战。反犹主义促生了犹太民族主义，但是卢卡奇并没有陷入这种抽象的二元对立之中，他思索的是出现这种社会状况的根由。他认为这说明了以理性文明为支撑的现代社会出现了深重危机，而要走出这种危机，只有对现代社会进行毫不留情的批判。这种批判在一定意义上可以说就是对现代性的批判。而这种对现代性的批判贯穿了他的一生。

卢卡奇对现代性的批判起步于他的新康德主义时期。本章主要讨论他的前马克思主义时期的现代性批判。这个时期的现代性批判分为三个阶段，即新康德主义环节、基尔凯郭尔化了的黑格尔主义时期和革命伦理阶段。新康德主义环节又可划分为两个时段，即戏剧时期和论说文时期。具体来说，在新康德主义环节，卢卡奇主要是站在新康德主义立场对实证主义进行了激烈批判。他认为实证主义是现代资本主义社会的时代精神和现实世界深刻危机的思想根源，而要反对实证主义，只有投入现代主义艺术的怀抱。他提出只有艺术能拯救现代性危机。其中在戏剧时期，他认为现代性的现实表现是当时社会普遍存在的异化现象，而只有真正的悲剧才能走出异化状态。在论说文时期，他提出论说文是一种艺术形式，它能解决精神世界的分裂和异化问题。同时，卢卡奇在这个时期也开始觉得新康德主义坚持抽象的应当立场并不能真正解决实证主义问题，因此他逐渐离开新康德主义，转而走向黑格尔主义，但是基尔凯郭尔化了的黑格尔主义。在《小说理论》中，他深受黑格尔影响，从对内在心灵的关注转向了现实世界，并期望在现实世界中实现总体性。小说是现代的史诗，它承载着这种庄严使命。但是小说作为一种理论形式注定不可能完成这样艰巨的任务。在多种宗教资源的触媒下，卢卡奇走到了革命伦理阶段。这里他区分了两种伦理，即第一伦理和第二伦理。在陀思妥耶夫斯基两个宗教世界的影响下，他选择了第二伦理，并因此走上了马克思主义的无产阶级革命道路。

这样，卢卡奇就完成了他在前马克思主义时期对现代性的批判。现代性基本样式在这时期表现为异化现象。这种异化概念是秉承西美尔的思想，它是一个消极的记述概念，中间经韦伯合理化概念的中介才最后提炼为后来卢卡奇自己提出的物化概念。相应地，此时卢卡奇对现代性观念形态主要表述为实证主义和新康德主义。现代性的这两种表现形态是互为表里，内在统一，它们共同完成了对现代世界的支配和统治。卢卡奇对现代性的批判也同时针对这两者，并先后提出了现代主义艺术道路和总体性道路，直至最后走上马克思主义的革命道路。

第一节 新康德主义环节

一 戏剧阶段

卢卡奇对现代性的批判始于他的戏剧时期。在这段时期，他是“塔利亚剧社”的创办人之一，并且撰写了《现代戏剧发展史》巨著。他们创立“塔利亚剧社”的目的就是要向匈牙利人民介绍现代主义的剧作。而作为“塔利亚剧社”时代的总结和理论创作成果就是著名的文学史和文学批评著作《现代戏剧发展史》。卢卡奇对戏剧的兴趣源于他对现代世界的异化状况的深刻感知。“卢卡奇对异化的体验是他痴迷于戏剧的原因。”[①] 他以为现代社会已陷入深刻的危机当中，唯有戏剧能拯救现代文明危机于水火之中。

卢卡奇的实践活动和理论思考是以对这种异化的感觉和体验出发的。他认为这个世界是一个深陷异化的世界，用他的话来说就是一个“被上帝遗弃了的世界”[②]。在《小说理论》中，卢卡奇套用费希特的话把这个异化世界精确地定义为“罪大恶极的时代”[③]。对卢卡奇来说，现代世界的这种异化具体体现在形式与生命的二元分立上。他认为现代社会的典型特征是形式与生命的二元对立，这种对立使得社会身处异化之中。生命是一种不定形的、混沌的内在的东西，它的外在表现就是形式，形式给生命赋形，使无形的生命获得一种有形的外在表现形式。在给生命赋形的形式中，生命与形式的二元对立得以溶解，由此产生的异化现象得以消除。

这种生命与形式二元对立的异化概念并非卢卡奇的独创，而是狄尔泰的生命哲学和西美尔的文化哲学影响的产物。狄尔泰把对生命的内在经历（Erlebnis）看作生命的基本内涵，而经历又不能缺少表达

---

① L. Congdon, *The Young Lukács*, the University of North Carolina Press, 1983, p. 15.

② Agnes Heller (ed.), *Lukács Revalued*, Basil Blackwell Publisher Limited, 1983, p. 63.

③ 卢卡奇：《小说理论》，燕宏远、李怀涛译，商务印书馆2012年版，第9页。

和理解。所以，对生命的经历、表达和理解的考察和研究就是精神科学的基本任务。在经历、表达和理解这种生命链条的不断循环中，他把包括国家和法在内的文化产品统称为“生命的表达”和“生命的客观化”。这种生命的表达或客观化就是生命的形式化，或者叫生命的异化。狄尔泰认为是生命把文化产品变为客体化了的东西，而在生命的经历、表达和理解中，内在的生命与客观的文化产品之间建立了一体的联系。这种形式与生命的二元对立在西美尔那里表现为主观文化和客观文化的二元分裂。西美尔认为，在现代社会，主观文化的生命不断外化成为客观文化（即文化产品），但是在货币系统的中介下，人所创造的文化产品不断从人的支配中独立出来，并反过来压榨和控制作为主体的人的力量。西美尔把这种现象叫作“文化悲剧”。他对劳动分工在文化悲剧中所起的重要作用作了详细的阐释，他认为劳动分工是主观文化与客观文化彼此分离的重要原因。“由于大规模的专门化过程造成的，工人的存在形式和其产品的存在形式之间的不恰当关系很容易致使产品与工人完全分道扬镳。产品的意义不是从其生产者的心灵中衍生，而是产生于它和别的渊源不同的产品之间的关系。由于专门化生产的产品的片断式的特点，它缺乏精神性的特征，而在完全由单个人完成的劳动产品中却很容易看到这种精神性的特征。因此专门化生产的产品的意义既非主体性的反映，也不是创造性精神的反映，而只能在远离主体的客观成就中找到。”① 这清楚地表明，劳动分工造成了工人的心灵与其劳动产品分离，主观文化和客观文化的分裂，由此人的生命的意义丧失，而客观文化反而获得自己独立的意义。西美尔把这种文化的客观化就叫作异化。面对这种二元分立的异化状况，西美尔强调主观文化的独特性和意义性，并以主观文化来对抗客观文化，企图在主观文化的意义领域来达到我们与世界的同一关系，以超越现实中出现的二元对立的异化现象。

① ［德］西美尔：《货币哲学》，陈戎女等译，华夏出版社 2002 年版，第 368 页。

卢卡奇继承和推进了狄尔泰和西美尔上述的二元分立的思想，他也把形式与生命对立起来，不过他对这两个概念作了自己的理解。他把“生命”理解为日常的生命、普遍的生命，是与真实的生命、真正的生命相对立而言的。“形式”是生命的外化和客观化，对生命起规范作用。混沌的、不定形的生命因形式化而实现固定化，无秩序的生命实现秩序化，心灵（或生命）借助形式而获得永恒的生命。[①] 也就是说，卢卡奇把形式看作比生命更恒定更本质的东西，它给生命塑形，给予生命以客观的实在性。这种对形式与生命关系的理解反映在他写的《现代戏剧发展史》中。这部著作主要讨论的就是文学形式，而且该著作的基本的理论框架就是西美尔的文化史理论。“《现代戏剧发展史》旨在探求形式的发展变化，但为它提供前提和基础的把握文化史的理论框架本身并不具有独创性。……作为中心议题，直接的和主要的就是西美尔的文化史理论，尤其是他在《货币哲学》和《文化概念与悲剧》等作品中所主张的思想观点。”[②] 在西美尔文化史理论的影响下，卢卡奇把对文学形式的研究放在文学史的中心地位。他把文学史界定为美学和社会学的综合体，是绝对与历史的统一。在卢卡奇看来，美学要表达的是与一般的价值判断相适应的原则，而社会学描述的恰是那些历史中变动不居的东西。他想把这两方面的优点都集中起来，所以，他主要探讨文学的形式而非其内容。他以为，不同于文学内容的历史情境性，文学的形式不受时间的侵蚀，“它们来源于一种先天的假设，或人的意识中呈现的世界观；作为心灵的形而上学事实，它们是永恒的，因为它们的作用取决于心灵的不变的现实”[③]。然而，由于他把文学史看作美学和社会学的综合，所以，他认为文学形式既是一个美学范畴也是一个社会学范畴，它在本质上是

① ［日］初见基：《卢卡奇：物象化》，范景武译，河北教育出版社 2001 年版，第 304—305 页。

② 同上书，第 42 页。

③ L. Congdon, *The Young Lukács*, the University of North Carolina Press, 1983, p. 26.

不变的，但同时顺应历史的变动呈现出不同的表现形态。“就文学形式包含了植根于人的意识的先天结构中的形而上学世界观而言，它是美学的（绝对的和无时间性的），而就它能在这样一个时代——其中人们的社会经验所产生的情感与它所体现的世界观相一致——得到历史表达而言，它是社会学的（历史的和暂时的）。”① 在此基础上，他把这种文学历史的形式称为“风格”（style）。

根据以上对文学形式的解释，卢卡奇在《现代戏剧发展史》里对文学形式的发展变化作了细致的阐述和分析。他首先探究了是否有现代戏剧。如果有的话，它的风格是什么以及它是如何形成的。卢卡奇研究文学形式的真正目的是想发现是否有一种艺术形式能达到对形式与生命的二元分裂的克服和超越。他认为这种艺术形式是悲剧，真正的悲剧是完美的戏剧形式，它能消除现代世界中出现的异化状态。“戏剧的主题是能在人与人之间扮演出来的东西，在最伟大的戏剧中，这些联系就是悲剧。‘戏剧总是在悲剧中达到极致；实际上，完美的戏剧只能是悲剧。’”② 然而，悲剧题材繁荣的时代只能是剧作者和观众的世界观都是悲剧的年代，他们都有悲剧的体验。一个悲剧的时代是一个阶级式微的英雄时代，这时代代表那个阶级的精英人物把象征着他们整个生活的典型体验感知为悲剧的衰败。③ 而一个正在上升的阶级却不可能产生出悲剧，因为他们并没有把他们的生活感觉为有问题的，从而不可能有悲剧的体验。由于现代资产阶级还处于上升发展的阶段，因此资产阶级戏剧不是悲剧。但是卢卡奇认为现代社会已处于深重危机中，所以现代戏剧应是悲剧，并且他大声疾呼悲剧在现代社会的诞生。“问题是，始于18世纪的戏剧时代已经结束了吗？我们所见到的戏剧形式（以悲剧为顶点）究竟完结了吗？或者我们在此所论及的只是凭依与戏剧无关的才能所产生的悲剧，由于特别偶然的

① L. Congdon, *The Young Lukács*, the University of North Carolina Press, 1983, p. 27.

② Ibid., p. 28.

③ Ibid..

原因达到戏剧形式了吗？我们仅仅感觉到这些疑问的沉重，也只是感到唯有时间才能予以作答。的确——这些问题已经成为人们的日常话题——现今的时代是迅猛异常的知识化时代，把所有的事物和现象直接地予以精神化的动向给戏剧表现带来困难。另外，理解一切的努力，把彼此对立的一切相对化和正当化的认识也为悲剧带来困难。尽管如此，我们不能忘记的是，知识化和关于一切事物的相对性认识本身也存在于部分文学家再度把悲剧作为生命和艺术的最高形式而大声疾呼的情况。”①

在卢卡奇的戏剧时期，他选择戏剧这种艺术形式就是为了对抗这个无意义的现代世界。他认为现代世界已深陷重重危机之中，现代社会是一个异化的世界，而唯有艺术才能给予这个危机的文明世界以新的出路。他创办“塔利亚剧社”的目的就是向匈牙利人民介绍现代主义艺术。卢卡奇这种艺术救世主义的主张在艺术实践中表现为审美主义。审美主义主张“为艺术而艺术”。它不仅是当时艺术实践中的一种潮流，讲究单纯的艺术技巧和表面的艺术装饰，而且还具有深刻的社会文化内涵。在 19 世纪后半叶，由于资产阶级社会的不断现代化和理性化，艺术从人文社会科学中分化出来，形成一个独立的领域并逐渐制度化，但艺术恰好是在这样一个独立自主的领域内保持了自己的纯粹性，从而在一定程度上形成对这个合理化和现代化的世界的反动和批判性。就卢卡奇当时的时代而言，他认为艺术这个自主的领域恰好构成了对匈牙利的自由主义政治和思想的危机以及现代文明世界的反对并提供了唯一的救赎途径，因为在卢卡奇看来，在艺术领域中，我们不再与世界是一种分离的关系，而是一种同一的关系，而且现代世界中的异化现象也能得到消除和扬弃。这种审美主义的主张与新康德主义对实证主义的批判的立场是一致的。西美尔主张主观文化

① ［日］初见基：《卢卡奇：物象化》，范景武译，河北教育出版社 2001 年版，第 49—50 页。

与客观文化的区分，并以主观文化来对抗客观文化。他认为实证主义是客观文化的思想根源，并以此来批判实证主义哲学。正因为此，卢卡奇亲近和走进新康德主义，并站在新康德主义的立场上，以艺术为手段来批判实证主义，并坚持艺术是解决现代文明危机的一条真正的道路。

二 论说文（Essay）时期

卢卡奇的《现代戏剧发展史》是他青年时期戏剧实践活动的精神思索结果和理论总结。这时他对现代性的批判采取的是新康德主义的立场，坚信艺术能解决现实世界的异化问题和现代文明的危机问题。其中他特别强调悲剧这种艺术形式能达到这个目的。虽然在当时悲剧形式并没实际存在的充分土壤，但他仍然大声呼吁这种艺术形式的诞生。接下来是他的论说文时期。这个时期他重要的理论成果是论文集《心灵与形式》。《心灵与形式》要面对的问题仍然是现代性的基本问题，即现代世界的异化问题。① 这从论文集的标题就可明鉴。对卢卡奇来说，现代世界的异化的具体表现就是心灵（或生命）与形式之间的二元对立。未分化的、不定形的心灵呼唤着形式，并且实际上客观化为形式，而心灵一旦外化为形式，就作为客观存在物而同诱发者相独立和自主化。这里的形式起的是塑造和规范的功能，它让混沌的生命获得确定的外在表现方式。正是赋形于生命的形式使得现实中生命与形式的二元分裂得以敉平，生命与形式重新结成通体透明的关系。“从本质上看，‘现实的生命’是混沌的和不定形的生命，它不能具有某些确定的轮廓，与此相对，能够表示规范的东西正是作为实现了客观化和物化的‘心灵’的‘形式’。……这样一来，卢卡奇就

① “这本著作（《心灵与形式》）的统一的论题是人的异化（这种异化的典型形式是把男人与女人分离开来的鸿沟）与把异化看成是无法逃脱的命运的悲剧生命观。” L. Congdon, *The Young Lukács*, the University of North Carolina Press, 1983, p. 48。

过高地评价了作为艺术作用的‘形式化’。”[①]

不管卢卡奇是否高估了形式相对于心灵的相对优势，重要的是他在这里强调了作为艺术作用的形式是现代世界的异化问题的一种解决路径。这种艺术形式在这个时期表现为论说文。什么是论说文呢？它有什么特征使得它堪当此任？卢卡奇认为，无论是批评还是论说文（卢卡奇倾向于把两者等同）都是一件艺术作品、一种艺术类型。“王尔德和克尔只是让所有的人都了解到了一个洞见、一个德国浪漫派所熟悉的洞见，它的终极意义曾被希腊人和罗马人完全无意识地当作自然之物感受到了，即：批评是艺术，而非科学。”[②] 卢卡奇对论说文和文学创作（works of literary imagination）进行了比较。他认为不能太强调“写得好”这个标准。如果“写得好的就是一件艺术品”，则论说文和文学创作就享有同等的文体价值，两者就无区别了，更不用说道出批评的本质了。[③] 他以为论说文的特性在于它对形式的肯定，论说文是一种艺术形式。论说文以自身具有的形式的严格的规范力量而区分于文学创作。“在这里，我看到了那些扰乱你的批评观的东西：无政府主义，在那种如此一来就以权威自居的知性可以随心所欲地尝试各种可能的游戏的秩序中对形式的否定。如果在这里我把论说文当作一种艺术形式加以讨论，那么，我就是以秩序的名义进行的；仅仅是因为感觉，我才承认论说文拥有一种使它能以严格的法则力量将自己与其他艺术形式区分开来的形式。”[④] 正是凭依形式的规整性力量和普遍性，论说文才确立了自己在历史上的经典地位，像莱辛的剧评和温克尔曼的《希腊人》的内容因年代久远而不易理解，但我们还在读它们，这就是论说文的艺术形式所散发出来的恒久

---

① ［日］初见基：《卢卡奇：物象化》，范景武译，河北教育出版社2001年版，第57页。

② 卢卡奇：《卢卡奇早期文选》，张亮、吴勇立译，南京大学出版社2004年版，第120页。

③ 同上书，第120页。

④ 同上书，第120—121页。

魅力。

作为一门艺术的论说文，它和科学也是有差别的。论说文提供给我们以心灵与命运，并且是通过形式来起作用。“科学以其内容影响我们，而艺术则以其形式影响我们；科学提供给我们事实及其关联，而艺术给我们的则是心灵和命运。两条道路在这里发生了分野；这里不存在替代和过渡。”[①] 然而，在没有分工的原始时代，科学和艺术是浑然一体的、彼此不分的。当科学从中分离出去以后，艺术科学也开始形成了，而这只有在某物将其所有的内容都消融于形式之中并变为纯粹的艺术时才有可能。在艺术科学形成的同时，艺术写作（writing about the arts），即论说文也诞生了。这里卢卡奇再次强调论说文的形式的方面，这是论说文之为论说文的本质所在。他如此突出论说文的形式层面，是受西美尔的生命与形式二分的思想的影响。现代社会是一个二元的社会，活着（das Leben）和生活（das Leben）相互区分，在哲学上表现为唯名论和实在论的彼此分歧。这种二元性可具体表达为表象与意义之间的对立。对立的双方在性质上不同的，其中前者传达了具体性和个别性的特点，而后者体现了普遍性的观念。“其中的一个原则是创造表象的，另一个原则是生成意义的；对于第一个原则来说，只有事物是存在的，对于另一个原则而言，只有它们之间的关系、概念和价值是存在的。”[②] 前者主要是由表象主义的诗歌来代表，而后者主要体现在批评作品中。因此，论说文主要专注于意义层面，而对事物的表象方面不予关注。“在真正深刻的批评中，事物的生活、表象是不存在的，存在的只有透明、表象不足以表达的事物。一个‘所有表象的无表象’是所有神秘主义者的目标。”[③] 而“最坚决地排斥表象的作品，最狂热地追逐表象之后的东西的作品，

---

① 卢卡奇：《卢卡奇早期文选》，张亮、吴勇立译，南京大学出版社 2004 年版，第 122 页。

② 同上书，第125 页。

③ 同上。

是批评的作品、柏拉图主义者和神秘主义者的作品。”[①] 这里卢卡奇鲜明地提出了自己对论说文的看法：论说文矢志于对形式的追求，对表象背后的意义层面的挖掘，从而具有了形而上学层面上的含义。“卢卡奇在这里转向了对批评的界定，即批评并非把文学作品看作写论说文的机缘，它主要关注的是更高的精神问题。”[②]

批评作品关注于精神层面的东西，但是它来源一种“需要一种它自己的艺术形式”的感觉，因为“作品中一切式样风格必须来自同样的素材，它的每一部分都必须由一个单个的点所决定。因为所有的作品都热切地渴望统一和多样性，因此，这实则是一个普遍的风格问题：在全异的事物的一片混乱中获得平衡，在不统一的事物的聚集中得到丰富和清晰”。[③] 正是这样一种使混乱的秩序变得平衡和统一的强烈感觉，各种各样的艺术形式应运而生。而这种感觉源自世界观的综合统一的功能。“我们这里谈论的是把各种形式区分开来的基本原则——谈论的是构建整体的原料，是立场观点，是赋予整个作品以总体性的世界观。”[④] 由此，卢卡奇把作为一种艺术形式的论说文看作一些体验的表达工具。虽然论说文关注的是形式，但是它也是某些体验的表达。论说文是“象征、命运和悲剧”。“所有的作品都用命运关系的象征方法来再现世界：命运的问题在任何地方都决定形式的问题。”[⑤] 而命运在不同的艺术形式中的作用也不同。“诗从命运中获取它的外观和它的形式，所以它的形式总是显得像命运；但是，在论说文作家的作品那里，形式变成了命运，这是创造命运的原则。”[⑥] 所

---

① 卢卡奇：《卢卡奇早期文选》，张亮、吴勇立译，南京大学出版社 2004 年版，第 126 页。

② Macheal Holzman, *Lukács's Road to God*, Center for Advanced Research in Phenomenology & University Press of America, Washington, D. C., 1985, p. 77.

③ 卢卡奇：《卢卡奇早期文选》，张亮、吴勇立译，南京大学出版社 2004 年版，第 126 页。

④ 同上书，第 127 页。

⑤ 同上书，第 128 页。

⑥ 同上。

以，尽管命运在任何地方都决定形式，两者是密不可分的关系，但是命运在论说文家的作品中是见不到的。“批评家就是那种在形式中瞥见命运的人：他们最深刻的体验也就是形式间接地、不自觉地隐藏在自身中的心灵的内容。形式是他的伟大的体验，形式——如同直接的现实——是表象的因素，是他的作品的真实地活着的内容。这个形式，从生活象征的一个象征沉思中跃出，通过这个体验的力量得到了它自己的生命。它成为一种世界观，一种面对它所来自的生活的态度：一种再塑它、重新创造它的可能。因此，批评家的命运时刻，是事物变为形式的时刻——在这样的时刻，形式之或远或近的所有感情和体验都接收了形式，被融化、压缩为形式。这是内部和外部、心灵和形式联合的神秘时刻。”① 这表明，即使命运在批评作品中发现不了，但是在形式中可以再现命运，以及可以体验到形式与命运的统一。这里再次凸显了形式在批评中的决定性作用。迈克尔·霍尔茨曼认为这里体现了西美尔的辩证法，即形式作为主宰性的观念引人注目，决定着生活及其价值。②

形式是论说文中的现实，论说文只需作为体验的形式以及它的生活，然而，这个现实在实际生活的具体感受中找不到，所以论说文家经常使用反讽和幽默。他们表面上谈论生活中无关紧要的东西，但是实际上探究的是普遍的形式问题，即生活的终极问题。“我这里所指的反讽存在于讨论生活终极问题的批评家之中，但是，这批评家的声调中暗示着他只在讨论图画和书本，只是真实生活之非本质的东西和漂亮的点缀品——即使在此时，也不是它们最深处的实体，而只是它们美丽而无用的表面。”③ 论说文家在对生活的终极问题的探讨其实

---

① 卢卡奇：《卢卡奇早期文选》，张亮、吴勇立译，南京大学出版社 2004 年版，第 129 页。

② Macheal Holzman, *Lukács's Road to God*, Center for Advanced Research in Phenomenology & University Press of America, Washington, D. C., 1985, p. 79.

③ 卢卡奇：《卢卡奇早期文选》，张亮、吴勇立译，南京大学出版社 2004 年版，第 130—131 页。

就是对真理的追求。卢卡奇认为真正有能力寻找真理的论说文家会发现他们的目标就是生活。他在苏格拉底身上找到了论说文形式的典型生活。“苏格拉底的生活是论说文形式的典型生活，它是如此典型，以致没有文学形式的任何其他生活能与之相比——或许悲剧中的俄狄浦斯是个唯一的例外。苏格拉底总是生活在终极的问题之中。”[①] 这时，卢卡奇抒发了对古希腊人的非异化和完整的生活的向往：“希腊人感觉每一样可用的形式对他们都是一个现实，是一个活生生的事物而不是一种抽象。”然而自柏拉图以降，论说文开始走下坡路。“柏拉图自己是一个‘批评家’，虽然批评和其余一切一样，对他而言只是一个事件，一个表达他自己的反讽的手段。而后，批评成了它自己的内容；批评家只论及诗和艺术，他们永远无幸见到像苏格拉底那样将自己的生命当作他们跃向终极跳板的人了。”[②] 虽然现代论说文不需总是谈论书本或诗人，从而似乎更自由，但正因此而显得更成问题。“就它倾注的事业而言，论说文太丰富太独立了，因此，它太理智化、形式太多样化，以致不能从自身中获得形式。”[③]

一旦某物变得成问题，出路只能在将问题推向它的极端，并达至其根基处找到。这时卢卡奇强调论说文必须寻求诗性（Die Dichtung），它比具体的诗作更本源，从而解决论说文目前的困境以及消除现代社会中的异化问题。“思想（即诗性）因此呈现在它的任何一个表现之前，它是灵魂的价值，一种在它自身内推动世界和为生活赋形的力量：所以，这样的批评总要讨论最富有生命力的生活。这个思想是存在着的一切的尺度，所以，那些其思考被某些已经创造出来的东西所‘引起’的批评家，就是要创作最真实最深刻的批评的人。”[④]

---

① 卢卡奇：《卢卡奇早期文选》，张亮、吴勇立译，南京大学出版社 2004 年版，第 137 页。

② 同上书，第 138—139 页。

③ 同上书，第 140 页。

④ 同上书，第 140—141 页。

论说文追求诗性，通过这种对诗性的认知所瞥见和把握到的价值标度来判断每一个现象，并由此推动世界和为生活赋形。批评家自己创造出这个评判标准，但是促使他唤醒他去生活和行动的却是伟大的美学制定者，“批评家的评判标准实际上是在他自身中创造出来的，但是，唤醒他们、使他们面向生活的并不是他，而是对他耳语的人、伟大的美学价值的制定者、总是即将到来然而却还没有到来的人、唯一被召唤来做评判的人”①。卢卡奇把论说文作家比作耶稣传教的施洗约翰，论说文只是伟大美学的一个过渡环节。“论说文可以平静地、骄傲地把它的碎片映衬在科学的极端精确性之次要的完整或令人印象深刻的新鲜之上；但是，一旦伟大的美学到来，它的最纯粹的满足、最有力的完成就变得软弱无力了。”② 迈克尔·霍尔茨曼恰当地指出，卢卡奇在这里用美学末世论代替了早年的神秘主义，以前卢卡奇把论说文的价值定位于对论述文家探求道路的记录，现在则把论说文看作通向美学的道路。③

在论说文时期，卢卡奇还深受新康德主义思想的影响，认为现代主义这条艺术的道路能解决好现代性的危机问题，但同时他与现代主义艺术的关系也开始发生微妙的变化。他在《心灵与形式》中主要是通过论说文这种艺术形式去描述和分析现代世界的异化问题和生活悲剧问题，并期望能从中找到一条真正的出路。然而，结果他发现，现代主义艺术这条道路并不能真正解决现代世界的问题，它终究是一条虚无的道路。现代世界是一个人与人、人与物和人与自身分离的世界，是一个支离破碎的无意义世界，而现代主义艺术企图通过脱离生活，在纯粹的艺术领域内达到我们与世界的同一关系。这条道路注定

---

① 卢卡奇：《卢卡奇早期文选》，张亮、吴勇立译，南京大学出版社 2004 年版，第 141 页。

② 同上书，第 142 页。

③ Macheal Holzman, *Lukács's Road to God*, Center for Advanced Research in Phenomenology & University Press of America, Washington, D. C., 1985, pp. 86 – 87.

是要失败的，因为它是在与现实生活切断了关系的前提下去解决生活中分离的问题。一旦我们与生活的关系被斩断，我们也就失去了与生活建立真实关联的可能。这时现代主义艺术能做到的只是对现实生活中分离经验的艺术表达，在表达中体现了对分离的经验的拒斥。“随着卢卡奇对现代主义艺术的逐渐深入，他却日益体会到了这条道路的虚无。于是他又开始对现代主义艺术采取了相疏离的态度，《心灵与形式》就充分地体现了当时的卢卡奇与现代主义艺术之间的复杂关系。在《心灵与形式》中，卢卡奇敏感地意识到，唯美主义的艺术并不能真正地达到对现代社会的批判。”[①] 卢卡奇对现代主义艺术道路的怀疑的同时也开始远离新康德主义哲学。这从他对西美尔的评价可见一斑。卢卡奇写到，西美尔是当代文化的一流批评者，但是像其他的印象主义者一样，他并不能超越否定性和破坏性的立场，他注定只是一个过渡性的人物。[②] 而且，在《心灵与形式》中，卢卡奇谈到，虽然论说文是一种艺术形式，是对一个自律而完整的生活的彻底赋形，但它毕竟只是达到伟大美学的一个必要手段，因此，它注定是要被超越的。这说明，卢卡奇正逐渐远离现代主义艺术的道路和新康德主义的立场，继续去探寻一条能解决现代社会异化的真正的道路。

第二节　基尔凯郭尔化了的黑格尔主义时期

在《心灵与形式》中，卢卡奇已清醒地意识到现代主义艺术道路的虚妄性，它并不能真正解决好现代性的危机问题，于是他自觉地与其分离，同时也意味着他的新康德主义立场的开始转变。是什么思想资源使得他的思想转变得以可能呢？我们看到，黑格尔主义和宗教思

① 复旦大学当代国外马克思主义中心：《当代国外马克思主义评论》（8），人民出版社 2010 年版，第 272—273 页。

② Mary Gluck, *George Lukács and His Generation*, 1900—1918, Harvard University Press, 1985, p. 147.

想资源在其中起了极其重要的作用。这时，是恩斯特·布洛赫把卢卡奇带入了黑格尔主义中。布洛赫曾这样谈到两人之间的关系："我们之间的关系一直是一种互为师生的关系。因此，卢卡奇把我引向了基尔凯郭尔和德国神秘主义；另一方面，可以说是我教会他更加深入地研究黑格尔。"① 也就是说，卢卡奇在这时是由新康德主义向黑格尔主义方面转变。这种转变的思想成果集中反映在《小说理论》上。在该著作的1962年序言中，卢卡奇明确地表示自己当时正"处于从康德转向黑格尔的过程中"②。在《小说理论》中，他面临的仍然是现代世界的异化问题和现代文明的危机问题。"像《心灵与形式》一样，《小说理论》是一部强烈个人色彩的作品以及对异化的研究，然而，前者见证的是悲剧的生命观，后者折射出乌托邦的希望。"③ 他也借用费希特的术语，把现时代理解为"绝对罪恶的时代"。当时正值"第一次世界大战"爆发时期，许多人热情地欢呼和拥抱这场战争，这其中不仅包括一小撮好战分子，也包括大量欧洲知识分子。欧洲知识界普遍认为，西方已经没落，资本主义社会正走向衰亡，唯有一场战争才能涤荡资本主义的所有罪恶。"更重要的是，欧洲知识分子在战争中感觉到有从他们与其同胞的异化关系中走出来的可能性。"④ 但是卢卡奇并不这样看待，他对这场战争持全然拒斥的态度。他认为无论哪一方在战争中取胜，都不能带来现代性问题的解决，反而是问题的再次加深和恶化。"开始撰写这篇论文的契机是1914年的世界大战爆发，社会民主党赞同战争的态度对左翼知识界产生了影响。……中欧列强们将很可能打败俄国，这会导致沙皇统治的垮台，我赞同这一结局。也存在着西方国家战胜德国的某种可能性；如果这造成霍亨索伦王朝和哈布斯堡王朝覆灭的后果，我同样赞同。然而，

① Michael Lowy, "Interview with Ernst Bloch", *New German Critique*, No. 9, 1976, p. 37.

② 卢卡奇：《小说理论》，燕宏远、李怀涛译，商务印书馆2012年版，第2页。

③ L. Congdon, *The Young Lukács*, the University of North Carolina Press, 1983, p. 98.

④ Ibid., p. 96.

接下来产生的问题是：谁把我们从西方文明中拯救出来呢？（对于当时德国最终胜利的前景，我觉得是一场梦魇）”[①] 正是抱着这样一种反战的立场，他写下了《小说理论》。这本书是在“对世界状况持续绝望的心情中写成的”，他觉得只有走黑格尔主义的道路才能真正找到摆脱西方文明的奴役的出路。“这种具有伦理色彩的当代悲观主义，并不是从黑格尔向费希特的普遍倒退，毋宁说是黑格尔历史辩证法的克尔凯郭尔化。”[②] 这里表明卢卡奇走的是黑格尔主义的道路，但是经过基尔凯郭尔中介了的道路。在基尔凯郭尔的影响下，卢卡奇从黑格尔那里继承的更多的是坚定的反资本主义的立场，而不是对资本主义社会的理性辩护。进而，黑格尔给卢卡奇提供了一条解决现代性问题的道路，即总体性的道路。所谓总体性，就是说我们从这个异化的现实世界出发，与这个世界发生互相生成的关系，以至达到对象的改变和我们自身的变化，以及最后我们与世界形成同一的关系，从而实现总体性。这条总体性的道路表明，现代世界的异化状况可得到根本消弭，我们与世界可以结成温暖和一体的关系。下面我们来看看，卢卡奇是如何在《小说理论》中通过小说这种文学样式展开这条总体性的道路，以及小说是否最终实现了总体性的道路。

为了实现总体性，卢卡奇在研究文学形式的变迁时使用了一种历史的辩证法。也就是说，他摒弃了早年对永恒形式的偏爱和追求，而走向了“美学范畴的历史化”。这种历史辩证法强调的是抽象的范畴和具体的历史之间的辩证法，企图在两者的辩证关系中实现一种历史的总体。“当时他正在寻找文学艺术类型的普遍辩证法——它以美学范畴的本质，即文学形式的本质为依据，以历史为基础，这种辩证法力求在范畴和历史之间形成一种他在黑格尔本人那里发现的更为紧密的联系；他力图在思想上把握变化中的持久不变，把握住本质在始终

---

① 卢卡奇：《小说理论》，燕宏远、李怀涛译，商务印书馆2012年版，第1—2页。
② 同上书，第2、9页。

起作用中的内在变化。”[①] 依据这种辩证法，卢卡奇确立了各种文学形式的共同的历史哲学基础，即赋形主体的先验结构与外在的经验的意义结构之间的关系。正是立足于这两者关系的和谐或差异，各种文学形式之间形成了演进式的先后关系。

在各种文学形式的历史演进中，总体性概念蕴含于其中。卢卡奇认为史诗是总体性的体现。史诗的主体是生活中有经验的人。在史诗时代，先验的存在与世俗的经验的定在水乳交融地交织在一起，这种先验的存在和经验的定在之间的统一就是总体性的具体表现。在幸福年代，没有内与外的断裂，没有自我与世界的本质区别，也没有心灵与行为的失调。因此，对心灵而言，根本就没有什么内部，也没有什么外部或他者，心灵所拥有的即是内在与外在之间的统一体。所以，心灵既不会自我迷失，也不会想过向外寻找自我。卢卡奇认为这就是史诗时代。在这样的时代，人与世界形成一种一体的关系，一种总体性的关系。总体性是古希腊人赖以生活的基础。卢卡奇认为总体性是所有事物的本质，它意味着自身的完整性和自身之内的事物的圆满性。“作为每一个个别现象之赋形的居先者，总体意味着，某种完整的东西可能就是完美的；它之所以是完美的，是因为一切都发生在它的内部，没有什么东西被排除在外，也没有什么东西指向一种更高级的外部事物；它之所以是完美的，是因为它内部的一切都向着自身的完美成熟起来，并通过达到它自身的方式服从于联系。”而要达到存在的总体性，则“只有在一切东西被诸形式包容进去之前就已经是同质的地方，只有在诸形式不是一种强制而只是万物（它们在应被赋形者的内部作为模糊的渴望尚未显示出来）趋向表面的地方，只有在知识就是美德、美德就是幸福的地方，只有在美使世界的意义变得显而易见的地方”。[②] 古希腊世界就是这样一个总体的世界，即史诗时代

① 卢卡奇：《小说理论》，燕宏远、李怀涛译，商务印书馆 2012 年版，第 7 页。

② 同上书，第 25 页。

就是这样一个时代。

当生活意义的内在性不断损耗时，史诗就被悲剧所取代。史诗要回答的问题是“生活如何会成为本质的”。当本质的内在性是失去了以后，问题成为“本质如何能成为活生生的”，而这就是希腊悲剧要回答的问题。在悲剧中，生活已经远离了本质，悲剧主人公的任务就是要去寻觅远离了生活的本质，使得本质变成绝对的唯一的先验的现实，而这只有英雄才能做到。所以，在悲剧中，神化了的英雄接替了荷马史诗中活生生的人。在古希腊悲剧中客观原则（说话者）和抒情的主体性原则（歌队）是和谐统一的，而在近代悲剧中，它们是二元对立的，“这就是本质与自身外在于戏剧的生活的关系——它使近代悲剧的二元化风格成为必然”①。这是因为孤独是现代悲剧的本质，每个戏剧人物都是孤独的，他们过着弱如游丝般的生活，被无情的命运所左右，而戏剧的表现形式，即对话则以这种孤独的人群为首要前提。所以，如果说希腊悲剧的道路是一条充满怨抑的哀歌体的道路，在悲伤中间却有发现自我的狂喜，那么，近代悲剧则是一条对生活表示失望的道路。近代的悲剧构成了史诗向小说的过渡。

小说是伟大史诗的一种客体化形式，它给生活的外延总体性赋形。小说诞生于支离破碎的现代世界。小说形式是现代人无家可归的先验表达。在现代世界，外在的经验的生活与内在的先验本质已分裂，总体性已丧失不再，但人们仍有对总体性的渴望。小说承担者这个伟大的使命，即它要让这种失去的总体性变为生活中的现实，重建我们与世界的总体性的关系。“小说是这样一个时代的史诗，对这个时代来说，生活的外延整体不再是显而易见的了，感性的生活内在性已经变成了难题，但这个时代仍有对总体的信念。”② 因此，小说的任务就是通过赋形的方法来揭示和建构生活的总体性，这就决定了小

① 卢卡奇：《小说理论》，燕宏远、李怀涛译，商务印书馆2012年版，第33页。
② 同上书，第49页。

说的主人公是探索者。“史诗可从自身出发去塑造完整生活总体的形态，小说则试图以塑造的方式揭示并构建了隐蔽的生活总体。……历史情况自身所承载的一切破裂和险境，都得包括进塑造中去，而不能也不应该用编排的手段加以掩饰。因此，小说中规定形式的基本观念就客体化为小说主人公们的心理状态：他们是探索者。”[①] 小说就是主人公内在心灵的历险形式，小说的内容就是主人公从无意义的现实出发去寻找生活的本质并达到自我认识的过程。即使达到了这样的自我认识，生活的内在意义又重新照进了生活，在小说领域里，应有与实有之间的冲突没有也不可能被消除，而只能达到一个最大程度的接近，主人公至多能到对意义的纯粹一瞥。“［小说］在形式上所要求的内在意义，将由人的体验来给予，而对意义的这种单纯一瞥就是生活所能提供的最高级的东西。”[②] 也就是说，小说表达了意义不能完全深入现实的看法。这意味着小说的一个典型特性是讽刺。对于小说，讽刺存在于作者对上帝的自由关系中，存在于创造真正总体性的客观性的先验条件之中。“作为对走到了尽头的主体性的自我扬弃，讽刺是在一个没有上帝的世界中所可能有的最高自由。所以，它不只是创造总体的真正客观性的唯一可能先天条件，而且也由于小说的结构类型与世界的状况基本一致，就把这种总体即小说提升为这个时代具有代表性的形式。”[③] 借助于讽刺，小说实现了对统一世界的一瞥。换言之，小说这种艺术形式有实现总体性的可能性。

尽管现代世界“已没有自发的存在总体”了，“小说形式的难题就是天下大乱的镜中影像”，以及“小说形式的中心难题就是从艺术上弄清深深扎根于自身的存在总性的完美总体形式，弄清一切自身内在完美的形式世界”，但是小说毕竟有实现总体性的客观可能性。而这种可能性更清楚地反映在卢卡奇对小说形式所作的类型学分析上。

---

① 卢卡奇：《小说理论》，燕宏远、李怀涛译，商务印书馆2012年版，第53—54页。

② 同上书，第72页。

③ 同上书，第84页。

如上所述，这种小说类型的划分是建立在内在的心灵与外在的世界的关系的历史哲学基础上。在小说形式的类型学上，“思想的抉择——即主要人物的心灵在与现实的关系中是太狭隘还是太宽广——起着决定性的作用”①。他根据这种类型学划分方法首先把小说形式分为两种类型，即抽象的理想主义和幻灭的浪漫主义。抽象的理想主义小说是以塞万提斯的《唐·吉诃德》为代表。这种类型的主人公的心灵过于逼仄，即外面的世界显得比内心更宽广。这种人物类型的难题在于内部难题的完全缺乏。主人公彻底缺乏内在体验这个难题，他不能进行内省，这使得他的心灵变成了纯粹的行动，他选择了一系列自我选择的冒险。由于理念与现实间的差距，他的冒险注定失败，而这种失败的冒险却被认为是真正的现实。“心灵的这种狭隘就是其关于现有理念的异常着迷状态，而理念则被设定为唯一的和日常的现实。因此，这种行为方式的内容和紧张就必然同时把心灵提升到真正庄严的领域，同样又使想象的和真实的现实——小说的情节——以其怪诞性得到加强和巩固。”② 第二种类型是幻灭的浪漫主义，福楼拜的《情感教育》就是属于这种类型。在这种类型中，心灵与生活的不和谐之处在于心灵比生活所能提供给它的命运更为宽广。卢卡奇认为，出现这种情况的原因在于心灵停留于自己自为实现的、内容丰富的纯内在的现实中，并把这种内在现实视为是唯一真实和世界的本质。

对上述两种类型进行综合的小说类型是一种教育小说，它的主题是成问题的个人在经验理想和具体的社会现实之间达成的一种和解，歌德的《威廉·麦斯特的学徒生涯》隶属其中。“在《威廉·迈斯特的学习时代》中，即使在抽象的理想主义完全专心于行动与浪漫主义变成沉思的、纯内心的行动之间，［歌德］也找到了一条中间道路。”③ 这种综合的尝试在1962年的卢卡奇看来是一种“精神科学”

① 卢卡奇：《小说理论》，燕宏远、李怀涛译，商务印书馆2012年版，第4—8页。
② 同上书，第89页。
③ 同上书，第124页。

的抽象综合方法。这固然不错，因为他当时还受新康德主义思想的影响，但是，毋庸置疑的是，他在心灵与现实之间实现的和解难免有黑格尔的历史哲学的痕迹。这从他的下列论断可知："据我所知，《小说理论》是将黑格尔哲学的成果具体运用于美学问题的第一部精神科学著作。"① 最后，卢卡奇谈到了托尔斯泰的超越性的小说。托尔斯泰创造了这种从小说最大限度地向史诗超越的形式。但是他的历史观又是矛盾的。他一方面认为小说是我们时代必然的史诗形式；另一方面又感觉它无力完成总体性的任务。因此，托尔斯泰既是欧洲浪漫主义的最后表达，又是一个新的艺术形式和一个新的世界的启发者。"就他的整个作品少量伟大瞬间——这些瞬间只是形式上的，仅仅就作品中被塑造的整体而言，又是主观——反思的——他指明了一个清楚区分开来的、具体存在的世界；如果这个世界不扩展为总体，那么它对于小说的诸范畴来说就是完全无法接受的，因而就需要一种新的塑造形式：更新了的史诗形式。"② 这说明，只有一个新世界才能建造出一个全新的总体性，而作为"绝对罪恶时代的形式"的小说既不能表达出这个新世界，更不能真正实现一个真正的总体性。卢卡奇以为，托尔斯泰只是有走进一个新时代的意图，而只有陀思妥耶夫斯基的作品才展示出这样一个新世界。他并不写小说，他属于新世界。

托尔斯泰和陀思妥耶夫斯基的作品所展现的世界其实就是宗教的世界。俄国的东正教有一个重要的传统，即神秘主义。在神秘主义的宗教体验中人与神能达到圆融无碍的关系。而这对当时的卢卡奇意味着，这种宗教世界中的人与神的一体的关系不仅发生在神秘主义者身上，而且还能扩展到现代世界中的人与人之间的关系上。也就是说，人活在两个世界中，即宗教世界和世俗世界。人能在互相异化的现代世界中进入宗教世界，并达到人与人之间一体关系的建立，从而实现

① 卢卡奇：《小说理论》，燕宏远、李怀涛译，商务印书馆2012年版，第5页。

② 同上书，第140页。

总体性。这里表明了宗教资源在卢卡奇走向黑格尔主义思想的重要中介作用。“卢卡奇从新康德主义到黑格尔主义的思想发展历程可以被粗略地理解为他从新康德主义的立场出发、经由宗教思想的中介、最终达到黑格尔——马克思的辩证法的道路。”[①] 卢卡奇这时的宗教资源是多方面的，不仅有托氏和陀氏的东正教思想，有基尔凯郭尔的宗教资源，以及布洛赫的犹太教——弥赛亚主义思想，而且还有相应的间接经历，即他的第一任妻子格拉本科是一位俄国的革命者。宗教资源对卢卡奇的意义在于它与现代世界是一种绝不妥协的立场，即它坚持对世俗世界进行毫不留情的鞭挞和批判，并坚信只有宗教世界才是唯一真实的世界。正是由于这种宗教思想的介入，卢卡奇才有可能从新康德主义走向黑格尔主义，并坚决地批判现代资本主义社会，而不是滞留于浪漫的反资本主义的立场。因此，在《小说理论》中，小说这种艺术形式被赋予了艰巨的任务，即实现总体性。小说最终并没有而且也不可能完成它的任务[②]，然而它并没有表达出与现实相妥协的立场，反而是无情批判的激进立场，而且还成了新的世界的启示者。“《小说理论》的特性不是保守的，而是突破性的，不过却是建立在非常天真、完全没有根据的乌托邦基础之上的：希望能从资本主义的崩溃中，从与这种崩溃相一致的、无生气和敌视生命的经济和社会集团的崩溃中产生出一种自然的、合乎人类尊严的生活。本书在对托尔斯泰作品的分析中达到高潮，它对已经‘不写小说’的陀思妥

① 复旦大学当代国外马克思主义中心：《当代国外马克思主义评论》(8)，人民出版社 2010 年版，第 274 页。

② “艺术无力承担这种变迁（由现代世界向宗教世界转变）：伟大的史诗是一种受历史瞬间的经验制约的形式，而把乌托邦作为存在来塑造的每一种尝试，都仅仅以对形式的破坏而告终，却创造不了现实。按照费希特的说法，小说是罪大恶极时代的形式，而且，只要世界处在这些日月星辰的统治之下，小说就一定仍然是占统治地位的形式。……从历史哲学上解释预兆的任务，只能是说出我们是否真的正开始离开罪大恶极的状况，或者是否只有纯粹的希望才能宣告新事物的到来；新事物来临的征兆还如此脆弱，以致它会被只是存在者的无意政权随时轻而易举地扼杀”（卢卡奇：《小说理论》，燕宏远、李怀涛译，商务印书馆 2012 年版，第 140—141 页）。这说明小说无力承担实现向史诗的超越并成为这个宗教世界的文学表达样式，新的宗教世界亟须一种新的文学形式来体现。

耶夫斯基作出了展望，这些都清晰地表明，这里不是在期待一种新的文学形式，确切地说，而是在明确期待一个‘新世界’。”①

第三节　革命的伦理阶段

《小说理论》显示了卢卡奇的思想从新康德主义向黑格尔主义的过渡。这当中宗教资源起了重要的中介作用。宗教思想的重要作用表现在它强调两个世界的截然对立，并坚持世俗世界是虚假的世界，只有宗教世界是唯一真实的世界。这是一种或此或彼的基尔凯郭尔的宗教立场。这种对现实世界的毫不留情的批判态度使得卢卡奇的黑格尔主义立场显得激进起来，从而区别于以前那种与现实结成温暖和平关系的保守立场。而卢卡奇的黑格尔主义的马克思主义立场最终确立是在《历史与阶级意识》中。在《小说理论》和《历史与阶级意识》之间还有许多理论和实践环节。其中最重要的是革命伦理阶段，它是卢卡奇的黑格尔主义的马克思主义最终成型的必然环节。它面对的仍然是被上帝遗弃了的现代世界的异化状况。《小说理论》并没有找到现代性问题的重围的突破口，不过，它提示了解决问题的方向，即宗教世界能带来一个全新世界的出现。在革命伦理阶段，宗教仍起着重要的触媒作用。宗教世界能引起现代世界的改变，而在如何实现这个世界的变化时，革命的问题就提到议程上来。革命问题因此成为他这时探讨的中心，而对他来说，革命的关键问题是革命伦理问题。具体来说，革命伦理阶段包含两个必要的环节。第一是“十月革命”的巨大冲击作用。“十月革命”使他看到一个全新世界出现的曙光。第二是他在加入匈牙利共产党前后写的两篇文章（即《作为一种伦理困境的布尔什维克主义》和《策略与伦理》）中他的革命伦理思想的变化。他由主张布尔什维克主义存在伦理困境转向了肯定它在伦理上

① 卢卡奇：《小说理论》，燕宏远、李怀涛译，商务印书馆2012年版，第11页。

的优势。下面笔者将作一番详细的阐述和分析。

正当卢卡奇在批判现代性的路途中殚精竭虑时，震惊世界的“十月革命”出现了。“十月革命”给欧洲知识分子带来强烈的思想震撼，卢卡奇也概莫能外。他们都乐观地预言一个全新的世界即将展现在世人的面前。对于这种激烈的思想感受，卢卡奇这样写道：“《小说理论》正如我在它的新版序言中描述的，是我还处于一种普遍绝望的状态时写的。因此，毫不奇怪，现存的一切在其中表现为费希特所说的那种绝对罪孽的状况，任何希望和出路都带有纯粹海市蜃楼的空想性质。只有俄国革命才真正打开了通向未来的窗口；沙皇的倒台，尤其是资本主义的崩溃，使我们见到曙光。当时，我们关于这些事变本身以及它们的基本原理的知识不仅十分贫乏，而且非常不可靠。尽管如此，我们——终于！终于！——看到了人类摆脱战争和资本主义的道路。”① 为什么俄国革命会给这些知识分子的思想带来如此巨大的震动？这主要归结于革命是发生在俄国，而俄国是托尔斯泰和陀思妥耶夫斯基等宗教思想家的故乡。这些宗教思想家的作品里已揭示出一个全新的宗教世界，它能带来世界的现实变革。对卢卡奇的这种感受，布洛赫有过精当的阐释：“如果革命在法国爆发，它绝对不会对他（卢卡奇）产生同样的影响。它将只是他头脑中一件简单的事件，但是革命发生在俄国，那就是一件激动人心的事情了。”②

俄国革命的胜利打开了通向未来新世界的大门，于是革命的道路就摆在卢卡奇的面前。但是，卢卡奇一开始并不赞成布尔什维克主义的革命的道路。革命即意味着对现实的改变同时也意味着暴力。而暴力革命对卢卡奇来说面临着伦理的困境。这种伦理难题主要反映在《作为一种伦理困境的布尔什维克主义》中。在该文中，他比较了社会民主主义的改良路线与布尔什维克主义的革命路线。他认为布尔什

① 卢卡奇：《历史与阶级意识》，杜章智等译，商务印书馆1999年版，第4页。

② Michael Lowy, "Interview with Ernst Bloch", *New German Critique*, No. 9, 1976, p. 44.

维克主义用革命暴力的手段去推翻现代的阶级社会以建立一个无阶级的社会是缺乏伦理基础的。因为从恶的行为中是不能产生善的目的。从中可看出他这时采取的是康德的形式伦理学的立场，即所谓的“第一伦理”。依据这种伦理学，人永远只能作为目的而不能作为手段。这是世俗的每个人应当遵循的伦理准则。因此，卢卡奇以为，即使革命的目标是善或崇高的，但由于手段是恶的，革命的行为是产生不了伦理的行为的。“布尔什维克主义建立‘恶能产生善’这样一个形而上学的假设，……本文的作者（卢卡奇）不能苟同于这个信仰，因此他在布尔什维克的立场的根基上发现了一个不可解决的伦理困境。”①

即使卢卡奇不赞同具有伦理困境的布尔什维克主义，他随后也参加了匈牙利共产党。这表明他对布尔什维克主义是持同情态度的，他只是不赞成它诉诸暴力，并担心无产阶级专政的国家并不会自我扬弃。这从加入共产党之后不久撰写的《策略与伦理》中转而对革命的伦理的肯定可以窥知。在这篇论文中，他表达了对革命伦理的认可态度。他认为“坚持正确的策略本身就是伦理的”②，而所谓“正确的策略”就是那些指向超越的最终目标的革命策略。卢卡奇的思想为何有这种转变呢？这显然是受陀思妥耶夫斯基的宗教思想的影响。在陀氏看来，存在着两种伦理。一种是第一伦理，这是世俗世界中的个人为所有其他人都应承担的义务，是一种绝对律令，如“不杀人”。同时，人也生活在宗教世界中，在这个世界上，人与人间结成非异化的一体的关系，每个人对其他所有人的解放负责任，这就是第二伦理。然而，依从这种伦理，每个人只听从“心灵的命令”，这时杀人却是允许的。每个人都生活在两个世界中，都承担着双重伦理的义

---

① Georg Lukács, “*A bolsevizmus mint erkoelcsi problema*”, pp. 228 – 232, quoted from L. Congdon, *The Young Lukács*, the University of North Carolina Press, 1983, p. 139.

② Georg Lukács, “Tactics and Ethics” in *Political Writings* (1919 – 1929), Trans., Michael McColgan, ed., Rodney Livingstone, NLB, 1972, p. 6.

务。这时就必须作出一种决断或选择。但是，无论我们作出哪种选择，我们身上都背负着罪责。“伦理的自我意识使得那些处境，即悲剧处境非常明显，在这些处境中，人不可能作出行动而不同时背负着罪责。然而，同时这也使我们明白，甚至面对两种招致罪恶的方式的选择，我们仍然应该发现针对正确或不正确行动的标准。这个标准就是牺牲。”① 面对这两种伦理，卢卡奇选择了第二伦理。他认为他作出了正确的选择，但同时他也清醒地意识到他必须承担道德罪责，必须以自己的道德清白为代价。

这样，在宗教资源的中介下，卢卡奇论证了革命的合法性，并肯定革命的伦理性。然而，我们也应看到，陀氏主张的第二伦理是建立在个人的基础上。个人具有最原始的和最普遍的心理事实，即良心和责任感。这种良心和责任感使得个人为了其他人的解放，能主动牺牲自己的道德纯洁性。卢卡奇把这种个人的伦理扩展到无产阶级的策略上正确的集体的行动上。他认为一个策略上的决定和一个个人的伦理上的决定看似是相互独立的。一方面，任何给定的策略决断是否正确的问题独立于这个决定是否由伦理动机决定的问题；另一方面，一个来自最纯粹的伦理动机的行为在策略上可能是完全错误的。② 但是它们应当是相互依存的。“因为一旦从纯粹伦理出发的个人行为涉入政治领域，甚至它的客观的（历史——哲学的）正确或不正确就不再是一个伦理中立的问题。进而，经由社会主义策略的历史——哲学定位，一个个人意志和占统治的历史——哲学的意识必须在他身上表达出来，而这必然产生一个集体行动。”③ 这里清楚地表明，个人的纯伦理行为涉及政治，必然和客观上正确的策略息息相关。相应地，这些革命策略也就显示其伦理相关性。而这只有在个人成为一个社会主

① Georg Lukács, “Tactics and Ethics” in *Political Writings* (1919 - 1929), Trans., Michael McColgan, ed., Rodney Livingstone, NLB, 1972, p. 10.

② Ibid., p. 7.

③ Ibid., pp. 7 - 8.

义者才能做到。只有一个社会主义者才会把自己的伦理行为建立在历史——哲学的基础上。而这种历史——哲学意识又有赖于阶级意识的形成。“对每一个社会主义者来说，伦理上正确的行为本质上是关联于对给定的历史——哲学情境的正确感知，而这只有通过每个人努力使得这种自我意识呈现出来才有可能。达到这一点的首要前提就是阶级意识的形成。”① 通过对无产阶级阶级意识的强调，卢卡奇在这里实际上把陀氏的宗教伦理坐实为现实的无产阶级的革命伦理，从而为后来自己黑格尔主义的马克思主义立场开辟了道路。在这个意义上，我们可以说，革命伦理阶段实现了卢卡奇由基尔凯郭尔化了黑格尔主义向黑格尔主义的马克思主义的过渡。

① Georg Lukács, "Tactics and Ethics" in *Political Writings* (1919 - 1929), Trans., Michael McColgan, ed., Rodney Livingstone, NLB, 1972, p. 9.

第三章

现代性批判的深入：卢卡奇对现代性的双重批判

卢卡奇从文学艺术角度对现代性进行了激烈批判，但他发现这条新康德主义和黑格尔主义的道路实际上是走不通的，因为人们通过文学评论和美学批判似乎能找到一条解决现代世界文明危机的道路，然而，这条道路终因不能引起现实世界的改变，而化为一条虚幻的解决途径。经由俄国十月革命的强烈冲击，以及经过一段对革命伦理的思考阶段，卢卡奇走上了马克思主义道路，并相信无产阶级革命能带来现实世界的真实变化。而在他的“马克思主义学徒期”里，其最重要的理论成果就是《历史与阶级意识》。在这本被称为西方马克思主义的“圣经”文本中，卢卡奇承接早年对现代性的文艺批判路线，对现代性进行了更深刻且更全面的批判。这时他主要是从两方面对现代性进行批判。首先，他指出了现代性的基本样式是物化现象或物化意识。通过把韦伯对现代性诊断的合理性原则融合进马克思的商品拜物教批判，卢卡奇提出了著名的物化和物化意识概念。其次，他阐述了现代性观念形态，即理性主义形式体系。卢卡奇把这种体系的本质内涵提炼在自在之物概念上。自在之物概念表达了理性主义形式体系的内在对立和矛盾，它是物化现象的思想表达，两者是内在同一的关系。

第一节　现代性的基本样式：物化现象与物化意识

一　物化范畴的提出：马克思商品拜物教批判理论与韦伯理性化理论的融合

卢卡奇是根据马克思对商品形式的分析来阐明他的物化范畴的。马克思认为，一旦劳动产品作为商品出现，就变成一个可感觉又超感觉的物。但商品的这种神秘性质既非来源商品的使用价值，又非来源价值规定的内容，而是从商品形式本身来的："人类劳动的等同性，取得了劳动产品的等同的价值对象性这种物的形式；用劳动的持续时间来计量的人类劳动力的耗费，取得了劳动产品的价值量的形式；最后，生产者的劳动的那些社会规定借以实现的生产者的关系，取得了劳动产品的社会关系的形式。"[①] 商品的这种魔力根源于商品的形式，然而，这只有在商品形式成为社会的基本形式时才有可能，即"商品形式必须渗透社会生活的所有方面，并按照自己的形象来改造这些方面"。[②] 因为商品交换及其相应的商品关系在社会很原始的阶段就有了，而且"一个商品形式占支配地位、对所有生活形式都有决定性影响的社会和一个商品形式只是短暂出现的社会之间是一种质的区别"。[③] 商品形式向整个社会的真正的统治地位的发展态势只是在现代资本主义中出现的。只有在商品问题"不是仅仅表现为个别的问题，也不是仅仅表现为按专门科学理解的经济学的核心问题"，而是成为整个社会存在的普遍范畴时，由于商品关系而产生的物化才在资本主义社会中全面扩展，对社会的客观发展和人对社会的态度起决定性的作用。由此，卢卡奇引出了他的物化范畴。他借用马克思的话语

① 马克思：《资本论》第1卷，人民出版社2004年版，第89页。

② 卢卡奇：《历史与阶级意识》，杜章智等译，商务印书馆1999年版，第148页。

③ 同上书，第147页。

来描述了物化的基本现象，“商品形式在人们面前把人们本身劳动的社会性质反映成劳动产品本身的物的性质，反映成这些物的天然的社会属性，从而把生产者同总劳动的社会关系反映成存在于生产者之外的物与物之间的社会关系。……这只是人们自己的一定的社会关系，但它在人们面前采取了物与物的关系的虚幻形式”①。

马克思这里讲的物化现象主要发生在商品交换领域。一旦劳动产品变为商品，人与人之间的关系就变为商品之间的关系，从而获得物的性质以及一种“幽灵般的对象性”，而且这种对象性具有自己严格的自律性，反过来，它控制了人的活动，并掩盖了人与人之间关系的所有痕迹。卢卡奇认为这种情况发生在主观和客观两个方面。在客观方面是产生一个“由现成的物以及物与物之间关系构成的世界（即商品及其在市场上的运动的世界）”，这其实是人创造出来的“第二自然”，但人们反而受这种自然规律的制约，并且只能利用它；而主观方面是劳动力变成一种商品。而人与人之间这种虚幻的物与物中间的关系是如何发生的呢？卢卡奇以为是商品中的对象化的人类劳动的抽象所致，即抽象的人类劳动才使得商品形式得以普遍化。其实两者是内在同一的。因为在客观方面，质上不同的对象的形式相同性原则是根源于产生它们的抽象的（即形式相同的）人类劳动，而这又归因于主观上“抽象人类劳动的这种相同性不仅是商品关系中各种不同对象所归结为的共同因素，而且成为支配商品实际生产过程的现实原则”②。

通过对这种抽象的、相同的和可比较的劳动的发生学的考察，卢卡奇把韦伯的合理性概念融合进来。他指出，随着劳动过程的逐渐抽象，合理化不断增加，工人的个性越来越被消除。在这里，生产过程中起作用的重要原则是“根据计算、即可计算性来加以调节的合理化

① 马克思：《资本论》第1卷，人民出版社2004年版，第89—90页。

② 卢卡奇：《历史与阶级意识》，杜章智等译，商务印书馆1999年版，第151页。

的原则”[①]。正是由于这条原则，劳动对象与劳动对象、人与劳动对象、人与人、人与自身之间发生了四重分离。劳动过程被机械地切割为各个部分，也切断了生产作为整体的产品的工人结合起来的共同体的联系，他们的联系越来越由把他们结合进去的机械过程的抽象规律所中介，工人日益变成一个个孤立的原子，同时也切断了工人个人与整个产品的有机关联，他们的工作被简化为机械的重复劳动。更让人难以接受的是，工人的劳动力同其整个人格相对立的对象化，使得人格在这里也只能作为旁观者，无能为力地看着自己成为孤立的分子，并被加入异己的系统中去。因此，随着劳动过程的不断机械化与合理化，工人的活动不断失去主动性和意志，对劳动过程形成一种直观的态度。这种直观也改变了人对世界的态度，这在哲学上表现为“把空间和时间看成共同的东西，把时间降到空间的水平上”[②]。这种把时间空间化的态度，其实是把具有质性的时间抽象化为可准确测定的物理意义上的同质时间，结果是工人被抽象化为他身上所负载的一定量的社会的劳动时间，除此之外，他什么也不是。与此相应的是，工人对世界的直观态度以及相应地把时间抽象化，工人实际上采取了这个世界认同的态度，并由此陷入深深的物化意识之中。

对于现代文明世界的命运来说，要紧的是，随着人与人之间关系的物化以及劳动过程的理性化，工人被简化为抽象的数量以及仅当作社会纯粹的客体，而且工人的命运成为整个资本主义社会的普遍命运。因为只有当“自由的”工人出现，工人能够把自己的劳动力作为自己唯一的商品并把它拿到市场上自由地买卖，劳动的合理机械化才有可能。同样，只有理性化和可计算性原则遍及社会生活的全部表现形式，真正的自由工人才能产生。由于劳动过程的理性机械化，工人与劳动产品和其他工人的关系被切断，工人变成原子化和孤立化的

① 卢卡奇：《历史与阶级意识》，杜章智等译，商务印书馆1999年版，第152页。

② 同上书，第154页。

个体，面对所有“物”的商品结构及其“自然规律性”，工人无能为力，只能被动地接受它们。而工人又是自由的孤立个体，所以这些孤立的商品所有者之间只是通过理性的和孤立的交换行为来发生社会关系。但是，由于劳动力是工人身上唯一的所有物，所以工人的命运只能是悲惨的，只能是资本主义物化事实的最大受害者。就工人的命运而言，“对于整个社会结构有典型意义的是，这种自我客体化，即人的功能变为商品这一事实，最确切地揭示了商品关系已经非人化和正在非人化的性质”①。本来资本主义是要把人从传统的束缚中解放出来，变成自由与平等的人，然而吊诡的是，资本主义条件下的工人却成为不自由的人，并且深陷物化之困境。工人的非人命运表明了资本主义社会已堕入无底的深渊，说明现代文明世界已陷入深重危机之中。

二 物化现象的现代性特征：形式化、抽象化和合理化

（一）形式化原则

卢卡奇是通过结合马克思对资本主义世界的商品拜物教的批判和韦伯的资本主义的合理化原则来提出自己的物化理论的。姑且不管这种结合是否“非法的对接”，卢卡奇其实在这里提出了一个重要的观点，即物化的现代性特点可精要地表述为形式化和抽象化的原则，“卢卡奇对现代性批判的贡献在于，他依循马克思（并且在某种程度上也依循韦伯和西美尔）所制定的基本方向，把物化现象的现代性特征主要地揭示为抽象化、形式化和合理化，并就此作出了较为充分的发挥”②。卢卡奇在分析商品形式时，把商品形式的普遍性和人类劳动的抽象看成内在的共生关系，以及引入韦伯的合理性原则对时间空间化的物化现象的描述，这些都表明卢卡奇事实上已把形式性和抽象

① 卢卡奇：《历史与阶级意识》，杜章智等译，商务印书馆 1999 年版，第 157 页。

② 吴晓明：《思入时代的深处》，北京师范大学出版社 2006 年版，第 371 页。

性原则看作物化现象的现代性的典型特征。

物化已成为资本主义社会的普遍范畴，并成为资本主义社会中人的普遍命运。但普遍的物化范畴是有其具体的内容的，即有其内在的规定性，这就是形式理性的原则。这条原则是资本主义社会的一般表现形式，主宰着资本主义社会的各个方面。形式合理性这个概念最早是由韦伯提出的。它是相对于实质合理性而言，它以合理性当作工具或手段，可导致计算的结果，但不能保证结果的意义和价值，“形式合理性主要被归结为手段和程序的可计算性，是一种客观的合理性；实质合理性则基本属于目的和后果的价值，是一种主观的合理性”①。正是形式理性的抽象性和普遍性，遮蔽了一切物的直接物性和人的价值维度，使一切物获得一种新的物性和客观性，使人非人化、物化，并流于对世界的直观性。形式理性的原则既贯穿在资本主义社会的经济过程中，也贯穿在与之相适应的法律机构和国家官僚机构中。卢卡奇引用韦伯的著作说明法律机构的职能可根据固定的一般原则被合理地计算出来，无论是法官判案还是对法律的修改或解释都遵守经济—计算的原则。“法律系统的本质就形式的普遍性而言可能涉及生活的任何一种可能的事件，而就可能涉及的东西来说，它是可预见的、可计算的。”② 在国家管理机构中，形式上的合理化表现在把所有的社会职能分成各个组成部分，每个部分都有其自己局部系统的合理规律。在这种专门化的片面分工中，人的个性与需要是不被承认的，人们只需服从自己所从属的部门的局部规律。

形式理性原则不仅渗透到社会的各个行业和机构之中，也体现在各门人文社会科学中。虽然经济学非常成功地完全合理化，它把整个社会的经济活动建立在抽象的交换价值基础上，从而使经济学变成一个封闭的理性的局部系统，但是，由于它不能理解和把握自身的具体

① 苏国勋：《理性化及其限制——韦伯思想引论》，上海人民出版社 1988 年版，第 227 页。

② 卢卡奇：《历史与阶级意识》，杜章智等译，商务印书馆 1999 年版，第 163 页。

的物质基础，即使用价值，所以它才有方法论上的局限性，以至于不能正确地理解经济危机，而把危机只看作暂时的、偶然的突发的事件，从而只能停留于物化的水平上。在法学中，从合理化—可计算性的形式出发，质的内容不可认识的问题从一开始就以形式与内容的关系问题表现出来。自然法学派和历史法学派都把法律看成是“一种形式上的计算体系”，只不过自然法学派把法律内容看成是由法律形式所决定的，而历史法学派则把法律内容的研究分配给其他的学科。因此，两者都把形式理性的原则看作法学的主导原则，从而使得“法律的产生和消灭”问题变成一个无法理解的东西。而一旦法律的起源问题成了谜，法学也就放弃了对以这种形式理性为基础的物化的深入了解，从而陷于停滞状态。各专门科学由于远离了其概念产生的现实基础而有意识地放弃了对整体的认识，使哲学不是往下走，而是往后退，它也放弃了对具体内容的理解，从而也未能实现整体的联系，它“承认各专门科学的成果和方法是必要的，是给定的，并认定哲学的任务就是揭示和论证这些概念形态有效的原因。……由于对哲学来说，各专门科学的形式主义概念形态正按这种方式成为不可改变的给定基础，所以就最终失望地放弃了对以这种形式主义作为基础的物化的透彻了解”[①]。

（二）物化意识的中介性

物化已成为资本主义社会的普遍现象，它以形式理性原则作为自己的具体内容。但这种原则要成为现实，还需要以物化意识作为中介。物化意识具有直接性，“意识的物化就是物化直接性的被动的和直观的精神再生产”[②]。它只停留在对眼前所见的事实的认识和接受上，所以它能认可这种形式原则为资本主义社会的唯一现实，而对不被形式原则所包容的内容一概不予接纳。

---

① 卢卡奇：《历史与阶级意识》，杜章智等译，商务印书馆1999年版，第179页。

② Andrew Arato, Paul Breines, *the Young Lukács and the Origins of Western Marxism*, The Seabury Press, New York, 1979, p. 119.

刚才我们提到，随着劳动过程的机械化和理性化，人和劳动对象都被生产过程的理性规律所切割和分离，工人的活动日益失去了主动性和意志，并陷于直观的态度，这就是物化意识。对物化意识而言，这个充斥着物的世界才是真实的世界，而在物与物之间的关系背后隐藏着的人与人之间真实的社会关系却是虚假的。由于商品形式和物化现象成为资本主义社会的普遍范畴，物化意识也成为资本主义社会中人的普遍命运。物化意识表现在社会的各个领域内。在经济领域内，各种形式的资本客观上都从属于资本真正的生命过程而只能根据工业资本主义的本质来理解，但是在资本主义社会的人的意识来看，它们却表现为资本纯粹的、真正的形式，比如生息资本就被看作会生出货币的货币，由此，社会关系最终就被看作一种物即货币同它自身的关系。在这种物化意识下，“直接商品关系中隐藏的人们相互之间以及人们同满足自己现实需要的客体之间的关系逐渐消失得无法觉察和无法辨认了，所以这些关系必然成为物化意识的社会存在的真正代表。……这种可计算性形式必然成为这种商品性质真正直接性的表现形式，这种商品性质——作为物化意识——也根本不力求超出这种形式之外；相反，它力求通过‘科学地加强’这里可理解的规律性来坚持这种表现形式，并使之永久化”[①]。这表明，在经济领域内，形式理性原则由于人的物化意识的加入而成为真正的现实，人也随之彻底物化了。在法律、国家、管理等领域里，由于形式理性原则和社会分工的运用，所有的社会职能都被分成各个组成部分，人们局限于自己狭小的专门领域工作。这种分工固然可提高人们的工作效率，然而，由于这种专门能力被迫与整个人格分离，并被对象化，从而变成一种物，一种商品。更重要的是，这些专业人员不仅成为社会事件的旁观者，而且对他自己对象化了的能力所起的作用也采取直观态度，也就是说，他们已完全沉溺于物化意识之中。这表明，分工已侵入了

① 卢卡奇：《历史与阶级意识》，杜章智等译，商务印书馆1999年版，第159页。

"伦理领域"，"对于整个社会来说，这（种分工）并没有削弱作为基本范畴的物化意识结构，而是加强了它。……只有资本主义才随同实现整个社会的统一经济结构，产生出一种——正式的——包括整个社会的统一的意识结构"①。而且这种物化意识结构不仅发生在工人身上，也强烈地发生在资本家身上。

因此，商品形式的普遍性所必然带来的抽象化和形式化原则成为资本主义社会的主导范畴，相应地导致物化意识的出现。而物化意识又进一步使得形式化原则强化了，甚至永恒化了。"商品关系变为一种具有'幽灵般的对象性'的物，这不会停止在满足需要的各种对象向商品的转化上。它在人的整个意识上留下它的印记：它的特性和能力不再同人的有机统一相联系，而是表现为人'占有'和'出卖'的一些'物'。"②

（三）物化范畴的内在悖论

物化现象以形式理性原则作为自己的内在规定性。这种形式化的原则把整个世界分成各个不同的合理的部分，每个部分都有自己特殊的理性规律。从直接上和表面上看来，这个世界似乎形成了一个有规律的合理统一系统，但是由于这些局部的形式规律忽略了它们具体的内容方面，因此，这种统一的规律体系就显得是松散的，各种局部的规律体系之间的联系就变得是偶然的，每个局部系统互相之间也表现出极大的独立性。也就是说，这个世界的各个部分内部存在严格的理性规律，而在局部的理性规律之间，即在整体方面却呈现出非理性。卢卡奇在分析资本主义的经济现象时谈道，"资本主义生产的整个结构是以以下两个方面的相互作用为基础的：一方面，一切个别现象中存在着严格合乎规律的必然性；另一方面，总过程却具有相对的不合理性"③。这就是物化范畴本身存在的内在悖论，即部分的合理性与

① 卢卡奇：《历史与阶级意识》，杜章智等译，商务印书馆 1999 年版，第 166 页。
② 同上书，第 167 页。
③ 同上书，第 169 页。

整体的非理性之间的对立和矛盾，或者纯粹的理性的形式与具体的非理性的内容之间的矛盾。

这种对立与矛盾才是物化现象的真实内涵，而那种现象——整个社会生活似乎服从于一种“永恒的、铁的”必然性规律，而这种规律又区分为各个个别领域的特殊理性规律——必然是一种假象。这是因为，如果个别事物内部和整体内部都合乎理性的规律，则资本主义本身就不可能了。就经济领域而言，“当整个社会的确切的、合理的、合乎规律起作用的形态也同个别现象的合理性相符合时，不同商品所有者的竞争就不可能了”。[1] 局部规律之间的缺乏联系特别表现在危机时期。当危机来临时，从一个局部系统向另一个局部系统之间的直接连续性突然断裂了，它们互相之间的独立性以及它们相互之间的偶然联系，一下子进入所有人的视野。这表明，资本主义的社会结构并非如资产阶级思想家所说的是铁板一块，形式理性的原则是有其实践上和理论上的内在限制的，“世界的这种表面上彻底的合理化，渗进了人的肉体和心灵的最深处，在它自己的合理性具有形式特征时达到自己的极限”[2]。只要形式合理性原则达到自己的扩展极限，则资本主义社会就走到自己的尽头。另外，经济活动中的各个部分都有自己的特殊规律，各个特殊规律之间只具有偶然的关联，但这并不排除有一种支配整体的统一的规律，只不过这种规律一方面是相互独立的商品所有者独立活动的“无意识的”产物；另一方面这种规律“不仅能超脱个人的意志而起作用，而且它也绝不是完全地和相应地可被认识的”。一旦某一主体能获得对整体的完全认识，资本主义的经济就能得到最终的扬弃。

---

① 卢卡奇：《历史与阶级意识》，杜章智等译，商务印书馆 1999 年版，第 170 页。
② 同上书，第 168 页。

第二节　现代性的观念形态：理性主义形式体系

现代性的基本样式是物化现象及其相应的物化意识，同时现代性的观念形态或者哲学形态表达为普遍的理性主义形式体系。这两者是一而二、二而一的关系，在本质上是内在同一的。也就是说，物化现象是理性主义形式体系的现实表现形态，而理性的形式主义体系是物化现象的观念表达。因此，对现代性的批判，应该是对这两个维度的双重批判。此处主要是对理性主义形式体系进行批判。理性主义形式体系内部蕴含着主体与客体、意识与对象、自由与必然、形式与内容等的对立与分裂。而把这种对立与分裂当作哲学问题去意识，并企图去解决的是德国古典哲学。所以在这里我们根据卢卡奇的表述，把现代性的思想样态确立为德国古典哲学。康德提出了自在之物的概念，该概念是对现代性的内在悖论的观念表达，而整个近代批判哲学就是为解决这个自在之物难题进行了艰苦卓绝的努力。从某种意义上可以说，近代批判哲学企图做的是对现代性的批判并试图找到超越现代性的答案，但是为何它最终却体现为对现代性的思想表达？卢卡奇提出“近代批判哲学是从意识的物化结构中产生出来的”，以及“古典哲学把它的生存基础的所有二律背反都推到了它在思想中能够达到的最后的极点，它尽可能地在思想上表达了这些二律背反，但对这种哲学来说，它们仍是没有解决的和不能解决的二律背反”①。这表明近代批判哲学最终并没有解决它提出的资产阶级思想的二律背反问题（即自在之物问题），它只是在思想范围内提出一套解决问题的虚假方案，从而在归根究底的意义上和物化的现实结成温和的关系，因此近代批判哲学并没有找到走出物化现象的真实的道路，它仍然是物化现象和

---

① 卢卡奇：《历史与阶级意识》，杜章智等译，商务印书馆 1999 年版，第 180、231 页。

物化意识的哲学表达。在阐明近代批判哲学是资本主义条件下的物化现象的哲学体现时，学者张双利提出了两点原因："一方面，在抽象劳动的原则成为生活中的现实之后，不仅工人被迫成为整个过程的客体，个别资本家被迫承认资本的运行过程有着它不以人的意志为转移的规律性，而且哲学也已经彻底地陷入了无能的状态。……哲学也停留在了直观的水平之上。另一方面，整个近代的主体性哲学又通过制造出一个关于大写的主体的神话而为现代人的这一困境提供了一份虚假的解决方案。"① 正是由于近代批判哲学的无能以及对问题的虚假解决，它不但没有化解物化现象，反而在思想上表达和维护了物化现象和物化意识。当然，我们也应知道，德国古典哲学虽然并未解决自在之物的难题，但也作出了艰辛的思想努力，并为其最终解决提供了前进方向。因此，卢卡奇强调德国古典哲学也是为了复活马克思主义的黑格尔传统，并企图在马克思主义的思想视域内找到一条真正扬弃现代性的辩证法的道路。"对任何想要回到马克思主义的人来说，恢复马克思主义的黑格尔传统是一项迫切的义务。《历史与阶级意识》代表了当时想要通过更新和发展黑格尔的辩证法和方法论来恢复马克思理论的革命本质的也许是最激进的尝试。"② 下面我们就来谈谈卢卡奇对现代性的观念形态的批判。首先分析自在之物的概念，它体现了现代性观念形态的内在矛盾和对立，其次阐述从康德到黑格尔的近代批判哲学家为解决自在之物难题而付出的悲怆努力和收获的最终失败，以及提示的可能的出路。

一 康德的自在之物概念

（一）自在之物概念的提出

近代哲学是从中世纪哲学中脱胎而来的。相对于前近代哲学，近

① 复旦大学当代国外马克思主义研究中心：《国外马克思主义研究论丛》第1辑，人民出版社2009年版，第54页。

② 卢卡奇：《历史与阶级意识》，杜章智等译，商务印书馆1999年版，第16页。

代哲学的独特性在于它把认识对象看作是来源认识主体，是主体创造的，而非相反。近代哲学“不再把世界视为独立于认识主体而产生的（例如由上帝创造的）什么东西，而主要地把它把握为自己的产物”。这就是康德的形而上学领域内发动的“哥白尼革命”。不过，卢卡奇认为这并非康德的首创，只不过是康德比前人更激进地作出这个革命的结论。从笛卡尔肇始的整个近代哲学都是走在这样一条认识主体创造认识对象的道路上。“从全面系统的怀疑论，从笛卡儿的我思故我在，经霍布斯、斯宾诺莎、莱布尼兹，走过了一条笔直的发展道路。它的一个重要的、变化多端的题目则是这样一种观点：因为认识的对象是由我们自己创造出来的，因此，它是能够被我们认识的；以及只要认识的对象是由我们自己创造出来的，那么它就是能够被我们认识的。”①

尽管前近代哲学和近代哲学有如此本质的区别，但是它们都是理性主义的哲学，只不过，近代哲学是一种普遍的理性主义哲学体系，而前近代哲学则是一种部分的理性主义体系。“近代理性主义的新颖之处就在于……它发现了人在自然和社会中的生活所面对的全部现象相互联系的原则。每一种以前的理性主义则相反，它们始终只是一种部分性的体系。”② 也就是说，近代理性主义是将一种形式原则塑造为普遍的范畴，而前近代理性主义则用形式原则来建构孤立的部分性体系。以前的理性主义可以在具体的领域内实现充分的合理化，并形成一个个理性的部分性体系，但是人的存在的最终问题却被锁闭在人的知性所不能把握的非理性之中。而且这些部分性的理性体系只是为了达到关乎世界本质的、全然是知性彼岸的非理性这个目标的手段和工具。而近代理性主义则相反，它恰恰是要把非理性的内容包容进理性主义的体系，从而建立一个普遍的理性主义哲学体系。因此，这时

① 卢卡奇：《历史与阶级意识》，杜章智等译，商务印书馆1999年版，第181—182页。

② 同上书，第184页。

非理性的因素就起着异常关键的作用，“如果理性主义要求成为认识整个存在的普遍方法，那么……非理性原则的必然相对性的问题就取得了一种决定性的、溶化、瓦解整个体系的意义”[①]。

康德是清醒地意识到理性与非理性之间对立和矛盾对建立一个普遍的理性主义体系的重要性的第一人，这主要体现在他的自在之物的概念上。而这也是近代批判哲学与前批判哲学的分水岭，因为前批判哲学并未自觉意识到这个矛盾，它只是把非理性问题消融于理性主义的体系而轻飘飘地抹掉了。自在之物概念的设立主要是为理性划界，即理性本身是有局限的，它不能统摄一切，这主要体现在内容和总体两个方面：当我们去认识现象界的事物时，我们只能给予它以纯粹的知性形式，而不能给出内容；既然我们无法给出内容，我们也就无法达到总体，因此，当我们去认识“灵魂”、“宇宙”和“上帝”等理念对象时，我们就会陷入二律背反。内容的问题和总体的问题其实是同一个问题。当我们用形式理性去认识世界时，如果我们能把非理性的内容包含进去，则我们就可以构建一个理性的总体。“经验的事实就其真实性而言，是否可看作‘既定的’，或它们这一既定性是否会溶化为理性的形式，也就是是否可设想为是由‘我们’的知性所创造的。但这样一来，这一问题也就成了决定体系是否可能的问题了。”[②] 只要作为形式的内容的既定性问题真正得以解决了，作为总体的体系问题也就迎刃而解了。康德的自在之物概念其实就是资产阶级思想的二律背反问题，它真实地体现了现代资产阶级在资本主义社会中的生存困境。一方面，资产阶级凭靠普遍的知性形式创造了一个理性的世界，并日益掌握着这个社会的领导权；另一方面，资产阶级本身也被编织进这个形式体系当中，从而日益无力领导这个社会向前发展。在德国古典哲学这个思想发展阶段，正是自在之物这个概念表

① 卢卡奇：《历史与阶级意识》，杜章智等译，商务印书馆1999年版，第185页。

② 同上书，第187—188页。

达了资产阶级社会发展的这种双重倾向，“它（资产阶级）日益控制着资产阶级社会存在的细节，使它们服从于它所需要的形式，但同时，也日益失去了从思想上控制作为总体的社会的可能性，并因而丧失了领导这个社会的资格”[①]。

（二）自在之物概念是物化范畴内在悖结的观念表达

卢卡奇把物化现象的现代性特征主要地揭示为抽象化、形式化和合理化。这意味着形式理性的原则是物化现象的内在规定性，而且这种原则要成为现实，还需物化意识作为中介。这种物化思想基本上从属于韦伯的思想视野。只不过韦伯把这种社会合理化过程看作积极的社会发展过程，它对整个资本主义社会具有构成性意义。而卢卡奇认为这个社会合理化的过程也是一个社会不断物化的过程。“卢卡奇把合理化和物化看作是同一过程的两个方面，由此，他准备了两个论据，这两个论据虽然都是建立在韦伯分析的基础上，但却反对韦伯分析的结果。”[②] 卢卡奇对韦伯的理性化思想进行了改造，他认为理性化即物化。韦伯也谈理性化的吊诡，即理性化的过程会导致所谓的“牢笼”困境。然而，与韦伯对理性化的悲观情绪不同的是，卢卡奇认为，虽然物化是资本主义社会的普遍范畴，但这并非全部的现实。物化范畴本身存在内在悖论，即部分的合理性与整体的非理性之间的对立和矛盾，或者纯粹的理性的形式与具体的非理性的内容之间的矛盾。这些矛盾和对立可能永远持存从而物化成为我们永恒的命运，也有突破和解决的可能性，但需要人的物化意识的破除。

物化范畴内含的悖论就是生活中的现实，因为生活在物化现象中的人都是不自由的，他最多具有生活主体的虚假外观，他并非生活中真正的主人。物化范畴中的这种悖论并非只存在现实的生活当中，它还有观念形态上的表现。在我看来，这种观念形态上的表达就是康德

① 卢卡奇：《历史与阶级意识》，杜章智等译，商务印书馆 1999 年版，第 194 页。

② ［德］哈贝马斯：《交往行为理论》第 1 卷，曹卫东译，上海人民出版社 2004 年版，第 338 页。

的自在之物概念。自在之物概念在哲学上体现了物化范畴内的悖论。在这当中，形式合理性概念起了一个重要的枢纽作用。“对于卢卡奇来说，形式合理性概念在商品形式与康德所分析的知性认识形式之间构成一座桥梁。”[①] 形式合理性在现代科学技术中表现得最为充分。随着现代科技在生产和生活中的广泛应用，合理性原则也渗透到社会生活中的各个方面。而在哲学中，形式合理性原则体现为知性的认识方式。知性以数学和几何学以及后来的数理方法为指导方针去认识对象和把握世界，并把这种认识方式理解为认识世界的唯一方式。“这整个（近代）哲学的发展是和精密科学的发展不断地相互作用的，而精密科学的发展又是和技术、生产劳动经验的不断合理化相互作用的。”[②] 但不论在物化范畴内，还是在理性形而上学体系内，形式理性的原则都有内在限制的。马克思用政治经济学的危机理论来揭示出资本主义社会中合理化的内在限制，而康德用自在之物概念来表达形式理性的局限性。我们在这里解释自在之物概念和物化理论的内在悖结的一致，也是为了表明作为现代性的基本样式的物化现象和物化意识与作为现代性的观念形态的理性主义形式体系之间的内在关联性。

（三）自在之物概念在近代哲学发展史上的关键地位

自在之物概念体现在内容和总体两者同一的方面，同时也表达在理性的形式与非理性的内容的对立和矛盾方面。当我们在认识世界时，如果我们只能给出纯形式，而无法奉献出内容，也就是说我们不能把内容包容在纯形式之中，这也意味着我们也就不能达到一个理性的总体。“我们一方面看到，自在之物的两个看来完全不同的、划界的作用（总体从理性的部分性体系的概念结构出发不能被把握和各种概念内容的非理性），只是提出了同一个问题的两个方面；另一方面，我们也看到，这个问题确实是那种想把普遍的作用赋予理性范畴的思

① ［德］哈贝马斯：《交往行为理论》第1卷，曹卫东译，上海人民出版社2004年版，第338页。

② 卢卡奇：《历史与阶级意识》，杜章智等译，商务印书馆1999年版，第183页。

想的中心问题。"① 作为普遍的方法的理性主义必然要求建立体系，然而，一旦有意识地提出体系问题，就已表明这种体系的实现是不可能的。这是因为形式与内容并未达到真正的统一，从而这种理性主义意义上的体系只能是各种形式的部分性体系的偶然的或形式的联合。康德在《纯粹理性批判》和《判断力批判》中已表明了纯粹知性形式与非理性的既定的内容之间只能是纯粹偶然的关系。在《纯粹理性批判》中，我们知道人类的知识是通过先天综合判断获得的。先天综合判断的先天性赋予人类的知识以必然性，它来源于人的先天的知性形式，这种知性形式给予感性内容以普遍的先天的形式，而先天综合判断的综合性质或给予新鲜内容的性质来源于直观中被给予的质料。只有两者的结合才能产生普遍必然的知识，但先天的知性形式赋予哪些直接呈现的感性内容以普遍的形式，这是偶然的。"纯粹理性通过理念，如我们已指出过的，根本不能有任何具有客观效力的综合判断；但它通过知性概念虽然能建立一些可靠的原理，却又根本不是直接出自概念的，而总是仅仅间接地通过这些概念与某种完全偶然的东西，也就是与可能的经验的关系建立起来的。"② 这说明，一些非来源于知性的内容和来源于人的知性的东西，即先天的范畴、理念的关系是一种纯粹偶然的关系，从一方不能推导出另一方，内容不能被理性所消融，理性也不能被内容所涵盖。而在《判断力批判》中，"这种关于不只是可能的经验因素，而且也是一切与它们有关的，并支配它们的规律的'理念的偶然性'的思想，被提高为体系化的中心问题"③。

即使有人提出反驳观点，即在目前人类的认识阶段，内容的既定性问题没得到解决，但可通过人类认识的"无穷进展"过程，人类最终是可以建立起作为总体的体系。但卢卡奇以为，这其实是一个独

---

① 卢卡奇：《历史与阶级意识》，杜章智等译，商务印书馆 1999 年版，第 188 页。

② 康德：《纯粹理性批判》，邓晓芒译，人民出版社 2004 年版，第 568 页。

③ 卢卡奇：《历史与阶级意识》，杜章智等译，商务印书馆 1999 年版，第 188 页。

断论的迷梦，这种做法参照近代数学的方法论模板，把内容问题看作原则上可以由理性的形式来熔解的，从而并没有真正地对待和解决内容的既定性问题。而德国古典哲学的可贵之处在于，它自觉地提出并真诚地直面自在之物的问题，并且义无反顾地去完成一项它自身不可能完成的任务。“德国古典哲学的伟大、矛盾和悲剧正在于，它不再——像斯宾诺莎那样——把每一个既定的事实当作不存在的东西，并让它们消失在由知性创造的理性形式的宏伟建筑后面，而是相反，它把握住了概念的既定内容的非理性特征，牢牢地抓住这种特征，超越和克服这种证明，力求建立体系。”① 这说明了自在之物问题就是德国古典哲学的核心问题。而正是经由这个关键问题，近代哲学史才得以更清楚地明白。“只是这一问题（自在之物问题或主要是非理性问题）的提出才使近代哲学中的不同途径及随之而来的那些最重要的发展时期变得可以理解。”前批判哲学把既定的非理性内容无一遗漏地化为理性的概念体系中，从而跌落至独断的理性主义。而近代批判哲学之后，实证主义对这一问题无条件地承认，对其克服的放弃，从而使得作为总体的理性主义体系的取消，哲学变成了对经验事实的单纯的描述和分析。

二　近代批判哲学对二律背反困境（即自在之物难题）的自觉应对和企图解决

（一）康德的实践理论

近代哲学的基本特征是理性主义的体系哲学，其目的是要建构普遍性质的形式的理性主义体系。而这必然要撞上非理性的内容的问题。理性的独断主义哲学对内容的既定性问题视而不见，就认定形式的世界为真实的世界。而康德是第一次自觉到这样的问题，并由此提出自在之物的概念。这表现在《纯粹理性批判》中。然而，康德清

① 卢卡奇：《历史与阶级意识》，杜章智等译，商务印书馆 1999 年版，第 189 页。

醒地意识到，由于理性本身的限制，要在理论理性的领域内解决自在之物的问题是不可能的。而如果批判哲学要建立体系哲学的话，在要走向内发展的道路，即实践哲学的道路，去找出那个实践的主体，去找到那个把既定性内容收归于自身的行为主体，再由这个行为主体的活动出发去解决自在之物的问题。“如果思维不想放弃对整体的把握，那就必须走向内发展的道路，就必须力图找到那个思维的主体。存在可以被设想为是这一主体的产物，这时，就没有非理性的裂缝，没有彼岸的自在之物。”①

这条向内发展的道路就是走向个人内心的道德领域。这体现在《实践理性批判》中。在道德实践领域里，个人是绝对自由的，他不受理论领域内的非理性内容的客观制约，能自由发布“绝对命令”，为人类立法。因此，实践主体是绝对的主体和绝对的客体的统一，从这种统一出发能推导出所有的经验的主体和客体的二元对立形式，从而非理性的内容的问题也就解决了。费希特继承了康德的实践哲学的道路。他的哲学就从绝对自我的纯粹活动，即同一的主体—客体出发，去创造一个经验的主体和对象的二元世界。费希特的实践哲学就是“从同一的主体—客体（Identische Subjekt-Objekt）出发，把每一种既定性把握为同一的主体—客体的产物，把每一个两重性把握为从这种原初统一中派生出来的特殊情况”②。这种统一就是活动（Taetigkeit）。费希特就是把实践、行为、活动作为他的同一哲学的方法论中心的，并以此来解决自在之物问题。如此一来，在理论领域内不能解决的既定性内容问题就在实践领域内得到了妥善的解决。

康德的实践哲学似乎提供了一条解决自在之物问题的实践的道路，但是自在之物问题的不可解决性其实在较高的哲学水平上重现了。这是因为，人作为道德主体，固然可以在实践领域里畅通无阻，

① 卢卡奇：《历史与阶级意识》，杜章智等译，商务印书馆 1999 年版，第 195 页。

② 同上书，第 197 页。

自由地颁布道德律令，然而，道德个体毕竟生活在经验世界中，还要受自然规律的必然性制约，而他的道德自由也仅仅体现在对内在的道德事实进行评价和解释的阶段，所以他的所谓的自由也就变为一种空洞的自由，而这样建立起来的伦理学也只能是纯粹形式的和无内容的。这样的话，自由和必然的矛盾和分裂不但没得到解决，反而被带进主体自身内。“康德的形式主义的、适应个体意识的伦理学虽然可能展示了解决自在之物问题的形而上学的前景，其途径是一个被把握为总体的世界的，全部被先验辩证法瓦解了的概念，以实践理性的假设的形式出现在地平线上，然而从方法论的角度来看，这种主观的和实践的试图解决问题的办法仍被局限于使得理性批判（Vernunftkritik）的客观的和直观的提问方法处于被描述状态（Eingefangen）的同样范围内。”[①] 这里表明，康德的伦理学的问题在于主体的直观态度，即道德主体只关注客体的纯形式特征，而忽视客体的内容和物质基础。而且，不仅对象被直观地理解，直观也深入到主体本身内部。“把一切非理性的和内容的东西排除出去的企图就不仅是针对着客体的，而且也日益明确地是针对着主体的。对直观的批判性解释越来越热衷于要把一切主观的和非理性的因素，一切拟人化的东西，干净彻底地从它自己的态度中清除出去；要把认识的主体和‘人’分离开来，并把认识者变为纯粹的即纯粹形式的主体。”[②] 哈贝马斯也认为康德的批判哲学囿于直观的态度，停留于形式主义的认识方式，而忽略了具体的物质基础，“康德这样做（批判理论），只是为了替科学主义辩护，也就是说，同样是一种独断主义的假设，即‘理性的形式主义的认识方式是我们把握现实的唯一可能的方式’。

① 卢卡奇：《历史与阶级意识》，杜章智等译，商务印书馆1999年版，第200页。译文根据德文原文有改动，见 Georg Lukács, *Geschichte und Klassenbewusstsein* , Hermann Luchterhand Verlag, 1977, p. 304.

② 卢卡奇：《历史与阶级意识》，杜章智等译，商务印书馆1999年版，第203—204页。

最终，康德的批判也表现出了物化的意识结构，它本身就是思想中一般商品形式的体现”①。

康德伦理学停留于直观的态度，这似乎与“纯粹理性批判”中阐述的认识对象是由认识主体创造出来的观点相矛盾。这种矛盾恰好表明康德的实践哲学并没有最终解决自在之物的问题，近代理性主义形式体系的主观和客观之间矛盾仍旧存在。而这种哲学上出现的对立和矛盾其实就是对近代社会状况所作的逻辑的和思想的表达而已。在近代社会里，人们一方面依靠形式理性创造出了一个理性的世界，从而摆脱了之前的非理性的世界；但另一方面，人们却只能认识这个理性世界的规律，利用它来为自己服务，而不能改变它，从而人依旧受着一种非理性的社会力量的掌控。“这是这样一种社会状况：人们在其中一方面日益打碎了、摆脱了、扔掉了纯‘自然的’、非理性的和实际存在的桎梏；但另一方面，又同时在这种自己建立的、‘自己创造的’现实中，建立了一个包围自己的第二自然，并且以同样无情的规律性和他们相对立，就像从前非理性的自然力量所做的那样。”② 这里清晰地表明，近代理性主义本以追求主体的自由为其目的，但是由于对非理性内容的忽视和排斥，这种对自由的追求最终导致主体重新成为绝对的必然性的对象。

非理性内容的问题必然导致实践哲学的道路，但康德伦理学因最终陷于直观（Kontemplativ）的态度而未能解决自在之物的问题。所谓直观的态度，就是认为形式本身能产生内容，或者把同形式相对立的内容把握为不存在的。当实践主体停留于直观态度时，解决非理性问题的尝试也就不得不终止了。然而，直观的态度也从反面提示出解决问题的道路，即实践的（Praktisch）态度。实践的道路就是消除形式对内容的无关紧要性，而且让形式成为内容自己生成出来的形式，

① ［德］哈贝马斯：《交往行为理论》第1卷，曹卫东译，上海人民出版社2004年版，第343—344页。

② 卢卡奇：《历史与阶级意识》，杜章智等译，商务印书馆1999年版，第204页。

使形式成为有具体内容规定性的形式，“实践的原则作为改造现实的原则必须适应行为的具体物质基础，以便能由于自身发生作用而对这个物质基础发生影响，而且是以适应这一基础的方式来发生影响的”①。而这条实践哲学的道路表明它与理论哲学和直观哲学的不同。理论的直观恰恰是使形式摆脱一切非理性的内容。而康德的实践哲学正是由于其伦理学的纯形式特征和毫无内容而最终屈从于直观的理论。

不过康德为这条实践的道路作了最清晰然而又是不自觉的阐述。康德在对上帝存在的本体论证明的反驳中曾指出，“‘是’（Sein，即存在）显然不是什么实在的谓词，即不是有关可以加在一物的概念之上的某种东西的一个概念。它只不过是对一物或某些规定性本身的肯定。用在逻辑上，它只是一个判断的系词。”② 因此不能从上帝的概念中推论出上帝的实体性的存在。康德认为存在不是宾词，不能由某物的概念推出某物的实存，这表明他无意识地描述了作为克服存在概念中的二律背反的真正实践的结构，即既定的内容是不能直接由理性的形式演绎出来。但是黑格尔批评了康德的形式主义伦理学，指责康德所规定的形式是一种无质料的空洞形式。进而，卢卡奇傍着黑格尔提示了解决内容问题的实践哲学的方向。他认为，如果把对象把握为一个具体的总体的一部分，这时就会出现不同层次的存在概念，而纯形式只是生活中的一个层次。这时康德对上帝的本体论证明所作的批判就无效了，因为它只标明了纯形式思维的界限，而不知纯形式也是生活中的一个存在层次。

（二）黑格尔的辩证法

康德试图在伦理学领域内解决自在之物的问题，但没有成功，却造成在人的内部自由与必然的二元对立。然而康德开辟了一条真正解

① 卢卡奇：《历史与阶级意识》，杜章智等译，商务印书馆 1999 年版，第 201 页。

② 康德：《纯粹理性批判》，邓晓芒译，人民出版社 2004 年版，第 476 页。

决问题的道路，即实践哲学的道路。卢卡奇借助于黑格尔对康德的批判性继承，认识到只有追求总体性才能把这条路走下去。就卢卡奇而言，这条总体性的道路体现在艺术当中。只有在艺术中才能达到总体性，从而把自在之物的问题解决掉。这里他选取的是席勒的艺术哲学。而艺术与自然是密不可分的。卢卡奇谈了三种不同层次上的自然概念，它们集中体现了生活中的二律背反。第一种自然概念是自然科学意义上的自然，在康德那里是指现象界，它是受客观必然性的支配，但是这种自然也有价值的含义。与之相对的是卢梭意义上的第二种自然，它是一种与外在的自然规律迥异的属于人自身的东西。这两种自然代表生活中蕴含的矛盾。第三种自然是席勒强调的这两种对立极的统一，它意味着对形式与内容分裂的彻底超越，意味着它是一种由内容规定的形式。“这时（第三种）自然就意味着真正的人的存在，意味着人的真正的、摆脱了社会的错误的令人机械化的形式的本质：人作为自身完美的总体，他内在地克服了或正在克服着理论和实践、理性和感性、形式和内容的分裂；对他来说，他要赋予自己以形式，这种倾向并不意味着是一种抽象的、把具体内容扔在一边的理性；对他来说，自由和必然是同一的。”①

这三种自然概念并非卢卡奇构建出来的，这条道路其实在生活中已呈现出来了，这就是艺术。而使得艺术成其为艺术的原则是具体的总体的原则。它是一种形式观念的产物，即艺术的形式之为形式在于有内容的形式，它是由它所加工的内容决定的。它消除了形式与内容之间无法包容的关系，从而达到一种具体的、有内容的总体。“这个原则就是创造一种具体的总体。它是这样一种形式观念（Konzeption der Form）的结果。这个观念恰恰是以关于其物质基础的具体内容为目标的。它因此能消除因素对整体的‘偶然的’关系，能解决偶然

① 卢卡奇：《历史与阶级意识》，杜章智等译，商务印书馆 1999 年版，第 215 页。

和必然的纯粹表面的对立。”① 这个具体的总体的原则应该落实在艺术创造的主体身上。而这个原则落实在主体身上，就是知性直观的原则。知性直观不是对被给予的内容进行加工，而是直观本身能够给予内容。

知性直观原则意味着对现代生活中所有问题的解决。席勒把这条原则具体规定为是游戏冲动（Spieltrieb）。在游戏中，人与游戏之间有一种绝对同一的关系。接下来，这个原则对我们究竟意味着什么呢？卢卡奇认为有两种可能的方式。一种是使生活全部成为艺术，即世界的审美化。席勒认为人只有在游戏状况中才是完全的人，人只有在是完全的人时才游戏，但这种游戏在现实生活中几乎找不到，所以这种方法就化解了席勒的美学命题具有的全部力量。“生活的全部内容只有在成为美学的时候，才能不被扼杀。这就是说，世界或者必须美学化，这就意味着回避真正的问题，并用另一种方法把主体重又变为纯直观的，并把‘行为’一笔勾销。或者是美学原则应该被提高为塑造客观现实的原则：但这样一来，直觉知性的发现就必然变为一种神话。”另一种是黑格尔的辩证法的道路，就是要我们找到那个能给予内容的主体。而要找到这个主体，就要承认现实中没有这个主体，然后在历史进程中去创造一个作为创造者的主体，即这个主体不是作为出发点的原初的主体，它具有知性直观原则，能统一内容和形式，而是那个作为历史结果出现的作为创造者的主体。“这个‘创造’应该既是哲学的前提，又是哲学的任务。这个‘创造’无疑是既定了的，重要的是，要把这种分裂为各个部分的创造形式的——不是既定的——统一推论为创造的主体的产物，因此，说到底就是要创造‘创造者’的主体（das Subjekt des Erzeugers zu erzeugen）。”② 这样的话，卢卡奇就自然地从席勒美学过渡到黑格尔的辩证法。而这条辩

① 卢卡奇：《历史与阶级意识》，杜章智等译，商务印书馆1999年版，第216页。

② 同上书，第219—221页。

证法的道路就是从主体和客体的已然分裂的事实出发，走辩证法的途径，去创造出作为创造者的主体，并以此来最终解决自在之物的问题。这表明，黑格尔的哲学不再是以前的无内容的主体性哲学，而是成了葆有内容的实体性哲学。

卢卡奇认为，要落实知性直观的原则，要找到能解决问题的同一的主体—客体，有两条可能的道路可走，即席勒的艺术哲学和黑格尔的辩证法。对卢卡奇来说，显然只有后一条道路是可行的。这是因为，卢卡奇发现艺术并不能真正解决问题，“随着艺术的发现，或者可以使主体的分裂增加一个新的领域”，也就是说，企图从主体出发去解决自在之物问题只能导致主体的进一步分裂，而只有从既定的分裂事实出发去创造出一个主体才能解决问题，这就是黑格尔的路子，“对黑格尔来说，为了克服这种把主体分解为独立部分的做法（黑格尔不能怀疑它们的经验的现实，甚至它们的必然性），除了创造出这种分裂，这种把具体的总的主体分解以外，没有别的办法”①。

这种实体性哲学就是黑格尔的辩证法。辩证法是讲生活的，它从生活中已然存在的分裂状态出发。辩证法就是要软化生活中的对立，重建一个统一的主体。“主体统一的重建，人在思想上的得救，有意识地走的是超越分裂的道路。分裂的不同形式被看作通向重建的人的必要阶段。”因此，辩证法是一种总体性的辩证法，它把其中分离着的各个环节分解为无，同时又通过这些环节成就总体。

辩证法最核心的关系是起源（Genesis）与历史的一致。前德国古典哲学与德国古典哲学走的都是理性主义哲学的道路，都把理性看作生活的唯一原则，但是在如何达到理性主义事业的完成方面是殊异的。前古典哲学的方法是建构一个规律体系，通过理性把握各个特殊规律，把各个规律间的关系关联好，建立起一个内部无矛盾的体系，从而排除掉了历史本身，然而，历史意味着新的东西的不断生成。相

① 卢卡奇：《历史与阶级意识》，杜章智等译，商务印书馆1999年版，第220页。

反，古典哲学紧紧抓住历史本身，以把握新的东西，而要把握新的东西，就在于认识超出既定的规律性之外的新东西。对理性规律认识障碍的突破被认为是起源的问题。所谓起源，就是在历史的生成中，概念的领域和事物的领域之间的绝对界限已被彻底打消。概念跟着事物向前走，事物的生成带来概念的变化，而概念的变化又意味着生活的改变，新事物的产生。于是又出现了新的难题，接着又带来概念的变动，循环往复，以至无穷。由此可知，在这个历史的生成当中，起源与历史是一致的。"如果古典哲学意义上的起源是可以达到的，那末古典哲学就必须创造一种内容变化的逻辑学以作为它的逻辑基础。为了这种逻辑学，它就要在历史中，在历史的生成中，在性质上新的东西的不断形成中，而且只有在这一切中，发现那个事物的典型的秩序和联系。"①

而正是黑格尔创立了这样一种具体概念的新的逻辑学，即总体的逻辑学，它把所有的逻辑问题都建立在内容的物质特性上。在这种有内容的逻辑学上，历史与起源趋向一致。辩证法中概念之间互相推演的关系，其实就是在历史生成中不断起源的关系。在这里，创造内容和历史是一回事儿。在历史的生成中，事物和事物概念的独立性以及由此造成的僵硬性已经不可能了，概念和事物变为互为生成的关系。在这种生成中，关于对象的认识不断地把对象放到历史世界的具体的总体，放到具体的总体的历史过程当中去。只有这样，认识才有可能。于是，自在之物的两个因素，即个别的内容和总体性就融合在一起。个别内容与总体合二为一意味着历史的生成，而历史的生成又意味着我们创造历史，我们是历史的创造者。历史是解决我们问题的唯一场所，然而这只有在历史实际上是我们的历史才有可能。而历史要成为我们的历史，则需要内容和总体这两个维度的介入：内容不仅要被承认，还有被纳入到总体之中去，从而使它成为历史的一个新的

① 卢卡奇：《历史与阶级意识》，杜章智等译，商务印书馆1999年版，第226页。

环节。

总之，辩证法的问题就是要把内容和总体这两方面合为一体，就是要理解历史与起源的一致。而要达到这种一致，就要使历史成为成就主体的历史。这是因为，辩证法最终要成就的真理“不仅被把握为实体，而且被把握为主体”。“只有当主体（意识、思维）同时既是辩证过程的创造者又是产物；只有当主体因此在一个由它自己创造的、它本身就是其意识形式的世界中运动，而且这个世界同时以完全客观的形式把自己强加给它的时候，辩证法的问题及随之而来的主体和客体、思维和存在、自由和必然等对立的扬弃的问题才可以被看作解决了。”因此，要解决辩证法问题，关键是要找到一个具体的历史主体，它既是辩证历史过程的创造者又是其必然产物。“要理解这种统一（主体和客体的统一、思维与存在的统一），就必须指出历史是从方法论上解决所有这一切问题的场所，而且具体地指出这个是历史主体的‘我们’，即那个其行为实际上就是历史的‘我们’。”①

辩证法问题的最终解决，历史与起源的一致，这一切都悬系于我们能否找到一个具体的历史主体。黑格尔把这个主体具体化为国民精神（Volksgeister），但它还不是真正的主体，真正的历史主体是世界精神（Weltgeist）。国民精神好像在跟现实搏斗，但它不理解它的所作所为在历史总体中的含义以及在世界历史进程中的前因后果，而只有在它走出这环节后，在哲学中达到世界精神的自我意识的高度后，它才明白当时的环节的真实含义，所以国民精神只是世界精神内在规定性的执行者。“各种具体理念，即各种民族精神（Voelkergeister），在绝对的普遍性这一具体理念中，即在世界精神中，具有它们的真理和规定；它们侍立在世界精神王座的周围，作为它的现实化的执行者和它的庄严的见证和饰物而出现。”② 这表明，黑格尔并没有在人类

① 卢卡奇：《历史与阶级意识》，杜章智等译，商务印书馆 1999 年版，第 223—228 页。

② 黑格尔：《法哲学原理》，范扬、张企泰译，商务印书馆 1961 年版，第 352 节。

历史本身中找到真正的主体，而是把历史主体问题放入哲学领域里，即历史主体只有在历史之后的哲学领域才能被创造出来。这样一来，历史就不能成为黑格尔整个哲学体系的活的躯体，它只是整个思辨体系的一个环节或阶段，从而丧失了它对于黑格尔哲学体系的本质作用。“由于黑格尔哲学已经不可能在历史本身之中发现和指出同一的主体—客体，所以它被迫超越历史，并在历史的彼岸建立自我发现的理性的王国。然后从这个理性的王国出发，把历史把握为阶段，把出路把握为‘理性的狡黠’。历史不可能构成整个体系的活的躯体：它成为整个体系的一部分，一个环节。这整个体系则在‘绝对精神’中，在艺术、宗教和哲学中达到顶峰。”① 因此，哲学与历史的关系重新被隔开了。历史问题出现了，并被推到了极致，于是哲学的需要产生了。然而，哲学在什么体系中以及以何种面目表现出来，是纯粹偶然的。这样，哲学与历史的关系就变得偶然的了。哲学本该达到对内容的接纳，但因它被放逐到历史之外，所以两者的关系变得疏远了。进而，哲学与历史的关系蕴含着一个前提，即哲学的出现意味着历史的终结。本来黑格尔在历史中找到了解决问题的真正场所，但这样一条出路在黑格尔哲学体系中被坐实为历史终结的立场。这是他的哲学的自我否定。而哲学在历史之外的立场会导致历史中的内容和逻辑完全一体的关系被撕裂，之前找到的历史与起源的一致在他的历史哲学中完全被打破，历史被塞进一种先验的概念结构中。在这个意义上，我们可以说黑格尔哲学是一种概念神话。哈贝马斯也认为黑格尔哲学从历史出发，但最后却抛弃了历史而只是用理论去解决历史问题，从而在归根结底的意义上没有解决自在之物问题。“只要理性的同一性只是一种辩证法的设想，只有在理论当中才能得到落实，那么，超越了形式合理性限制的哲学同样也在重复一种物化的意识结构，它促使（anhält）人们与他们所造的世界形成一种直观（kontem-

① 卢卡奇：《历史与阶级意识》，杜章智等译，商务印书馆1999年版，第229页。

plativ）的联系。……黑格尔理论的客观主义在于它的直观性质，也就是说，在于想把分裂的理性环节重新用理论联合起来，并且坚持哲学是抽象总体性进行和完成调解的场域，是其调解概念得以落实的场域。卢卡奇认为，黑格尔这样认为，也就忽略了历史实践层面。”①

黑格尔哲学只是在哲学中神话般地指出了解决问题的道路，但是这条道路重新被神秘地搁置在相对独立的概念领域中，它与现实隔着无穷的距离，它仍然囿于直观性哲学中而无法打开人类历史。“黑格尔在这里实际上是通过站在历史的当下，神话般地倒推出一个大写的抽象的主体而实现了与这个无意义的现代世界之间的彻底和解。在这个意义上，他不再像康德的哲学那样真诚，那样抓住生活所提交给我们的问题不放，而是巧妙地让人们在问题依旧的情况下就心安理得地认为问题已经得到了根本的解决，我们已经是站立着的世界的主体。”②

到目前为止，卢卡奇完成了对现代性的双重批判。现代性的两方面是物化现象和理性主义形式体系，二者是互为表里的关系。物化现象是现代人的基本生存状况。物化现象的现代性特征表征为抽象化、形式化和合理化，即我们可以说，形式理性原则是物化现象的内在规定性。而这种规定性要成为现实，则需要意识的物化作为中介。这说明，物化现象不仅渗透社会生活的各个角落，而且还浸入到人的灵魂结构中去，从而使得物化成为现代人生存的永恒状态。而近代批判哲学是从意识的物化结构中产生的，这意味着物化意识还有哲学上的表征。自在之物概念表达了物化范畴的内在悖论，同时也体现了现代性的内在对立与矛盾。因此，对自在之物内含的矛盾，即资产阶级思想

① ［德］哈贝马斯：《交往行为理论》第 1 卷，曹卫东译，上海人民出版社 2004 年版，第 345 页。根据德文原文有改动，见 Juergen Habermas, *Theorie des kommunikativen Handelns* (Band I), Suhrkamp Verlag Frankfurt am Main, 1981, p. 484.

② 复旦大学当代国外马克思主义研究中心：《国外马克思主义研究论丛》第 1 辑，人民出版社 2009 年版，第 57 页。

的二律背反的解答，可看作对现代性问题突破的一种有益的尝试。从康德到黑格尔的哲学努力，看作对这一问题的艰苦卓绝的努力。康德和费希特的主体性哲学的道路，席勒的美学救赎途径，化为泡影。黑格尔把自在之物问题置于历史之中，走辩证法的实践道路，卓有成效，但是终因他把解决问题的道路放入纯粹哲学的领域加以解决，而排除了历史与历史的过程，最终使得他的道路陷于直观与理论领域，从而与成功失之交臂。黑格尔提出了解决问题的正确方向，即历史辩证法，而只有找到真正的历史主体，问题才能真正得以解决。他的问题在于取消了历史。因此，问题的关键在于坚持辩证法的道路去创造具体的历史主体，而且这个主体只有在历史本身中去寻找。卢卡奇正是接着黑格尔的辩证法路子往下走，并在马克思的思想境域中去寻求问题的突破，他把这个历史的同一的主体—客体寄托在无产阶级身上。他认为只有无产阶级才能承担起这个伟大的历史使命，即作为具体的历史主体去扬弃资本主义社会中的物化现象，使得人与人之间的物的关系回归为人与人之间的真正的社会关系。“把这种转变（古典哲学把它的生存基础的所有二律背反推到思想的极致）继续下去，并把辩证的方法当作历史的方法则要靠那样一个阶级来完成，这个阶级有能力从自己的生活基础出发，在自己身上找到同一的主体—客体，行为的主体，创世的‘我们’。这个阶级就是无产阶级。”①

① 卢卡奇：《历史与阶级意识》，杜章智等译，商务印书馆1999年版，第232页。

第四章

对现代性的扬弃：阶级意识理论

卢卡奇对现代性进行了双重批判，他认为现代性的两个方面，即物化现象与理性主义形式体系是内在同一。自在之物概念是对现代性内在悖论的观念表达，而解决自在之物的难题关键在于找到那个能消解现代性悖论的具体历史主体。德国古典哲学为了解决这个自在之物难题而进行了殚精竭虑的努力，这在黑格尔的实体性哲学中达到了顶峰。黑格尔贡献了历史辩证法，却放逐了历史。卢卡奇承接黑格尔的辩证法道路，并力求把这条道路坐实在历史中，从而使得它成为生活中的现实。卢卡奇把具体落实这条道路的历史使命交给了无产阶级这个历史主体，他相信无产阶级能完成这项艰巨的历史重任，而且只有它能在自身上找到同一的主体—客体，扬弃资本主义社会的物化现象。而且，卢卡奇认为只有从无产阶级立场（Der Standpunkt des Proletariats）——无产阶级对社会和历史所采取的特定态度和方式——出发，无产阶级作为社会和历史发展过程同一的主体—客体的本质才能得以呈现。而这种无产阶级立场就是无产阶级阶级意识。卢卡奇是在历史辩证法的基础上用无产阶级阶级意识来解决自在之物问题，并最终扬弃物化现象。“进入辩证历史哲学的形而上学不仅要拥有抽象的视角，由此来认识理性的各个环节之间的同一性，而且还要相信自己能够落实创造这种同一性的主体，并为他们指明方向。由于这个原因，卢卡奇用阶级意识理论来充实他的物化理论。这种阶级意识理论最终使得作为全体历史的主客体的无产阶级的阶级意识独占鳌头。”①

因此，本章主要论述卢卡奇的阶级意识理论，以探求无产阶级阶级意识是如何实现对现代性的克服和扬弃。具体来说，我们首先阐述了无产阶级阶级意识的普遍性。无产阶级阶级本身的存在蕴含着无产阶级的普遍性，这种普遍性上升到意识层面就是阶级意识。正是这种普遍性使得无产阶级阶级意识并非一种狭隘的阶级意识，而是一种能包容其他阶级意识的更高意识。这种普遍性的无产阶级阶级意识才使得无产阶级成为同一的历史主体—客体得以可能。而且，无产阶级的人本主义立场是一种普遍立场，它从现实的人出发，去成就为一个具体的总体的人。这种人本主义立场体现了无产阶级阶级意识的普遍性。其次，我们论述了无产阶级阶级意识的形成过程，它包括四个方面。第一个是中介，作为辩证法的中介范畴能克服物化意识的直接性，并带来世界的变化以及我们本身的变化，而且只有无产阶级阶级意识才拥有中介。第二个是对总体性的渴望。中介范畴必然需要总体性维度的加入，而渴望总体性才使得无产阶级的意识由一般的心理意识上升为阶级意识。第三个是无产阶级意识的历史基础。无产阶级阶级意识的形成意味着我们进入了历史，意味着我们与历史形成共生的关系。在这种共同生成的关系中，历史与起源达成一致，资本主义社会中人与人之间物化的关系重新变回到人与人之间的社会关系，最后我们与世界达到一体的关系。而且，由于历史是解决一切问题的唯一场所，所以只有在人类历史中无产阶级阶级意识才能真正地得以最终形成。第四个是无产阶级阶级意识本身的特性。无产阶级阶级意识是一种区别于别的阶级的阶级意识，它具有普遍性和实践性的特性。正

① ［德］哈贝马斯：《交往行为理论》第1卷，曹卫东译，上海人民出版社2004年版，第346页。

是这些特性让无产阶级阶级意识能在现实生活中得以实现，并带来生活的变化。最后，我们简明地论述了无产阶级阶级意识在实践中的生成还有许多环节和层次，其中无产阶级组织问题是个重要环节，以表明物化的扬弃是一个过程，不能一蹴而就。

第一节　无产阶级阶级意识的普遍性

一　无产阶级阶级本身的普遍性

马克思主义认为，社会划分为阶级是由人们在社会生产过程中所占据的地位决定的。因此，根据人们的生存条件的不同，资本主义社会主要由资产阶级和无产阶级两大阶级构成。每个阶级都有自己的阶级利益，并且为争取和维护自己的阶级利益而相互斗争。资产阶级是打着社会革命的旗号进行资产阶级革命的，但随着资产阶级确立了在资本主义社会中的统治地位后，资产阶级的阶级本性就显现出来了。特别是随着资本主义生产的不断发展，资本主义社会的社会大生产和私人占有制之间的矛盾日益凸显，这表明资产阶级阶级利益的狭隘性。资产阶级只是局限于自己特殊的阶级利益，并竭力地维护它，所以，其阶级利益和这个物化世界互相规定，并认为这个物化世界是永恒的世界。作为资产阶级社会的产物，无产阶级也有自己特殊的阶级利益，有眼前的局部利益。然而，就其本质属性或最终目标来说，无产阶级没有自己任何特殊的阶级利益，也没有任何特殊的利益需要维护，无产阶级本身具有普遍的含义。马克思一直在从多个角度去揭示无产阶级本身所蕴含的普遍的含义。在《黑格尔法哲学批判〈导言〉》中，马克思把无产阶级看作一个具有普遍性的阶级，它是一个非市民社会阶级的市民社会阶级，不属于市民社会中任何一个领域。德国解放的实际可能性就在于“形成一个表明一切等级解体的等级，形成一个由于自己遭受普遍苦难而具有普遍性质的领域，……最后，在于形成一个若不从其他一切社会领域解放出来从而解放其他一切社会领域就不能解放自己的领域，……社会解体的这个结果，就是无产阶级这个特殊等级"[①]。在《1844年经济学哲学手稿》中，马克思把无产阶级的普遍性建基于私有财产的普遍性质上。私有财产之所以为私有财产不在于它是工人的还是资本家的，而在于其普遍性。"私有财产，作为外化劳动的物质的、概括的表现，包括这样两种关系：劳动者同劳动、自己的劳动产品和非劳动者的关系，以及非劳动者同劳动者及其劳动产品的关系。"[②] 这里马克思认为私有财产涉及两个方面，即劳动者和资产者。他们两者同属于人的异化。因此，取消私有财产不仅意味着无产者本身的解放，也意味着资产者的解放。卢卡奇是依据马克思关于无产阶级普遍性的思想来论证无产阶级是同一的历史主体—客体的。无产阶级不仅是关于各个国家、全世界的阶级，而且也是关于全社会的阶级。它的阶级利益不仅是关乎它本阶级的，同时也是关乎所有的阶级的。因此，无产阶级的阶级利益的实现不仅是关涉自身阶级的，也是关涉全社会的，它具有普遍的性质。而且无产阶级只有消灭自身，才能实现全社会的利益。"无产阶级只有扬弃自身，只有把它的阶级斗争进行到底，实现无阶级社会，才能完善自身。"[③]

二　无产阶级的人本主义立场的普遍性

卢卡奇不仅从无产阶级阶级存在本身的普遍性方面，而且还从自我意识方面来论证无产阶级阶级意识的普遍性。"卢卡奇对无产阶级阶级意识的辩证法的论述并非仅仅基于某种完全外在于无产阶级的东西——普遍利益——的阶级意识观念。在'物化与无产阶级意识'这

① 《马克思恩格斯选集》第1卷，人民出版社1995年版，第15页。

② 马克思：《1844年经济学——哲学手稿》，刘丕坤译，人民出版社1979年版，第56页。

③ 卢卡奇：《历史与阶级意识》，杜章智等译，商务印书馆1999年版，第145页。

篇论文中，自我意识取代了利益意识。"[①] 无产阶级阶级意识本身具有普遍性。这是因为，无产阶级与资本主义社会是同一的关系，无产阶级体认自己的存在，就是在体认资本主义社会。这种同一关系带来的是无产阶级的自我认识（即自我意识），对自己存在秘密的认识。"无产阶级的自我认识同时也就是对社会本质的客观认识。"自我认识意味着成就无产阶级，以及追求无产阶级的阶级目标，意味着自觉地实现社会发展的客观目标。

无产阶级阶级意识的普遍性主要体现在它的人本主义立场上。无产阶级达到自我意识的过程也是商品拜物教不断溶化的过程，即人与人之间物化关系转变为人与人之间具体的社会关系，这意味着自我意识的立场是一种关于人的立场，是一种人本主义的立场。人本主义的道路是从人出发，然而是从不存在的人，即身陷物化处境中的人出发，去成就真正的人的道路。在卢卡奇看来，马克思理解的人既非黑格尔的自我意识，也非费尔巴哈的抽象的具有类本质的个人，而是现实的人。马克思把人看作具体的总体的一个环节。只有把人纳入到这个具体的总体之中，人才是现实的人。而且现实的人是作为正在形成着的无产阶级以决定性的方式参与辩证的历史过程。马克思是历史地和辩证地看待人的："第一，他从未一般地谈到过人，谈到过抽象地绝对化的人，而是始终把人看作具体的总体、即社会的一个环节。必须从人出发来解释社会，然而只有当人本身被纳入到这一具体的总体，被提高为是真正的具体的时候，才能这样做。第二，人本身作为历史辩证法的客观基础，作为历史辩证法的基础的同一的主体—客体，是以决定性的方式参与辩证过程的。"[②] 由此可见，马克思理解的人是现实的人，也是总体中的人，而正是这种总体性体现了无产阶级阶级意识的具体的普遍性。

---

① Andrew Arato, Paul Breines, *the Young Lukács and the Origins of Western Marxism*, The Seabury Press, New York, 1979, p. 132.

② 卢卡奇：《历史与阶级意识》，杜章智等译，商务印书馆1999年版，第284页。

第二节　无产阶级阶级意识的生成机制

无产阶级能作为同一的历史主客体在于无产阶级阶级意识本身的普遍性，而这种普遍性既来自无产阶级本身的普遍性，也来自无产阶级的人本主义立场的普遍性。只要无产阶级意识长成，无产阶级就能成为社会历史过程的同一的主客体。但是，在现实中，工人处于物化境况中，被理性的规律所切割和分离，成为原子式的个人，所以无产阶级阶级意识需要培养和塑造。那么，如何才能形成无产阶级阶级意识呢？在卢卡奇看来，阶级意识并非自动生成，而是需要一系列的构成要素，即要有中介范畴，对总体性的渴望，历史基础以及无产阶级阶级意识本身具有实践性，在这些因素的共同合力影响下，阶级意识才可能最终形成。

一　中介范畴是成就无产阶级阶级意识的存在论本质

（一）中介范畴及其功用

卢卡奇的阶级意识理论就是要把黑格尔的辩证法道路落实在历史当中，使它成为生活中的真理，在这当中中介范畴就起着重要的作用。阿雷托和布莱纳斯认为“物化与无产阶级意识”这篇论文旨在探索无产阶级主观性（即无产阶级意识）的客观可能性，其中直接性和中介性这对范畴起了关键的方法论洞见。[①] 中介范畴是黑格尔哲学的一个术语，它表明不同范畴间的间接性联系。黑格尔在《逻辑学》中谈到认识过程时说，“由于知要认识真的东西，即自在和自为之有那样的东西，所以知并不停留在直接的东西及其规定上，而是透过直接的东西深入里面，认定在这个有的后面，还有某种不同于有本

① Andrew Arato, Paul Breines, *the Young Lukács and the Origins of Western Marxism*, The Seabury Press, New York, 1979, p. 131.

身的他物，认定这种背景构成了有之真理。这种认识是间接的知，……由于知先从直接的有使自身内在化，它才通过这个中介找到了本质”①。在这里，黑格尔把中介主要把握为概念间的间接性关联，它能突破直接性的东西达到事情的本质。卢卡奇保留了黑格尔的中介范畴的含义，把它运用到具体的历史过程中，以求达到无产阶级的自我意识。中介性是相对于直接性而言的。停留于直接性其实就是囿于物化意识中，而中介性就是从物化意识中突围，达到自我意识，从而找到生活的真理以及带来生活的改变。

卢卡奇生活在实证主义兴起的时代。实证主义哲学只是认眼前的事实为真实的东西，并停留于对这些既定事实进行分析和描述。这种对待现实的态度其实就是一种直接性的立场。与之相对的是新康德主义，它强调历史科学与自然科学的区分，主观文明与客观文明的区别。历史科学以历史事实为研究对象。西南学派以一系列固定的价值尺度去认识历史对象，但由于这些主观评价标准并不能进入历史对象本身，所以新康德主义在归根结底的意义上仍然停留于直接性上。而要真正穿透直接的事实，则需要中介的范畴。从直接的事实跨越到客观的现实从而达到生活的真理，中介范畴在中间起了重要的作用。那么，中介是如何实现这个跨越呢？卢卡奇认为，就直接的事实而言，无产阶级与资产阶级面对的情况是一样的。不同之处在于中介的问题。经由中介去达到客观现实的问题，其实是解决自在之物的问题，即解答现代性的困境。自在之物的问题其实是我们无法穿透事物的内容。当无中介时，我们对历史事实的认识停留于主观的评价，如新康德主义所谓的文化价值。评价与事实之间并没有桥梁，但它又强调评价的客观性，它把评价看成像知性范畴那样的普遍性。其实评价是进入不了历史事实本身的，它本身成了自在之物。这是自在之物的一个维度，即内容的问题。另一个维度是总体的问题。总体的问题不是把

① 黑格尔：《逻辑学》（下卷），商务印书馆 1976 年版，第 3 页。

所有内容都网罗在一起这样一个层次的问题，相反，每一个个别历史事实都必须蕴含着总体的维度。如有总体维度的话，对象就被纳入到它的结构当中，对象因此本身得以改变。从方法论上看，由于资产阶级思想家缺乏总体的观点，因此，他们只能把每一个个别历史对象都看作是一个不变的因子，即使对历史对象的各种价值评价也丝毫改变不了对象结构，因为这些价值关系的原则与历史对象之间的关系是纯粹事实性的偶然关系。

但历史的本质恰好在于那些对象结构形式的变化，而那些结构形式必须去寻求和发现，发现它们的途径就在于把对象置于总体的历史发展过程中去，这其中中介的问题就呈现出来。从直接的事实经过改变达到新对象的过程，就是一个不断中介的过程，而总体就是由复杂的中介概念体系构成的。这里其实回答了中介过程如何实现的问题：从对象的直接性到这些对象的结构形式，再到这些结构形式引出的整个对象生成的总体的历史过程。

既然中介过程是一个由直接性不断趋向总体性的过程，那么中介是如何做到这点的？为什么中介能把我们引入历史过程，进而达到客观现实性？这里有两个层次：一是中介能带来眼前直接对象的改变。中介能深入到对象的结构中，把对象的结构和层次呈现出来。由此，同一个对象，其内容就不一样了。而对对象结构的把握是无穷的一层又一层的过程，我们每认识它一点，对象就改变一点。每一个被中介了存在又是一个新的直接性。对象的结构也非预先存在那里的东西，而是我们与对象打交道的过程中一步步构造出来的。在此意义上我们可以说思想的起源与历史的起源是一致的。二是中介意味着意识与意识的对象合二为一，双方之间的根本相等，二者之间的根本对立被消灭为无，这是卢卡奇讲的自我意识。即你能在与对象打交道的过程中实现和对象的和解，体会到与对象的同一。辩证法本身意味着我们与对象之间的二元结构在自我意识中达到和解。在这里，中介的东西就是两方面在其中合而为一的东西。最后历史与我们之间的障碍都能被打通。等到所有的关系建立起来后，历史成为我们的历史，我们与历史是同一的。

（二）只有无产阶级才能达到真正的中介

中介的道路是一条超越（经验事实）的道路，它把直接的经验事实不断地纳入到总体的环节中去。这样的话，经验就成为总体之中的经验，变为有历史规定性的社会之中的经验，是中介了的经验。然而，我们并没有给经验本身添加什么东西，只是让这个经验对象的结构本身呈现出来。规定经验之所以为经验的结构在被中介了的情况下对我们是现实，但是对资产阶级或此前的我们来说，这个结构是不存在的。当然，之前的经验对象也是被中介了的对象，只不过是被错误的意识，即资产阶级思想中介了的经验。在资产阶级思想的中介下，对象被置于对象的结构本身之外而孤立起来，而在无产阶级意识的中介下，无结构的、脱离了总体的经验就转变为有结构的、总体之中的经验。因此，对经验的直接性的超越不是离开经验对象，而是把它接受下来，把经验的深层结构呈现出来，从而达到对客观现实性的认识。同时也要明白，虽然无产阶级立场与资产阶级立场是对立的，但是无产阶级思想不能为了把握现实而要求一块白板，而是要接着资产阶级思想往下走。也就是说，要使经验成为有结构的经验，具体来说，就是要把资本主义社会必然不会被表现出来的东西成为生活中能直接意识到的东西。“中介范畴的方法论作用在于借助它们（资本主义社会连同它的思想、艺术等的产品），使资产阶级社会的客体必然具有的，但在资产阶级社会中必然没有得到直接表现的，以及相应地在资产阶级思想中必然没有得到反映的那种内在意义，在客观上发生作用，并因而能提高为无产阶级的意识。”①

因此，无产阶级要达到真正的中介，仍要从资本主义社会的直接的事实出发。卢卡奇认为，无产阶级与资产阶级在社会存在上是处于

① 卢卡奇：《历史与阶级意识》，杜章智等译，商务印书馆1999年版，第250页。

同一起点，但是对于这种直接性的生活状态，两者还是有差别的。在资产阶级那里有主体性与客体性的两重。资产阶级既有面对生活时所体会到的个体相对于整个普遍社会过程时产生的渺小与虚无、作为整个社会过程的纯粹的客体，又能同时享有虚假的主体性的外观，因为资本家能通过对生活的规律的把握来完成对生活的进一步的创造。在此意义上，他们是生活的理性的主体。因此，对资本家来说，似乎没有主客体的分裂，恰是它的客体地位被它表面的主体地位扬弃了，客体地位成就了它的主体地位，这是对资本家主体性的确认。而无产阶级则没有这种双重形态的社会存在，它暂时只是作为社会事件的纯粹客体出现。资本的逻辑把工人的劳动力从工人身上分离出去，并迫使工人把劳动力作为商品出卖。一旦劳动力被出卖，它就被放入到合理化和机械化的过程中去，于是工人就被坐实为完全量化的规定性。

由于工人被简化为纯粹的量，因此物化特征在他身上达到了极致。也正因此，他就被迫超越这种直接性。这表现在劳动时间上，特别是其中蕴含的量变与质变的辩证关系。在劳动时间问题上才体现了包含在资本主义社会中唯一有力量的根源：工人已变为纯粹的量，但这也恰恰意味着人本身。劳动时间对处于资本逻辑下的资本家和工人只具有量的意义，然而时间还是工人决定性的存在方式，工人之为工人在于他在时间中展开自己的生命。“对工人来说，劳动时间不仅是他出卖的商品，即劳动力的客体形式（作为这种形式，问题对他来说也就是一种等价物的交换，即量的关系），而且同时是他作为主体，作为人而存在的决定性的生存形式。”[①] 在资本逻辑中的竞争中，重要的是在劳动时间上的较量：机器对人的取代，人对人的取代。当所有的竞争和取代都落实在量的问题上，在量的逻辑上就逼出质的逻辑。被拜物教遮蔽的不被承认的质的逻辑，在量的演变中被重新释放

---

① 卢卡奇：《历史与阶级意识》，杜章智等译，商务印书馆 1999 年版，第 255—256 页。

出来。

在这种质量互变的辩证法中，工人体会到自己身上的主体性与客体性的分裂，并由此意识到自己是商品。工人意识到自己是商品，他也就意识到自己的社会存在，以及他的直接性的存在是被中介了的。于是，工人的意识对象就发生了变化。“工人认识到自己是商品，已经是一种实践的认识。就是说，这种认识使它所认识的客体发生了一种对象的、结构的变化。”工人在生产中的直接的客体性存在就开始被慢慢融化了，工人开始进入真正的中介过程。“由于这种直接性表明自己是形形色色的中介的结果，由于一切都是以这种直接性为前提的这一点开始变得清楚明白，商品结构的拜物教形式也就开始崩溃了：工人认识了自身，认识了在商品中，他自己和资本的关系。”①工人的这种商品的自我意识其实还只是工人个体的自我意识，它还只是那个复杂的中介过程的开始，而这个中介过程的目标是把社会看作一个具体的历史的总体。

工人意识到自己是商品，直接的物化意识开始松动了。他开始意识到其他工人也是商品，“适用于这样产生的认识的真理标准必须恰恰就是适用于‘其他’客体的认识的真理标准”。所有人的劳动力商品加在一起，他才觉察到商品的真正的使用价值，即商品的使用价值是生产着整个社会，从而他意识到自己和整个资本主义社会的关系。这时他的商品的自我意识就上升为无产阶级的自我意识，无产阶级的自我意识就是资本主义社会的自我认识和自我揭露。只有达到这个自我意识的高度，工人才会自觉组成为无产阶级并达到真正的中介，才会感觉到自己是社会的主人，而非被资本所规定的客体。

因此，从工人意识到自己是商品的时刻起，工人就开始超越物化的直接意识，进入到真正的中介过程中，这个中介是朝向历史的总

① 卢卡奇：《历史与阶级意识》，杜章智等译，商务印书馆1999年版，第258、257页。

体。而这一切主要归结于工人身上的质的逻辑，即工人身上尚未枯萎的灵魂。正是这个尚存的人的灵魂使得真正的中介发生在无产阶级身上，因而能带来无产阶级自身的改变以及世界的相应的变化。“工人进入物化的过程和变成为商品，虽然毁灭他，使他的‘灵魂’枯萎和畸变（只要他不是有意识地表示反抗），然而恰恰又使他的人的灵魂的本质没有变为商品。因此他可以在内心里使自己完全客观地反对他的这种存在。”①

中介能带来我们的改变和世界的改变，以及最终达到我们与世界同一的关系。而且真正的中介，即那个朝向总体性的中介只发生在无产阶级身上。但这不意味着中介范畴是一个可以随意从外部添加无产阶级身上的东西，或使得无产阶级阶级意识得以成就的中介范畴只是一种方法论上的东西。“中介的范畴作为克服经验的纯直接性的方法论杠杆不是什么从外部（主观地）被放到客体里去的东西，不是价值判断，或和它们的存在相对立的应该，而是它们自己的客观具体的结构本身的显现。”② 现实生活中工人确实存在身上尚未枯萎的灵魂，这是工人的实际生活状态。工人由此进入真正的中介过程，也是客观可能的。因此，在一定意义上我们可以说，中介范畴是成就无产阶级阶级意识的存在论本质。

二 对总体性的渴望

（一）总体范畴的存在论性质

在由工人的一般心理的意识水平上升到无产阶级的自我意识的阶段中，中介和总体性范畴起了至关重要的作用。中介能带来我们与世界相互生成并最终达成同一的关系，中介的过程也是一个不断朝向总体性方向前进的过程。卢卡奇很早就使用了总体性范畴。在《小说理

① 卢卡奇：《历史与阶级意识》，杜章智等译，商务印书馆 1999 年版，第 261 页。
② 同上书，第 249 页。

论》中，由于受黑格尔哲学的影响，他就从对内在自我的关注开始转向对外在世界，并企求在现实世界中达到总体性，以解决现代世界的危机和找到超越现代性的出路。人们普遍认为，总体性理论是源自黑格尔关于真理是全体的观点。由此，总体性是相关于一个理论的总体，它指的是一个无所不包的大全的知识体系。但卢卡奇并不这样认为。他以为，在康德那里，总体性问题就已经提出来了。康德提出了自在之物的概念，它包含了内容和总体两个维度。近代理性主义哲学的目标就是要建立一个整体的理性体系。但自在之物概念标明了理性的界限，即现代世界中除了普遍的形式理性外，还有无法被知性形式照亮的非理性内容。因而，只要非理性的内容问题解决了，理性的总体的问题也就可以解决。康德的实践哲学可看作对这一现代性困境的最早努力。然而，他最终囿于直观和理论的态度从而未能解决好这个困境，不过他提示了一条实践哲学的道路。卢卡奇傍着黑格尔提出了自己的见解，即只要把对象把握为具体的总体的一部分，现代性的困境就可以解决。这里其实提出了一条总体性的实践的道路。

总体性范畴在卢卡奇现代性批判思想甚至在整个西方马克思主义思想史上占有重要位置。他坚持正统马克思主义的本质就是以总体性范畴为核心的主客体辩证法。并且认为《历史与阶级意识》的一个重大成就在于恢复了总体范畴在马克思思想中的方法论上的核心地位。“不是经济动机在历史解释中的首要地位，而是总体的观点，使马克思主义同资产阶级科学有决定性的区别。总体范畴，整体对各个部分的全面的、决定性的统治地位，是马克思取自黑格尔并独创性地改造成为一门全新科学的基础的方法的本质。”① 卢卡奇的总体性范畴是主要针对当时的实证主义哲学以及第二国际内部的经济决定论者的知性科学化的思维方法。他们一方面把研究对象从实际生活中分离开来，使之成为孤立的对象；另一方面由于科学的分工和专门化产生

① 卢卡奇：《历史与阶级意识》，杜章智等译，商务印书馆 1999 年版，第 77 页。

了专门科学和方法论上必要的和有用的某些抽象概念，他们就赋予这些抽象概念以某种自律性，使它们具有永恒的特征，好像它们从来就有并且永远可以不受阻碍地运用。卢卡奇认为，为了科学研究的需要，诸因素的孤立化和抽象化是不可避免的，然而，要紧的是，这种抽象孤立化是否认识整体的方法。而马克思的辩证法旨在把社会作为一个总体来认识，对各种研究对象的孤立和分离，只是为了达到认识总体的途径，而非研究的目的本身。而且卢卡奇坚决主张马克思主义只有一门关于社会发展总体的研究的科学。"对马克思主义来说，归根结底就没有什么独立的法学、政治经济学、历史科学等等，而只有一门唯一的、统一的——历史的和辩证的——关于社会（作为总体）发展的科学。"

在卢卡奇看来，总体性范畴不仅是个理论问题，还是个革命实践问题。"无产阶级科学的彻底革命性不仅仅在于它以革命的内容同资产阶级社会相对立，而且首先在于方法本身的革命本质。总体范畴的统治地位，是科学中的革命原则的支柱。"[①] 这清楚地表明总体性范畴不仅仅是个方法论或认识论问题，而且也是个存在论问题。总体性问题的提出不仅是为了解决科学研究中各种因素孤立化的结果，也是根源于在资本主义社会中人的物化生存境况。对总体性的渴望能把人与人之间物化的关系拉回到人与人之间具体的社会关系。所以卢卡奇才会指出"总体是一个范畴问题，而且是一个革命行动的问题"[②]。他指责社会民主党说，它所谓的总体的研究方法只不过就是始终以一种直观的方式在内容上研究"全部问题"，尽量做到"材料丰富"，但始终却以放弃社会行动为目标。社会民主党的做法就是把总体性看作一个认识论意义上的方法，就是把各种孤立的因素连接起来组成一个整体的方法。对卢卡奇说来，总体性本身体现了理论与实践的统

① 卢卡奇：《历史与阶级意识》，杜章智等译，商务印书馆1999年版，第77—78页。
② 同上书，第296页注1。

一。总体性不仅仅是相对于知性思维的一种整体的方法，总体性的道路还是一条实践的道路。张双利就认为总体性理论是贯穿西方马克思主义发展史的一条核心线索，“在理论的层面，对总体性的理解直接关联到西方马克思主义者们对马克思的哲学和整个形而上学的解读；在实践的层面上，它内在于西方马克思主义对现代世界的批判和对走出现代性的困境的道路的探求之中”①。

（二）总体性的道路就是无产阶级自我意识生成的道路

对总体的渴望不仅是个理论的问题，而且也是实践的问题，它意味着对物化世界的改变。中介的道路是一条不断超越直接性的道路，同时也是一条不断走向总体性的道路。而在朝向总体的过程中，工人不断地形成无产阶级，工人的一般心理意义上的意识上升为无产阶级的自我意识。那怎样才叫朝向总体呢？卢卡奇在这里做了个比较。一种是资产阶级的办法，它把时空中远离的对象把握为和眼前对象是同一类的对象，即把握为合理化的、数量化的和可以计算好的。但这条看似总体的道路并不能真正使我们朝总体前进。这种看似囊括一切的对对象的把握其实并未使眼前的对象发生丝毫改变。而对无产阶级而言，这种远离，即这种对直接性的超越，对卢卡奇的真实含义是对象本身的客观属性的变化。在迈向总体性的运动中可看到对象结构的变化。在这变化当中有一重要的维度，即意识，意识决定性地参与其中。意识来自对象，在对象的内部矛盾中开始有意识产生。意识一旦把矛盾表达出来，矛盾就获得不同的意义，对象本身就发生变化。而这意味着矛盾成为真实的推动力量，使得对象朝着新的下一个环节走去。如此循环，直至意识与对象的完全同一，即总体性的实现。

因此，对卢卡奇来说，总体只有在无产阶级身上才能达到。接下来，具体而言，无产阶级是如何达到总体的维度的呢？这仍然要从无

① 复旦大学当代国外马克思主义中心：《国外马克思主义研究论丛》第2辑，人民出版社2010年版，第101—102页。

产阶级所面对的直接现实出发。总体维度有一个社会的和历史的支撑，它只有在资本主义社会才能达到。人与人之间的全部关系变为纯粹的社会关系只有在资本主义社会才第一次成为现实。资本主义社会把人与人之间的先天的自然联系全部打掉，变为纯粹以物的依赖为特征的社会关系。这样的话，无产阶级身上的“人”的因素和“自然”的因素就从无产阶级的直接存在中被清除了，无产阶级在资本主义社会中被承认的直接现实就是远离它本身、因而是非它的和非人的所谓的客观性。这种客观性被资产阶级的反思概念来加以强化、永恒化，这就是卢卡奇讲的人与人之间的关系被物化或客观化。无产阶级既是被物化，也是被理论化，这是同一过程的两个方面。商品拜物教带来的是物化过程，其实也是个理论化的过程。

无产阶级要实现总体性，首先，就要从当前的这种物化处境出发。唯有从这种物化的实际出发，才能在实践中实际地扬弃物化状况。“作为物化关系的核心和基础的人，只有在消除了这种关系的直接性之后才能被发现。因此我们必须始终从这种直接性，从物化的规律性出发。”[①] 其次，人与人之间的社会关系采取的这种纯粹的被客体化的形式，不仅是一种理论化的方式，而且还是生活中的最大现实。因此，对它们的超越，不仅是在理论上的，而且也是它们作为社会生活形式的实际消除，因为理论化和物化在规定资本主义社会上是完美地结合在一起。再次，这条实践的道路是一条内在超越的道路，其中意识的维度起着重要的作用。在实践中，只有意识对这些形式的内在倾向造成的运动进行思考并实际地参与其中，这些形式以及意识本身才能实际地得以改变。最后，意识与无产阶级合而为一，即这一意识过程是由无产阶级来体现的。如果说无产阶级的超越是一种内在超越的过程，则无产阶级意识体现了历史必然性，即它只是顺应历史

---

① 卢卡奇：《历史与阶级意识》，杜章智等译，商务印书馆 1999 年版，第 267—268 页。

的发展，对历史的发展起推动作用。然而这种辩证法的历史必然性不同于机械的因果必然性。在历史必然性中，无产阶级意识能带来某些新东西。资本主义社会本身存在着纯粹矛盾，它是无产阶级阶级意识能产生的重要支撑。但纯粹矛盾一旦经由无产阶级意识化为现实后，就转化为自觉的辩证矛盾，这时对象本身也发生改变，因为意识也成了对象中的一个新要素。这时的意识不是关于对象的意识，而是对象的自我意识，意识的这一行为就改变了对象的表现形式。对于资本主义社会，无产阶级自我意识带来的是纯粹矛盾被不断地揭示出来，从而成为现实的矛盾。由纯粹矛盾上升为辩证矛盾的过程，既是无产阶级阶级意识不断成就的过程，也是朝向总体性前进的过程。它们是一而二，二而一的关系。因此，只有在无产阶级的水平上，总体性才能最终达到，资本主义社会的物化现象才能实际地得以消除，同时无产阶级才能有一般的意识状况达到自我意识的水平。

三　历史性的那一度

德国古典哲学发展到黑格尔那儿才找到解决现代性困境的办法，即历史辩证法。按照这种辩证法，黑格尔认为“历史是从方法论上解决所有这一切问题的场所”，而且问题的关键在于具体指出这个同一的历史的主体。然而，他却把这个具体的历史主体坐实在历史之外的领域，即哲学领域，从而最终错失了解决现代性困境的道路，反而深陷其中。这表明历史问题在解决现代性困境中的至关重要的地位。而卢卡奇对现代性的扬弃主要是接着黑格尔并沿着马克思开辟的道路往下走，把辩证法具体落实在历史领域，以求问题的最终解决。在卢卡奇那里，历史不再是像黑格尔的概念的一般发展的历史，而是现实的人活动的历史，是人类社会实践本身。这样的话，历史在他那儿就不是其他原始活动的产物或本身具有神秘面纱的不可把捉的东西，而是具有社会生存层面上的内涵以及存在论基始意义上的本质。“历史不再是在人和事物身上发生的难以捉摸的过程，只有用超验力量的介入才能加以说明，或者只有同对历史来讲是超验的价值联系起来才能变得有意义。历史一方面主要是人自身活动的产物（当然迄今为止还是不自觉的），另一方面又是一连串的过程，人的活动形式，人对自我（对自然和对其他人）的关系就在这一串过程中发生着彻底的变化。……而历史正是在于，任何固定化都会沦为幻想：历史恰恰就是人的具体生存形式不断彻底变化的历史。”[①] 张一兵认为历史概念是《历史与阶级意识》中最重要的核心概念，它具有存在论意义上的规定性内涵：生成性是历史规定的核心，历史是一种内在的时间性生存，历史的真正本质是人与人之间的关系，以及历史观念的哲学形态即是历史辩证法。[②] 这种对卢卡奇历史概念的理解和把握深有见地。

对卢卡奇来说，工人的心理意识上升为无产阶级的阶级意识是一个通向总体的过程，也是一个人与人之间物化的关系转变为人与人之间直接的社会关系，但是这得有一个先决条件，即“要以事物能被证明为是溶入过程的环节”。这个先决条件可表述为“生成表现为存在的真理，过程表现为事物的真理”。这其实就凸显了人的历史的重要性，即只有在人类历史中，无产阶级的自我意识才能实现。也可以说，无产阶级的自我意识生成的过程也是我们进入历史的过程。“当无产阶级只意识到商品关系时，它只能意识到自己是经济过程的客体。……但是，如果资本的物化被溶化为它的生产和再生产的不停的过程，那么在这种立场上，无产阶级就能意识到自己是这一过程的真正的——尽管是被束缚的和暂且是不自觉的——主体。”[③] 只要把资本的物化放到资本的历史生成过程中，无产阶级就能意识到自己是社会真正的主体，从而达到自我意识的水平。在这一点上，初见基的评论

① 卢卡奇：《历史与阶级意识》，杜章智等译，商务印书馆 1999 年版，第 279—280 页。

② 张一兵：《文本的深度耕犁》第 1 卷，中国人民大学出版社 2004 年版，第 9—18 页。

③ 卢卡奇：《历史与阶级意识》，杜章智等译，商务印书馆 1999 年版，第 273 页。

可谓一语中的："卢卡奇所描述的'历史'，不是机械的进步和发展的历史，而是主体的行为，以及从无意识状态和拘泥于虚伪意识的状态向意识化转化的动态过程。"① 这里初见基指涉的历史发展过程就是一个无产阶级阶级意识生成的动态过程。

"生成表现为存在的真理"意味着物化的扬弃过程，我们进入历史以及无产阶级自我意识长成的过程。这在资本主义社会里如何被落实、被实现呢？这里的关键是从经验事实上升为历史的现实。我们知道，当时实证主义哲学蓬勃发展，它实际上成了资产阶级的意识形态，与之相应的是，在第二国际内部经济决定论也盛行一时。实证主义哲学对世界的态度是一种顶礼膜拜的态度。它对直接呈现的事实丝毫不加以改变地接受和承认，即把世界理解为纯粹静止的纯粹事实堆积起来的画面，然后对这个画面进行中性化的条分缕析，以达到对所谓事实"真相"的确切把握。现实的资本家正是采取如此对待世界的态度。他也是先把这个世界承认为是既定的、不动的，然后再凭靠意识去找出其中蕴含的内在规律，再去凭借这些规律去开展自己的活动。在卢卡奇看来，这种对待世界的实证主义态度实际上使我们永远停留于经验事实的水平以及陷入对世界的纯粹直观状态，历史因而也处于终结的状态。我们要打开历史的大门，就要从直接的事实上升为历史的倾向。卢卡奇援引了马克思的论述来说明这条道路。马克思一直从方法论上把事实与倾向之间的差异置于其研究的中心。这种方法的做法就是把经济对象从事物变回到过程，变回到变化着的具体的人与人之间的关系。依据这种方法，事实也只是整个过程的一部分，是被分离出来的一个环节。卢卡奇指出，由于总体性只有在无产阶级身上才能达到，因此只有无产阶级才能真正进入历史以及达到自我意识的高度。"对无产阶级来说，由于它是从辩证地讲是明确的形式（劳

---

① ［日］初见基：《卢卡奇：物象化》，范景武译，河北教育出版社2001年版，第277页。

动和资本的直接关系）出发的，并把远离生产过程的那些形式和这些形式联系了起来，把它们放到了辩证的总体之中来认识，因此，它就打开了完全窥透物化形式的道路。”①

四 无产阶级的阶级（自我）意识

（一）资产阶级的阶级意识和无产阶级的阶级意识

卢卡奇的物化理论包含了现代性的两个方面，即物化现象和物化意识与理性主义形式体系。为了扬弃现代性，卢卡奇提出了阶级意识理论。他认为要从物化意识中突围，就要在物化意识上形成无产阶级的自我意识。只有在无产阶级的自我意识基础上，无产阶级才有可能成为同一的历史主客体，我们才有可能扬弃物化意识，进而达到扬弃现代性的目的。这里的无产阶级的阶级意识是相对于资产阶级的阶级意识而言的，而且阶级意识也非经验意义上的政治意识，而是一种哲学范畴。卢卡奇认为阶级意识不同于“经验实际的、从心理学的角度可以描述、解释的人们关于自己的生活状况的思想”，“阶级意识因此既不是组成阶级的单个个人所思想、所感觉的东西的总和，也不是它们的平均值。作为总体的阶级在历史上的重要行动归根结底就是由这一意识，而不是由个别人的思想所决定的，而且只有把握这种意识才能加以辨认”②。这里清楚地表明阶级意识并不是一种个体意识，而是一种总体性的意识，它决定了作为总体的阶级在历史的重要行动。

就阶级意识的内在结构来看，阶级意识首先表现为一种“虚假”意识。恩格斯强调意识形态是虚假的。卢卡奇承认虚假意识的存在，但是关键是要把这种虚假意识放入到它所隶属的那个历史总体中去，并把它当作总体中的一个环节或要素去进行具体研究。在卢卡奇看

---

① 卢卡奇：《历史与阶级意识》，杜章智等译，商务印书馆 1999 年版，第 278—279 页。

② 同上书，第 107 页。

来，意识一方面在主观上正确地反映了社会的和历史的状况，从而体现为正确的意识；另一方面在客观上罔视社会发展而没有正确反映社会的实际发展状况，从而表现为虚假的意识。就这虚假的意识而言，它具有双重的辩证规定，一方面它在主观上不能达到自己确立的目标；另一方面又促进和实现了它自身不能加以控制和把握的其他的社会发展的客观目标。虚假意识的这种辩证特性源于它与社会整体的联系，正是在与具体的总体的联系中虚假意识产生了客观可能性的范畴，即虚假意识有可能转变为一种正确的自觉意识。

与此同时，卢卡奇认为虚假意识不是任意的，而是客观经济结构的思想反映。由于“阶级意识就是理性的适当的反应，而这种反应则要归因于生产过程中特殊的典型的地位”，以及“阶级意识——抽象地、形式地来看——同时也就是一种受阶级制约的对人们自己的社会的、历史的经济地位的无意识”[①]，因此，虚假的意识是由某阶级在生产过程中的地位决定的，是一种客观的存在。每个阶级由于自己在生产中的地位而产生自己阶级特殊的阶级利益，这是虚假意识产生的客观原因。既然每个阶级都因自己特定的阶级利益而显狭隘性，那么其阶级意识起初是虚假的就在所难免。然而，虚假意识只有在社会的阶级关系明朗的情况下才能产生。而只有资产阶级社会才会有明朗的阶级关系——在资产阶级社会中，只有资产阶级和无产阶级才是纯粹的阶级，它们的存在及其发展完全是以近代生产过程的发展为基础的，而且它们都有自己明确的阶级利益——所以只有资产阶级社会才会产生虚假意识。而在前资本主义时代，虽然社会结构分化为等级和阶层等，但阶级利益绝不会以清晰的经济形式表现出来，因为当时社会的经济的因素和政治的、宗教的因素等不可分割地结合在一起。在资产阶级社会中，除了资产阶级和无产阶级外，其他阶级也没有明确

① 卢卡奇:《历史与阶级意识》，杜章智等译，商务印书馆1999年版，第107—108页。

的阶级利益，因为它们的存在是和等级社会的残余紧密连在一起的。

因此，只有资产阶级和无产阶级才会有“虚假”的意识。资本主义社会是一个总体性的社会。这两大阶级都有自己特定的阶级利益，同时都有对总体性的追求，所以必然就会产生虚假的阶级意识。但是这两种虚假意识有本质上的不同。资产阶级的虚假意识产生于它的阶级意识和阶级利益处于一种互相对立和矛盾的关系之中。只不过这种矛盾是一种辩证的矛盾。这种辩证的矛盾主要表现在“在资本的关系中，个人的原则和社会的原则，即资本作为私人财产的功能和它客观的经济功能处于一种相互之间不可解决的辩证矛盾之中”①。资产阶级阶级意识中出现这种辩证矛盾并不意味着它不能把握自身社会制度的矛盾。资本主义制度是第一次能在经济上完全渗透整个社会的生产制度，资产阶级由此能获得对生产总过程的意识，但是资产阶级自身狭隘的阶级利益又使得它不能控制它自己的生产制度。因此，资产阶级就在这种辩证矛盾中不断地徘徊和摇摆。“从意识和全部社会现象的关系来看，这一矛盾表现为意识形态和经济基础的不可消除的对立。这种阶级意识辩证法的基础是（资本主义的）个体，即按照单个资本家的模式的个体，和‘从自然规律来讲’是必然的，也就是说原则上是意识无法控制的发展之间不可消除的对立；这种阶级意识的辩证法因此造成了理论和实践相互之间不可克服的对立，这种对立采取的形式则是，不允许有稳定的二重性，而是不断追求相互分离的原则的统一，是不断地在‘虚假的’联系和可怕地撕破这种联系之间来回摆动。”② 资产阶级就始终停滞在这种虚假意识中而找不到突破的出路。更致命的是，资产阶级虚假意识中的辩证矛盾由于无产阶级的阶级斗争而加剧了，本来是客观存在的辩证矛盾转而成为主观的。资产阶级为了反抗无产阶级有意识地掩盖自身的辩证矛盾。“虚

---

① 卢卡奇：《历史与阶级意识》，杜章智等译，商务印书馆 1999 年版，第 122 页。

② 同上书，第 124—125 页。

假意识（das Falsche Bewusstsein）变成了虚伪的意识（Falsch-heit des Bewusstseins）。开始时只是客观存在的矛盾也变成主观的了：理论问题变成了一种道德立场。”① 因此，资产阶级的“虚假”意识成为真正虚假的意识，从而永远停留于物化意识中。因为资产阶级知道，只要它的意识不再是虚假的，它也就陷入深重的意识形态危机之中。

无产阶级也有自身的阶级利益，因此一开始它的意识也是一种“虚假”的意识，它致力于对其自身直接利益的追求。但是，与资产阶级不同的是，它被历史赋予了自觉地改造社会的任务。无产阶级的历史使命就是要超越现存的社会，由此造成无产阶级的意识内部的辩证分裂，即在无产阶级的阶级意识中，必然会出现直接利益和最终目标，个别环节和整体的辩证矛盾。由于这种矛盾对无产阶级的阶级意识来说是出现在无产阶级意识本身之内，因此无产阶级革命的胜利就不再是阶级的社会既定存在的直接实现，而是这种直接存在的自我扬弃。阶级地位的这种内在辩证法使得超越直接既定的东西是无产阶级的阶级斗争的基本要求，同时意味着在无产阶级的“虚假”意识中隐含着一种对正确东西的追求，而在资产阶级的阶级意识中，每一事实或要素的陈述和说明都在与总体的关联中暴露自己是虚假的意识。而这种对正确东西的追求使得无产阶级阶级意识中的矛盾才有可能得到解决，虚假的意识转而形成正确的意识。因此，“在别的阶级那儿，表现为阶级利益和社会利益的对立，表现为个人行为及其社会结果的对立，因此表现为意识的外部界限的东西，在无产阶级这儿，则作为眼前利益和最终目标的对立被移入到无产阶级阶级意识的内部。因此，对这种辩证分裂的内在克服才能使无产阶级在阶级斗争中的外部胜利成为可能”②。

资产阶级的阶级意识由于其阶级利益的狭隘性而陷于“虚假”的

① 卢卡奇：《历史与阶级意识》，杜章智等译，商务印书馆 1999 年版，第 126 页。

② 同上书，第 135 页。

意识甚至虚伪的意识，而无产阶级的阶级意识由于其普遍性，它能从总体性的眼光来观察社会进而改造社会，所以它能从“虚假”的意识突围出来上升为自我意识。无产阶级自我意识并非一种与资产阶级的阶级意识相对立的阶级意识，而是对资产阶级阶级意识的一种扬弃，因为无产阶级革命的最终目标是超越自身的直接利益，实现无阶级的社会。“这样一来，也就决定了无产阶级的阶级意识具有不同于别的阶级的阶级意识的特殊功能。同样，如果不废除阶级社会，无产阶级作为阶级就不可能解放自己。因此它的阶级意识，作为人类历史上最后的阶级意识，一方面必须要和揭示社会本质联系起来；另一方面，必须实现理论和实践得越来越内在的统一。”①

（二）无产阶级自我意识的实践性

要找到同一的历史主体，黑格尔提出了辩证法的道路。辩证法的核心是历史与起源的一致。辩证法的道路就是中介的道路，就是通向总体性的道路，就是无产阶级阶级意识生成的道路。中介范畴是对直接性的超越。中介了的现实是有意识的维度参与的。中介能最终带来意识与意识对象的同一，从而达到无产阶级自我意识的立场。中介的过程也是走向总体性的过程。总体性并非是在认识论意义上对认识对象达到了整全的把握，而是说能在阶级的立场上实现人的存在的普遍性。所以，渴望总体性的道路并非一条理论的道路，而是一条批判现代世界以及走出现代性的实践的道路。总体的道路的实践性带来无产阶级阶级意识的实践品格。

无产阶级的自我意识不仅仅是一种理论的立场，而且也是一种实践的态度，它意味着对物化结构的打破。无产阶级自我意识的实践性首先表现在它的形成是一个客观必然性的过程，而非一个纯粹主观的心理过程。无产阶级要达到自我意识的水平，要走出物化，主要是要说出生活的真理。它能把资本主义社会的抽象矛盾转变为现实的矛

① 卢卡奇：《历史与阶级意识》，杜章智等译，商务印书馆1999年版，第132页。

盾，但是无论是现实的矛盾还是现实的可能性，它都要把它和生活都接纳进去。这条道路是客观的道路，是有着必然性的道路。这里的客观必然性不是像受因果必然性制约的自然规律，而是说这样一条革命道路是由无产阶级带来的，然而又不能仅仅从它自身出发，而是要从处于生活矛盾中的无产阶级出发。“只有当无产阶级的意识能够指出发展的辩证法客观上要求采取，然而它自己又无力采取的步骤时，无产阶级的意识才能成长为过程本身的意识，无产阶级才能成为历史的同一的主体—客体，它的实践才能改造现实。”[①] 这表明，这个自我意识的立场只能是客观必然性的立场，而不能是绝对主体性的立场。

无产阶级自我意识的实践性也体现在意识本身就是实践的。在这里卢卡奇援引了马克思《关于费尔巴哈的提纲》第二条，以此来证明思维的此岸性，即思维的实践性。马克思认为思维的真理性问题不是一个理论问题，而是一个实践问题。只有在实践中，才有思维的真理性问题，而脱离实践的真理只是一种玄想。对马克思来说，意识（或思维）是实际生活中的一个要素，它属于生活，参与生活的改变并导致思维的自身的变化。马克思认为意识是没有自己独立的历史的，它是直接或间接由物质生产决定的。“意识在任何时候都只能是被意识到了的存在，而人们的存在就是他们的现实生活过程。……道德、宗教、形而上学和其他意识形态，以及与它们相适应的意识形式便不再保留独立性的外观了。它们没有历史，没有发展，而发展着自己的物质生产和物质交往的人们，在改变自己的这个现实的同时也改变着自己的思维和思维的产物。不是意识决定生活，而是生活决定意识。”[②] 正是在马克思的基础上，卢卡奇得出无产阶级阶级意识本身具有实践的性质，而这在主体上意味着工人上升为阶级。

无产阶级的自我意识的实践性还表现在，无产阶级立场在客体上

---

① 卢卡奇：《历史与阶级意识》，杜章智等译，商务印书馆 1999 年版，第 295 页。

② 《马克思恩格斯选集》第 1 卷，人民出版社 1995 年版，第 72—73 页。

意味着意识对象的改变。而对象的改变同时意味着作为意识主体的无产阶级的改变。这样，我们与我们的对象的关系就被打开了，而我们与对象的关系就是具有普遍性的无产阶级与作为阶级对象的资本主义社会的关系。这里卢卡奇再次引用康德对安瑟伦关于上帝存在的本体论证明的反驳，即完满的上帝观念包含着存在的属性并不必然得出概念世界可推导出生活世界的存在。卢卡奇肯定康德所作的论证，但是他指出，如果冲掉安瑟伦和康德论证的大前提，即思维与存在的二元分离，而把经验事物熔解为过程和倾向，则思想本身就意味着现实的生成，概念本身能引发现实生活中现实对象的改变。

（三）无产阶级自我意识是对现代性观念形态的超越

现代性的观念形态是理性主义的形式体系，它强调主体与客体、主观与客观、意识与现实、思维与存在、自由与必然、理性与非理性等的内在对立和矛盾。正是这些对立和矛盾构成了现代性的内在张力。这种内在张力维持着并巩固着现代性在现代社会的持续存在，它使得现代性成为现代人不可逃避的历史命运。理性主义形式体系在某种程度上可称作二元论的哲学，它在思维与存在、意识与现实之间划上了一条明确的界限。吴晓明先生认为，在当代哲学已经揭示出来的视域中的这种二元论（即思维与存在关系的二元论的形而上学观）是现代哲学的根本建制，是现代形而上学的拱心石，同时也是其最基本的界限与无法摆脱的困难。而且他也把黑格尔哲学涵括在这种二元论之中。[①] 这种对现代形而上学的把握是很深刻的。在这种意义上，传统所称为一元论的，无论是唯物主义还是唯心主义，一般来说都是一种二元论。

卢卡奇以为，如果把思维与存在二元分立，然后把它们做成一种认识论的关系，那么你只能走一条直观的道路。所谓直观的道路，就是先承认思维与存在是不一样的，思维是能动的，存在是既定的、现

① 吴晓明：《思入时代的深处》，北京师范大学出版社 2006 年版，第 426 页。

存的，然后提出一个无法解决的问题，即通过思维去通达存在。它是在坚持思维与存在二元的前提下去寻求两者的统一，于是就有卢卡奇强调的制造统一的概念神话之路。这条神话之路的具体内容就是柏拉图的回忆说或理念学说。理念学说是如何解决思维与存在的二元关系呢？思维去认识一个对象——两者本来是没有关系的，然而却要把它们做成同一的关系——基本的方法是回忆，即思维关于对象的所有知识都是关于灵魂与肉体结合之前的所见过的理念世界的对象，这只是把这两者做成是同一的关系，但还没有带出思维与对象间的同一，所以一定要有本体论层面上的这层同一，即理念对象与经验存在的对象是同一的，经验对象是由理念规定的，理念是它的根据和原型。这样之前没有关系的思维与存在就凭借作为第三者的理念达到了同一。回忆说就是通过偷运第三者把之前没有关系的思维与存在做成一开始就是同一的关系。因此，这种学说注定走的是一条概念神话的道路，从而陷于直观的立场。柏拉图理念学说的观点“企图证明同一个最后的本质既构成思维对象的核心，又构成思维本身的核心。……但是思维和存在的这种最终实质上的同一性怎样才能得到证明呢？尤其是在它们像对纯直观观点所必然表现出的那样已被认为是有着根本区别的时候呢？这时又要求助于形而上学，以便无论如何也要通过公开的或隐蔽的神话学的中介而把思维和存在统一起来，思维和存在的分离不仅构成了‘纯’思维的出发点，而且无论是自愿地，还是不自愿地始终被它坚持着”①。

一般唯物主义是粗鄙的形而上学传统，它把第三者去掉，先认定思维是思维，存在即存在，然后思维去反映存在。在此意义上卢卡奇赞成李凯尔特的说法，即唯物主义是颠倒过来的柏拉图主义。这就是说，唯物主义和唯心主义一样，并不能解决思维与存在两者对立的问题，而是使问题永恒化。“只要思维和存在还保持着它们古老的固定

① 卢卡奇：《历史与阶级意识》，杜章智等译，商务印书馆1999年版，第300页。

不变的对立的话，只要它们在它们自己的结构中及在相互关系的结构中仍保持不变，那么认为思维是头脑的产物和因此是和经验的对象相一致的观点就同回忆说和理念世界一样，都是一种神话。”① 后来的德国古典哲学也是柏拉图主义。它们也是从思维与存在的二元中找到一个原初的统一，然后从这个原初的统一中生发出思维与存在。这个统一在康德那里是我思，在费希特那里是纯粹活动，而在黑格尔那里是绝对精神。卢卡奇认为这条直观的道路基本上走的是概念神话的道路，即从这个原初的统一去实现思维与存在的同一。

对现代性的观念体系来说，思维与存在的二元关系在哲学上做成神话般的关系，而在生活中却被表述为反映论的关系。两者被做成反映论的关系的最要害处在于把思维与存在双方都看成僵死的。两者都被认定是既定的事实，且是对立的，然后思维去认识存在，并且自认为能达到存在，这是一条直观的道路。而只要思维与存在作为对立的双方被做成僵硬的事实，则两者就永远达不到同一的关系，从而陷于永恒的分裂状态。“思维和（经验的）存在的固定不变的对立一方面造成了它们相互之间不能处在一种反映的关系之中，但另一方面又造成了正确思维的标准只能到反映中去寻找。只要人采取直观的态度，那末他对他自己的思维以及对他周围的经验对象的关系就只能是直接的关系。他把它们当作由历史的现实已经造就了的东西。由于他只想认识世界，而并不想改造世界，因此他不得不认为经验的物质的存在的一成不变和逻辑的概念的一成不变是必然的，而他的神话式的分析……只是要说明这两种基本情况的不变本质怎样才能作为不变的东西被拼凑在一起和怎样才能被解释为就是这种不变的东西。”②

对于理性形式主义体系所包含的思维与存在二元分裂的难题，卢卡奇认为，对马克思来说，答案在于使哲学变为实践，因为只有实践

① 卢卡奇：《历史与阶级意识》，杜章智等译，商务印书馆 1999 年版，第 300—301 页。

② 同上书，第 301—302 页。

的道路才能超越直观的道路。不过，卢卡奇认为，对于实践要作新的理解。这实践具有它的客观的结构上的前提，即现实是过程的集合体。虽然现实发端于经验的事实，但现实比经验事实更高级，是真正的实际，现实中蕴含着一种历史发展的倾向。同时现实是生成的，而非现成的，对象的本质就在这一生成中得以展现；作为生成的现在是具体的过去和具体的将来的中介。只有现在融化为过程当中，现在才是我们的现在。而且，由于现实是生成的，所以现实不能没有思维的参与。在这种生成中，无产阶级的阶级意识决定性参与其中。在这个意义上，我们可以说历史与起源是一致的，思维与存在是同一的。但是，卢卡奇指出，马克思这条实践的道路只有在无产阶级阶级意识的高度上才能走得通。只有工人的心理意识上升为实践的阶级意识时，思维与存在的二元关系才能被克服，才能带来对象的改变以及我们自己的改变。“只有变成了实践的无产阶级的阶级意识才具有这种变化事物的功能。任何一种直观的、单纯认识的态度归根结底和它的对象总是处于一种分裂的关系之中，而简单地把在这儿认识了的结构放到任何一种有别于无产阶级行动的态度中的做法只能造成一种新的概念神话学，只能退回到被马克思克服了的古典哲学的立场上去，这是因为只有这个阶级才能在它和整个发展过程的关系中是实践的。”[①] 这里卢卡奇清晰地表明只有无产阶级的自我意识能超越和扬弃理性主义形式体系，从而扬弃物化意识，达到思维与存在的同一，以及我们与世界的同一。

（四）无产阶级阶级意识的生成是个过程

只有无产阶级的阶级意识才能扬弃现代性的观念形态，才能找寻到历史的真正主体，然而，在卢卡奇看来，它的形成不是一蹴而就的，而是一个不断生成的过程。这说明“无产阶级意识即实践”并不能立即带来生活中所有问题的改变。这里卢卡奇区分了两种理论，

① 卢卡奇：《历史与阶级意识》，杜章智等译，商务印书馆 1999 年版，第 305 页。

即实践的理论（Praktische Theorie）和关于实践的理论（Theorie der Praxis）。“无产阶级意识即实践”在根本意义上意味着思维能成为改变现实的力量，在此无产阶级的思维是一种实践的理论，但它开始是以哲学的面目出现的，即是一种关于实践的理论。这种关于实践的理论带来的是我们与直观道路的逐渐分离，我们逐渐进入到实践的道路当中，在生活中带来无产阶级的日益形成。所以，它在哲学上是对之前旧哲学的扬弃。这表明无产阶级阶级意识的形成是一个长期过程，是分阶段的。在这当中，无产阶级阶级意识与无产阶级的客观的、社会的和历史的状况是发生着辩证的相互作用。

正因为无产阶级阶级意识的形成是一个过程，所以物化现象的克服也是一个长期的过程。这里关键的是要进行方法论上的区分，要把克服物化的各种原理摆放好。而比这更重要的是，那些处于辩证过程中心的客体也要在一个长期内才能摒弃其物化形式。在资本主义社会里，随着无产阶级阶级意识开始形成，资本主义社会日益深陷危机，而且这时似乎有加剧物化的倾向，但这只是资本主义社会行将灭亡的前兆。随着资本主义社会内部矛盾不断尖锐化，无产阶级很有可能克服物化形式，但也面临着在意识形态上屈从于资本主义文化的危险。因为无产阶级阶级意识不会自动生成。即使客观经济发展确立了无产阶级在生产过程中的主人地位，但它只是给予无产阶级以改造社会的可能性和必要性。这一社会改造本身需要无产阶级的自觉地参与。

为了使无产阶级自我意识真正落实在政治领域，卢卡奇谈到了无产阶级的组织问题，其中强调了党在政治实践中推进无产阶级的阶级意识的真正发展中的引领作用。但这不是本文所要论述的重点。这里所阐述的无产阶级的阶级意识并非一种政治意识，而是一种哲学意义的意识，它具有普遍性，它使得无产阶级作为历史的同一主客体得以可能。

至此，卢卡奇完成了对现代性进行超越的道路。卢卡奇对现代性进行了深刻的双重批判。批判中蕴含着拯救，他是用阶级意识理论来扬弃现代性问题。这里的阶级意识是普遍性的和哲学上的意识，而非政治上的意识。然而，只有无产阶级阶级意识能真正达到这种普遍性。因为无产阶级存在本身具有普遍性，它能把最终利益放在直接的阶级利益之上，而且无产阶级阶级意识具有普遍的人本主义立场。在卢卡奇看来，只有达到无产阶级的自我意识，才能找到历史的具体主体，从而扬弃物化意识（即资产阶级阶级意识），以至于扬弃现代性的内在悖论。为此，他对无产阶级阶级意识的生成进行了哲学论证。物化意识具有直接性特点，中介范畴能冲破直接性达到自我意识水平。中介过程也是一个通向总体性的过程。无产阶级在走向总体性的过程中，商品拜物教逐渐融化了，人与人之间的物化关系返回到人与人之间具体的社会关系。这也意味着打开了历史的大门，我们进入了历史。而只有在历史进程中，中介范畴才能起作用，总体性维度才能开放。也只有在历史当中，工人才能上升为阶级，工人的一般心理意识才能成长为无产阶级阶级意识。卢卡奇在这里强调，他对无产阶级阶级意识所作的哲学论证并非只是纯理论上的，它有深刻的实践内涵。在他看来，中介范畴和总体性范畴都是无产阶级自我意识生成的存在论范畴规定，而不仅仅只是具有方法论意义。而且，无产阶级阶级意识本身具有实践性质。意识是生活的一部分，它能带来生活的改变和意识自身的改变。当达到无产阶级阶级意识的高度，意识能和意识对象达成同一关系。相反，非无产阶级的意识只能导致意识与生活的永恒分裂。物化意识就是这样的一种意识，它停留于直接性上，并立足于意识与生活、思维与存在的二元对立。在此基础上，他对理性主义形式体系进行了深刻批判。理性主义形式体系内含的主体与客体、思维与存在的二元对立和矛盾，是对物化意识的观念表达。而唯有达至无产阶级阶级意识的水平，才能真正扬弃思维与存在的二元分立。这样，他就用无产阶级的自我意识超越了理性主义形式体系。然而，卢卡奇也指出，无产阶级阶级意识的生成有许多理论环节和实践环节，因此是一个长期的发展过程。卢卡奇阶级意识理论影响深远，其中对资产阶级意识形态的深入的分析和批判为后来的西方马克思主义者所继承，成为他们意识形态批判的典范。相反，他们对卢卡奇提出的生成无产阶级自我意识的总体性辩证法表示了坚决的拒绝态度。但是，在这里要紧的是，卢卡奇对阶级意识理论的探求不仅仅是个理论问题，也是个实践问题。它表明了卢卡奇对现代性困境的清醒的认识，并自觉地寻找一条走出现代性牢笼的实践道路。

第五章
辩证地对待卢卡奇的现代性批判理论

我们以卢卡奇现代性批判思想的内在逻辑发展为线索，把其思想分为前马克思主义时期和马克思主义时期两个阶段，展示了他对现代性批判的艰辛心路历程和艰难的思想熔铸和理论创造过程。他对现代性进行了不遗余力的激烈批判，同时又提出了种种解决现代性危机的方案和道路。这一章将结合前面的这些研究，在与马克思的现代性批判理论相比较的基础上，讨论一下卢卡奇的现代性批判理论中“活的和死的东西”，并在现代性问题这个思想语境中确立他在西方思想史和当代历史处境中的理论意义和实践意义。

第一节　卢卡奇现代性批判的意义

一　对马克思的现代性批判的丰富和发展

对于现代性的概念，我们根据卢卡奇当时的语境把它界定为对资本主义的物化或异化现象以及其哲学基础，即理性主义的形而上学体系。卢卡奇对现代性的批判，主要表现在这两个方面。而且我把他对现代性的批判分为前马克思主义时期和马克思主义时期这两个阶段。在前马克思主义阶段，卢卡奇主要是对现代性的两方面，即现代世界的异化现象、实证主义和新康德主义进行批判。在马克思主义时期，他创造性地提出了自己的物化理论，其中他展开了对现代性的双重批判——对作为现代性基本样式的物化现象与物化意识以及作为观念形态的理性主义形式体系的批判。接着他提出了阶级意识理论以扬弃现代性。而我把他对现代性的批判意义和局限的阐明主要立足于他对物化理论的批判以及对物化理论的扬弃的阶级意识理论，而不是前马克思主义时期的对异化现象、实证主义和新康德主义的批判上，因为前者是后者发展的必然产物和成熟样态。因此，相对于卢卡奇的现代性批判理论，笔者把马克思的现代性批判理论限定为他的社会关系的物化以及对物化扬弃的历史唯物主义。[①] 我们发现，马克思的现代性批判理论具有显著社会历史的存在论基础。而且，即使我们把视域扩展到马克思的整个现代性批判思想，就总体而言其社会历史的存在论基础也显露无遗。

而反观卢卡奇的现代性批判思想，它在本质上或总体上是一种意识形态的批判或文化的批判。这种意识形态的批判的特点在于强调无产阶级阶级意识的重要性，它顺应了卢卡奇当时无产阶级革命时代的需要，在一定意义上是对马克思的现代性批判理论的进一步的推进和发展，在马克思主义发展史上具有重要理论意义。下面我们就来详述之。

（一）马克思的现代性批判理论

相对于卢卡奇提出的现代性的物化理论，马克思提出的是社会关系的物化理论。[②] 马克思早年主张劳动异化观。依据这种观点，马克思揭露了资产阶级社会的生产劳动中工人的异化生存状况，并主要是

---

① 这里关于马克思与卢卡奇的现代性批判理论之间的比较，主要是基于方法论上的比较。

② 虽然卢卡奇的物化（Verdinglichung）与马克思的物化（Versachlichung）字形不同，但要表达的意思大体相同，即资本主义的社会中人与人之间的关系带有物的特性，这种带有物性的社会关系反过来奴役人。这种物化概念是一个批判性概念，而且卢卡奇正是在马克思的物化概念上才提出自己的物化观。张一兵认为，卢卡奇的物化理论中存在着的双重逻

从一般哲学的角度提出扬弃这种异化劳动的途径。经过1845年的哲学革命，马克思和恩格斯建立了科学的历史唯物主义理论。在历史唯物主义的科学基础上，马克思深入到具体的经济领域中继续展开了他的政治经济学研究。其中他提出了著名的物化理论。马克思在经济学研究中认为在社会的经济运行过程中有两种形式的物化：一种是“个人在其自然规定性上的对象化（Vergegenstaendlichung）”[①]，这种意义上的物化其实就是我们通常意义上讲的劳动生产。在劳动生产中，人们借助于生产工具把自己的本质力量客观化到自然当中去，以实现对自然的占有和支配。这种物化是任何社会形态中都具有的，而且是不可能从人类社会生活中消除。它规定了人与自然之间的最基本的关系。马克思对这种自然规定性上的物化是持肯定态度的。它是与生产力的发展相一致的。第二种形式是“个人在一种社会规定（关系）上的对象化，同时这种规定对个人来说又是外在的”[②]。这种形式的物化指涉的就是我们这里讨论的马克思的现代性的物化理论。它是资产阶级社会所特有的，是关于资本主义的商品交换中历史形成的特定的社会关系的物化。这种物化只有在资产阶级社会中的货币关系和资本关系中才会充分地表现出来。在这种商品交换关系中，人与人之间的社会的关系采取一种物与物之间的社会关系的表达形式。人们把这种表现形式叫作社会关系的物化。对于这种物化形式，马克思持坚决

（接上页）辑的纠结：表面语义上的马克思意义上商品结构（生产关系）之上的物化与深层逻辑规定的韦伯意义上生产过程（技术）的物化，并由此断定卢卡奇的物化概念与马克思的物化概念的虚假关联（张一兵：《文本的深度耕犁》第1卷，中国人民大学出版社2004年版，第50—54页）。这种分析是细致入微而且深有见地。而本文是从另一个角度考察物化概念的，即就批判性质而言，卢卡奇的物化概念主要是来自他对马克思的物化概念和商品拜物教性质的分析，而非韦伯的理性化概念。而且，由于我主要探讨卢卡奇的现代性批判，而卢卡奇物化概念中的商品拜物教和韦伯理性化思想都表征了现代性特征，也就是理性化、形式化和抽象化，因此，我就不作以上如此细分，而是从现代性（批判）这个意义上来谈论卢卡奇的物化概念。

① 《马克思恩格斯全集》第30卷，人民出版社1995年版，第178页。

② 同上书，第178—179页。

的否定态度。虽然这种社会关系的物化是从人与人之间的商品交换中逐渐形成的，具有历史发展的必然性，但是，一旦这种物化关系形成，它就成为一种独立于人之外的社会力量，并反过来奴役和压制人。

那么，这种社会关系的物化到底是怎样形成的呢？问题的关键在于交换价值上。在资产阶级社会里，每个生产者都是孤立的生产者，他们生产着自己特有的商品，他们之间的社会联系全在于交换价值的中介上。交换价值的普遍性使得单个生产者发展社会的联系从而互相依赖。而且通过交换价值，每个人行使着支配他人活动和社会财富的权力。“毫不相干的个人之间的互相的和全面的依赖，构成他们的社会联系。这种社会联系表现在交换价值上，因为对于每个个人来说，只有通过交换价值，他自己的活动或产品才成为他的活动或产品；他必须生产一般产品——交换价值，或本身孤立化的，个体化的交换价值，即货币。另一方面，每个个人行使支配别人的活动或支配社会财富的权力，就在于他是交换价值的或货币的所有者。他在衣袋里装着自己的社会权力和自己同社会的联系。”① 由于个人之间的社会联系是建立在一般产品，即抽象的交换价值上，而且人们通过占有这种普遍的交换价值只是去达到支配别人活动的目的，因此，这种人与人之间的社会关系就表现为一种物（产品）与物（产品）之间的关系。这就是马克思所说的“社会关系的物化”。这种物化的社会关系对个人来说是一种异己的东西。这种社会关系不但不能置于个人的掌控之下，相反，他们受制于这种社会联系。“活动的社会性质，正如产品的社会形式和个人对生产的参与，在这里表现为对于个人是异己的东西，物的东西；不是表现为个人的相互关系，而是表现为他们从属于这样一些关系，这些关系是不以个人为转移而存在的，并且是由毫不相干的个人互相的利害冲突而产生的。活动和产品的普遍交换已成为

① 《马克思恩格斯全集》第30卷，人民出版社1995年版，第106页。

每一单个人的生存条件，这种普遍交换，他们的相互联系，表现为对他们本身来说是异己的、独立的东西，表现为一种物。在交换价值上，人的社会关系转化为物的社会关系；人的能力转化为物的能力。"① 这种以物的依赖性为基础的人类社会形式就是马克思所说的"第二大形式"。在这种社会形式中，"每个个人以物的形式占有社会权力"②。为什么在这种社会形式中人们会依赖物呢？马克思以为是交换价值的缘故。"仅仅是因为这种物是人们互相间的物化的关系，是物化的交换价值，而交换价值无非是人们互相间生产活动的关系。"③

至此，我们已分析了在资本主义的商品交换中历史形成的特殊的社会关系的物化理论。这种物化的社会关系表明，经由抽象交换价值的中介，人与人之间的社会关系颠倒为物化的社会关系。我们知道，随着资本主义的经济的发展，商品交换中的物化关系将进一步发展到颠倒的货币物化关系，乃至于资本支配劳动的资本物化关系。然而，这里的重点是分析这种基于商品结构上的商品物化的扬弃途径，并从中探究马克思的现代性批判的存在论性质。马克思在分析三大社会形式时提到"第二个阶段为第三个阶段创造条件"④，并指出资产阶级社会产生的一些物质生产条件和交往关系是通往无阶级社会的必要条件。"在以交换价值为基础的资产阶级社会内部，产生出一些交往关系和生产关系，它们同时又是炸毁这个社会的地雷（有大量对立的社会统一形式，而这些形式的对立性质绝不是通过平静的形态变化就能炸毁的。另一方面，如果我们在现在这样的社会中没有发现隐蔽地存在着无阶级社会所必需的物质生产条件和与之相适应的交往关系，那

① 《马克思恩格斯全集》第30卷，人民出版社1995年版，第107页。

② 同上。

③ 同上书，第110页。

④ 同上书，第108页。

么一切炸毁的尝试都是唐·吉诃德的荒唐行为)。"① 这些论述明晰地揭示马克思的现代性批判的存在论基础，它是一种建立在历史唯物主义基础上的历史的实践批判。马克思依据这种历史唯物主义的基本视域提出，对这种物化的社会关系的扬弃，既不能诉诸回归那种以人的依赖为基础的最初的社会形式的浪漫主义的做法，也不能诉诸对这种社会关系的物化的社会的简单拒绝并满足于虚构一个美好的未来社会的想法，而是立足于这个物化的现代社会现实，并从中找到超越这个社会的实践道路。"全面发展的个人——他们的社会关系作为他们自己的共同的关系，也是服从于他们自己的共同的控制的——不是自然的产物，而是历史的产物。要使这种个性成为可能，能力的发展就要达到一定的程度和全面性，这正是以建立在交换价值基础上的生产为前提的，这种生产才在产生出个人同自己和同别人相异化的普遍性的同时，也产生出个人关系和个人能力的普遍性和全面性。在发展的早期阶段，单个人显得比较全面，那正是因为他还没有造成自己丰富的关系，并且还没有使这种关系作为独立于他自身之外的社会权力和社会关系同他自己相对立。留恋那种原始的丰富，是可笑的，相信必须停留在那种完全的空虚化之中，也是可笑的。"② 张一兵也揭示出马克思扬弃这种物化关系的社会历史的存在论性质。"在马克思对资本主义社会物役性现象（即马克思所提出的社会关系的物化现象）的批判中，已经不存在某种人本主义色彩的非历史因素，他不再像原先在劳动异化理论中所做的那样简单贬斥人与物关系的颠倒，在物役性理论中，他首先承认物役现象的客观历史必然性，再从社会历史运动的内在矛盾中确证物役现象的这种必然性只是'暂时的必然性'，以确证消除物役性的客观历史条件。"③ 马克思正是从这种历史唯物主义的原则高度出发，找到了超越资产阶级社会特有的社会关系物化的

① 《马克思恩格斯全集》第 30 卷，人民出版社 1995 年版，第 109 页。

② 同上书，第 112 页。

③ 张一兵：《文本的深度耕犁》第 1 卷，中国人民大学出版社 2004 年版，第 48 页。

社会历史的实践的道路。

以上只是从马克思的物化理论来切入马克思的现代性批判路径。如果我们把马克思的现代性批判的视域扩展到马克思的整个思想发展过程中，我们仍可发现这种现代性批判的历史唯物主义的存在论基础。具体来说，马克思的现代性批判是一种在历史唯物主义的思想视域中以资本批判为核心的现代性批判。这种现代性批判是完全异质于那种理性主义的观念论批判。那种观念论的现代性批判路向既表现在以黑格尔哲学为顶峰和集大成的理性主义哲学体系中，也体现在以批判理性主义和启蒙精神为己任的后现代哲学里。从精神实质上看，马克思对这种观念论取向的现代性批判本身持批判立场的。“马克思现代性批判理论的首要意义就是对这种理性批判范式的批判，他在历史唯物主义的思想视域中以资本批判重建了现代性批判的规范基础，以生产方式为核心范畴的历史唯物主义存在论批判从根本上超越而不是置换了现代性批判的观念论路向。”① 这表明，由于马克思以资本为核心范畴展开的现代性批判立足于科学的历史唯物主义，因此，它在本质上达到了对观念论的现代性批判的积极扬弃。

然而，这是从总体的视野出发作出的论断。具体来说，马克思是由一个对现代性的积极辩护者转到一个对现代性的激烈反对者。青年马克思就曾坚持启蒙理性的现代性立场。从《博士论文》到《莱茵报》时期发表的一系列政治评论文章，马克思就是站在启蒙理性的立场，坚持和追求自由、民主和平等等启蒙理念以及进步和解放等现代价值观念，猛烈地抨击德国的封建专制统治和等级制度。在《博士论文》中，马克思通过原子的形式规定即原子的偏斜运动来弘扬青年黑格尔派的“自我意识”的能动原则，表明了马克思当时奉行的个性自由和解放的启蒙理性精神。在《莱茵报》时期，马克思对“自由

① 罗骞：《论马克思的现代性批判及其当代意义》，上海人民出版社 2007 年版，第 299 页。

人”的抽象的空论深恶痛绝，于是逐渐与他们脱离开来，同时由于大量接触到现实的社会问题，马克思不得不“回到人间”，并以黑格尔主义的理性思辨方式介入政治生活，这时他第一次遇到了物质利益的难事。这种面对物质利益问题发表意见的难题可以说是马克思对现代性的第一次问题意识。为了解决这个难题，马克思写下了《黑格尔法哲学批判》。在该著作中，马克思对黑格尔的法哲学和国家哲学进行了批判。批判的结果表明，不是普遍的政治国家决定私人利益组成的市民社会，相反，市民社会构成了政治国家的基础。既然作为绝对理性的国家和法是建立在现代市民社会形成的基础上，马克思对启蒙原则和理性精神的信仰就开始动摇了，并转而开始对现代性进行批判。而在接下来的《德法年鉴》上的两篇文章中，马克思揭示了现代解放本身的限度，认为现代解放实质上只是“政治解放”，还不是真正的“人类解放”。而且马克思还从理论上和实践上对现代社会进行了批判，并宣布了人类解放的历史任务和承担该任务的历史主体。从现代性批判的角度来看，这两篇文章表明马克思已完全放弃了早年的启蒙诉求，并对现代性实行彻底批判的立场。罗骞恰当地指出：“对现代解放限度的揭示，确立了马克思对待现代性的一些基本态度和他思想发展的基本方向，构成马克思在法哲学的视域中批判现代性的基本成果，同时也标志马克思正式实现了从追求现代性向批判现代性的彻底转变。”①

通过《德法年鉴》的两篇文章，马克思形成了现代性批判的一些基本原则。而对黑格尔法哲学的批判使马克思把注意力转到市民社会的物质关系中去。市民社会的物质关系的内在限度要求以政治经济学批判的方式展开，这样，马克思就把政治经济学批判纳入现代性批判的视域内。在《1844 年经济学哲学手稿》中，马克思把之前赢获的各

---

① 罗骞：《论马克思的现代性批判及其当代意义》，上海人民出版社 2007 年版，第 53 页。

种思想资源作了一次巨大的综合和艰难的熔铸。在该文本中，马克思进行了以劳动异化学说为核心的政治经济学批判、以扬弃异化为核心的共产主义批判以及对黑格尔的辩证法和整个哲学的全面清算等。他把这些现代性批判的不同方面作了内在的贯穿和融贯。在一定意义上我们可以说该著作是马克思的现代性批判的第一个总体性文本。而马克思在1845年发起了一场哲学革命，建立了历史唯物主义，从而最终确立了现代性批判的根本原则。在这同时进行的意识形态批判就建立在历史唯物主义原则之上。其实，在马克思对黑格尔法哲学进行批判得出的市民社会对政治国家的基础地位的结论时，就将政治上层建筑、意识形态的批判奠基在对社会历史的存在论分析上。随着哲学革命的完成，历史唯物主义获得了现代性批判的根本原则的地位，资本主义的生产方式在历史唯物主义视域内获得了社会历史存在论的基础性地位。在《资本论》及其相关手稿中，马克思把主要精力放在政治经济学批判上，并逐渐构筑了以资本为存在论根基的现代性批判范式。

综上所述，不管是马克思的物化理论还是他整个的现代性批判理论，就总体而言都是奠定在历史唯物主义的根本原则上，并且是一种以资本或资本主义的生产方式为存在论根基的现代性批判。

（二）卢卡奇的现代性批判是对马克思现代性批判的发展

我们已论证过，马克思的现代性批判就整体来说是一种以资本批判为核心的存在论性质的实践批判。而卢卡奇的现代性批判呢？从实质上，我们可以说它是一种意识形态批判。佩里·安德森确切地指出，自20世纪20年代以来，相对马克思主义来说，西方马克思主义的研究方向发生了“主题创新”，即它渐渐地不再从理论上正视重大的经济或政治问题，而是“自始至终地主要关注文化和意识形态问题”①。

① 佩里·安德森：《西方马克思主义探讨》，高铦、文贯中、魏章玲译，人民出版社1981年版，第96—100页。

卢卡奇作为一个西方马克思主义的创始人，意识形态问题自然是其关注领域。意识形态这个概念首先是由法国观念学家特拉西使用的，用以说明关于观念的学说以及有关人的心灵、意识和认识的所有科学。这个概念自诞生以来并没有一个统一的界定，其含义不断地发生变化。卢卡奇并没有给“意识形态”下一个确切的定义，但是他并没有从否定意义上去理解意识形态，而是把它看作一个中性概念。“他（卢卡奇）并不像马克思和恩格斯那样，仅仅从否定的意义上来理解意识形态，而是像列宁一样，把意识形态理解为一个描述性概念。”① 依照卢卡奇，即使意识②可能是虚假的，但是它也是存在于其中的那个历史过程的一个环节，是一种客观性存在，具有历史必然性。“辩证法不允许我们停留在简单地断定这种意识（形态）的‘虚假性’，停留在把真和假绝对地对立起来，而是要求我们把这种‘虚假的’意识当作它所隶属的那个历史总体的一个因素，当作它在其中起作用的那个历史过程的一个阶段，加以具体的研究。”③ 卢卡奇在这里明显地把意识形态看作一个辩证概念，它是历史总体中的一个环节，具有一定的历史合理性，而没有简单地把它看作一个虚假概念加以拒绝。

卢卡奇把意识形态看作描述性概念，从而改变了马克思有关意识形态的原有含义。从现代性批判视野来看，这种描述性的意识形态概念贯穿了整个卢卡奇的思想历程。在其前马克思主义时期，他致力于从文学艺术角度对现代性进行批判。不论是文学艺术评论、文学批判还是美学研究，在一定或宽泛意义上都可以说是意识形态。卢卡奇最早是站在新康德主义立场上，认为戏剧和论说文这些艺术形式能够使人摆脱现代世界的异化问题，以此来反抗实证主义哲学。后来他转向黑格尔主义，寄希望于小说这种叙事文学身上，以期通过小说在现实

① 俞吾金：《意识形态论》，人民出版社 2009 年版，第 221 页。

② 不同于马克思把意识与意识形态看作不同概念的观点，卢卡奇有时把这两者说成是同义的。而且在《历史与阶级意识》，他还把意识形态直接等同于阶级意识。

③ 卢卡奇：《历史与阶级意识》，杜章智等译，商务印书馆 1999 年版，第 105 页。

世界中达到总体性。无论是戏剧、论说文还是小说都可以说是属于文化或意识形态。正是在这个意义上，我们说卢卡奇在前马克思主义时期在意识形态方面展开了对现代性的批判。自从移到马克思主义后，卢卡奇对现代性的意识形态批判更加明显。其意识形态理论表现为对物化现象和物化意识的批判和对超越物化意识的无产阶级自我意识的哲学论证上。“‘物化’、‘总体性’和‘阶级意识’乃是卢卡奇搭建其意识形态理论的基本范畴。”① 这时期他对现代性进行了双重批判。他首先对物化现象进行了批判。通过融合马克思的商品拜物教与韦伯的合理化理论，他提出了物化概念。物化现象的产生是抽象人类劳动所致，而且物化要成为生活中的现实，还需要物化意识的中介。于是卢卡奇展开了对物化意识的批判。物化意识具有直接性，它认眼前事实为现实的东西。虽然物化是资本主义社会的普遍范畴，但卢卡奇认为物化范畴包含着内在悖论。这种内在悖论在哲学上的表达是理性主义形式体系内部的对立与矛盾。这种对立与矛盾只有在人类历史中找到具体同一的主体—客体才能得以解决。德国古典哲学并没有完成这个任务，它实质上是代表着资产阶级意识形态，但它提示了解决问题的方向。而问题的真正解决有赖于在马克思主义历史辩证法的基础上依靠无产阶级自我意识的生成。“古典哲学给以后的（资产阶级的）发展所能留下的遗产只是这些没有解决的二律背反。古典哲学道路的那种转变至少在方法论上开始超越这些局限性。把这种转变继续下去，并把辩证的方法当作历史的方法则要靠那样一个阶级来完成，这个阶级有能力从自己的生活基础出发，在自己身上找到同一的主体—客体，行为的主体，创世的‘我们’。这个阶级就是无产阶级。……从这一立场（即无产阶级的自我意识）出发，无产阶级的作为社会和历史发展过程的同一的主体—客体的本质才能发挥出来。”② 卢卡

① 张秀琴：《西方马克思主义意识形态理论的当代阐释》，中国传媒大学出版社 2005 年版，第 52 页。

② 卢卡奇：《历史与阶级意识》，杜章智等译，商务印书馆 1999 年版，第 232 页。

奇接着对无产阶级的阶级意识的生成进行了哲学上的论证。[①]

由上可知，就整体而言，卢卡奇的现代性批判可看作一种意识形态批判。他不是从经济或政治等角度来批判现代性，而是从意识形态上展开对现代性的批判。这种对现代性的意识形态批判可以说是对马克思现代性批判理论的贡献和发展。当然，在马克思那里，从意识形态角度对现代性的批判也是存在的，而且在马克思那里一度成为其研究的重点对象。在《神圣家族》、《德意志意识形态》和《哲学的贫困》等系列论战著作中，马克思以理论批判的方式批判了现代性的“观念论副本”，揭示了现代性观念论批判路向的思辨性和抽象性，以及现代意识形态本身的虚假性。这种对观念和意识形态的现代性批判在马克思那里是一个过渡阶段，而且这种批判的结果使得观念和意识形态居于从属地位，并突出社会历史运动的客观性。思想观念和意识形态等意识层面的东西只是社会历史客观运动过程的一部分，生产力与生产关系的辩证运动造成了观念和意识形态的生成变化。因此，后期马克思倾力于对政治经济学的批判。[②] 他认为只要把资本主义生

---

① 这里谈论的阶级意识是一种哲学意义上的意识，而非政治意识。因此，无产阶级的阶级意识就不是作为一种与资产阶级阶级意识相对立的一种意识形态，而是后者的真理。也正因为如此，卢卡奇工人的一般心理意识上升为无产阶级的自我意识所作的论证才会被普遍看作具有黑格尔主义的性质。

② 即使在后期的政治经济学批判中，马克思也提到了资本主义经济关系中的意识的维度，即抽象的或普遍的统治（这种抽象的统治是马克思在讲社会关系的物化时提到的，它在这里可以说是表现为商品拜物教；随着资本主义生产的发展，它又进一步表现为货币拜物教和资本拜物教）。这种以交换价值为纽带的抽象的统治使得物化的社会关系成为人们普遍认同的合理的现实。“这种与人的依赖关系相对立的物的依赖关系也表现出这样的情形（物的依赖关系无非是与外表上独立的个人相对立的独立的社会关系，也就是与这些个人本身相对立而独立化的、他们互相间的生产关系）：个人现在受抽象统治，而他们以前是互相依赖的。”（参见马克思、恩格斯《马克思恩格斯全集》第 30 卷，人民出版社 1995 年版，第 114 页）但是，马克思在接下来的行文中又说，“抽象或观念，无非是那些统治个人的物质关系的理论表现”。这表明马克思还是把对资本主义的经济运动的辩证法的揭示看作第一要务。马克思只是阐释了人与人之间的关系的物化的结果是人活在有着自己规律的社会关系的组织之下。而在卢卡奇的物化理论中，卢卡奇通过凸显物化意识的环节来强调抽象劳动成为现实的原则，把马克思所未曾进一步阐发的抽象统治的观点解释清楚。这是卢卡奇的贡献所在。

产方式蕴含的内在矛盾运动揭示清楚，资本主义社会自然就走到自己的尽头。而作为推翻资本统治的主观条件，即无产阶级阶级意识的形成只是次要条件。或者说，只要揭示出资本主义生产自我否定的辩证法，即资本走向自己反面的逻辑，无产阶级自我意识就自动生成。因为依据历史唯物主义原则，现实世界的基础是人类感性的历史实践活动，而在历史的感性活动中展开着两个最基本的方面，即“感性意识的形成与演变”和“物质生产方式的形成与演变”。前者是指主观条件，后者指客观条件。它们是同一事情的不同方面。关于这一点，马克思曾写道：“随着活劳动的直接性质被扬弃，即作为单纯单个劳动或者作为单纯内部的一般劳动或单纯外部的一般劳动的性质被扬弃，随着个人的活动被确立为直接的一般活动或社会活动，生产的物的要素也就摆脱这种异化形式；这样一来，这些物的要素就被确立为这样的财产，确立为这样的有机社会躯体，在其中个人作为单个的人，然而是作为社会的单个的人再生产出来。使个人在他们的生活的再生产中，在他们的生产的生活过程中处于上述状况的那些条件，只有通过历史的经济过程本身才能创造出来；这些条件既有客观的条件，也有主观的条件，它们只不过是同一些条件的两种不同的形式。”① 在这里，马克思认为人类扬弃资本异化的主观条件，即无产阶级自我意识的形成并不是一个主要问题，这里的关键是要把资本发展的内在辩证逻辑给揭示出来。对此，王德峰给予了恰当指证：“马克思相信，一旦资本主义生产的经济史按其内在的辩证法而走到了自我否定的尽头，无产阶级的阶级意识，作为表征这种经济辩证法的感性意识，也就自然形成。所以，《资本论》对资本主义生产逻辑的辩证的历史批判才是真正重要的、表达‘实践批判’的‘批判理论’。”②

在马克思那里，对无产阶级阶级意识这种主观条件的强调居于从

---

① 《马克思恩格斯全集》第 31 卷，人民出版社 1998 年版，第 244—245 页。

② 王德峰：《论法兰克福学派的现代性批判的马克思主义方向》，《求是学刊》2004 年第 7 期。

属地位。关于这一点，罗骞从马克思整个思想发展的逻辑理路上作出如此分析："马克思是以革命的实践来批判观念论的批判，它在阶级革命的主体性与生产方式运动的客观性之间建立联系。但是由于批判黑格尔以及青年黑格尔派的需要，马克思强调经济基础对于意识形态的决定作用，并致力于对经济基础本身的批判，革命的阶级主体性与经济上的阶级地位之间的复杂关系被轻易地处理了。革命的主体性被以一种总体性的方式在经济关系的阶级地位中给出，革命阶级的意识形成过程中中介环节研究的缺失，使得它在形式上表现为一种纯自发的关系。"① 这种分析切中肯綮。它把马克思强调政治经济学批判而疏于对无产阶级阶级意识的研究归结为马克思对黑格尔主义的意识形态批判所致，这是从马克思的整个思想发展脉络来看。如果我们从社会历史发展背景来看，马克思这种研究的缺失是有着具体时代的原因。当时马克思生活在资产阶级社会中，现代性问题开始凸显，这时工人和资本家的阶级斗争主要集中在经济和政治领域，而不是意识形态领域，所以马克思这时自然把主要精力放在政治经济学批判上。"由于资产阶级社会本身还是从封建社会到资本主义社会的一个过渡性阶段，在这里，意识形态还保持着某种相对独立性或者说是滞后性，意识形态领域中的阶级斗争还没有达到足够激烈的程度，因此，马克思还没有能够对它与资本主义生产方式之间的关系进行更深入的研究。"② 这种从社会历史角度进行的分析是有道理的，它说明了马克思思想的客观历史制约性。

马克思思想的这种客观限制从马克思身后的资本主义发展历程得到了验证。当代资本主义的"成熟样态"，不仅没有产生扬弃资本的无产阶级阶级意识，反倒是成功地同化了无产阶级。即便有马克思在《资本论》中揭示的资本发展的辩证逻辑，即使有不断蓬勃发展的工

① 罗骞：《论马克思的现代性批判及其当代意义》，上海人民出版社 2007 年版，第 313 页。

② 张亮：《"崩溃的逻辑"的历史建构》，中央编译出版社 2003 年版，第 81 页。

人运动，然而，劳动不仅没能冲破资本逻辑的规定和限制，相反，劳动自觉地受制于资本逻辑。在这样的历史条件下，特别是在20世纪初期欧洲的无产阶级革命相继失败后，卢卡奇把阶级意识问题置于其研究中心。他认识到革命失败的原因在于工人陷于物化意识之中，工人并没真正组成为阶级，无产阶级阶级意识也没有生成。他在物化理论中对资产阶级意识形态作了深入的批判性分析，并借此对无产阶级阶级意识的生成提供了一套深刻哲学论证。

以上主要是从历史条件上来分析卢卡奇重视意识形态的原因。而从马克思主义思想发展史上看，卢卡奇关注意识形态是为了反驳第二国际理论家们把马克思主义变成了经济决定论和对客观世界进行实证研究的“知性科学”的做法。由于马克思的现代性批判是以对黑格尔哲学的批判为切入点，这使得其批判最初局限于法哲学领域，后来又专注于政治经济学批判领域。这既成就了马克思，又给马克思思想视野造成了限制，以至于其思想被解读为经济决定论，这集中反映在第二国际理论内部。卢卡奇针对当时时代的阶级革命状况，严厉驳斥第二国际对马克思思想的错误解读，并竭力把马克思思想的意识形态维度发掘出来。他认为马克思主义的本质是辩证法。“马克思主义问题中的正统仅仅是指方法。”① 这种方法就是马克思主义的唯物辩证法。“唯物主义辩证法是一种革命的辩证法。”这种辩证法的最核心的本质是强调“历史过程中的主体和客体之间的辩证关系”②。这里的主体就是指无产阶级。因此，卢卡奇通过主客体辩证法来强调无产阶级阶级意识作用，并以此来恢复马克思理论的革命本质，同时对第二国际的经济决定论进行坚决驳斥。

卢卡奇把现代性批判看作意识形态批判，而没把批判建立在资本主义的生产方式上，从而在存在论根基上达不到批判深度。然而，卢

---

① 卢卡奇：《历史与阶级意识》，杜章智等译，商务印书馆1999年版，第48页。

② 同上书，第50页。

卡奇把无产阶级阶级意识的生成看作主要问题，契合了时代之需，在此意义上我们可以说，他对现代性的批判是对马克思现代性批判的进一步发展和推进，是马克思思想在新时代的丰富和扩展。

二 卢卡奇现代性批判的双重意义

由于时代的因素和自己思想发展的内在逻辑的缘故，马克思的理论研究主要集中在政治经济学批判上。第二国际理论家们因此误读了马克思的思想，把马克思的思想理解为一种机械的经济决定论。卢卡奇根据时代的需要，把马克思思想中拥有的但没有特别强调的意识形态维度给揭示出来，这不仅有力地批判了第二国际理论家的经济决定论的错误论调，而且在新时代进一步丰富和发展了马克思主义思想。这表明了卢卡奇的现代性批判理论在马克思主义发展史上的重要位置。不仅如此，作为西方马克思主义的创始人之一，卢卡奇的现代性批判理论也无疑在西方马克思主义发展史中占有重要地位。他对异化现象和物化现象的批判，他的文艺美学理论以及阶级意识理论等，都对后来的西方马克思主义的思想发展产生了深远而重要的影响。而且作为一个现代性批判理论家和实践者，他一直深受西方思想和文化的熏陶和滋养。他思维敏锐，善于捕捉时代问题和思想难题。他对现代文明危机问题进行了深刻的理论思考。他对黑格尔主义的复兴，以及他对异化或物化问题的思考，不仅顺应了当时的思想潮流，而且对当时的思想运动起了引领与推动作用，从而为西方思想发展贡献了一份绵薄之力。进而，青年卢卡奇的现代性批判思想不仅具有重要的思想史意义，而且也具有重要的当代意义。

（一）思想史意义

我们已经分析过，马克思相信，只要把资本主义生产方式的内在矛盾揭示出来，无产阶级的阶级意识就能自动生成，人类扬弃异化的任务就能实现。也就是说，在马克思看来，最重要的事情就是进行政治经济学批判，通过政治经济学批判为无产阶级革命找到真正的理论根基，这种理论根基直接表达为无产阶级阶级意识，从而引起现实的根本改变。在这里，意识形态不成其为问题。然而，事实证明，无产阶级的阶级意识并没有随着政治经济学批判的完成而自动生成。于是，对无产阶级阶级意识问题的思考和探求就成了卢卡奇研究的中心点。他把意识形态视为一个描述性概念，认为资产阶级意识形态是虚假的意识，而无产阶级的阶级意识形态则是科学的意识形态。他对资产阶级意识形态进行了深刻的理论批判，并对无产阶级的阶级意识进行了深入的哲学论证。然而，卢卡奇始终没有发现和找到无产阶级的阶级意识的生成。无产阶级的阶级意识不但没有生成，反而是日益受到无处不在的资产阶级意识形态的包围和侵蚀。随着社会发展进入了一个新的阶段——这个新的阶段，马尔库塞称为“发达工业社会”，哈贝马斯称为“晚期资本主义”——无产阶级的阶级意识的危机状况日益深重。走出危机的出路在哪里？在于批判。这就是法兰克福学派的社会批判理论的任务。马丁·杰伊曾指出：“当他们（指卢卡奇和科尔施等西方马克思主义的创始人）的努力由于种种原因而开始动摇的时候，重新焕发马克思主义生命的任务主要落到研究所的年轻思想家身上。”① 法兰克福学派继承了卢卡奇等西方马克思主义创始人的意识形态理论，继续探讨无产阶级的阶级意识出现的可能性。由于从资本发展的内在逻辑必定要表现出来的无产阶级的阶级意识无时无刻不受到资产阶级意识形态的腐蚀和消解，因此，问题的关键在于不断地消除资产阶级的意识形态的遮蔽和销蚀作用。于是，法兰克福学派对资产阶级的意识形态的各个方面展开了不懈的批判，如启蒙精神批判、大众文化批判、工具理性批判等。他们期望通过对资产阶级意识形态的各种表现形态进行批判，以使无产阶级的阶级意识能真正在现实中得以显现。

---

① ［美］马丁·杰伊：《法兰克福学派史》，单世联译，广东人民出版社 1996 年版，第 52—53 页。

以上讨论的是卢卡奇的现代性批判对后来西方马克思主义（这里主要指最大的流派，即法兰克福学派）思想的巨大影响和作用。卢卡奇的现代性批判在这里被界定为主要是一种意识形态批判，这只是就其内在本质而言。卢卡奇的早期的文艺美学理论，以及他的物化理论都对后来的西方马克思主义产生了不可估量的影响。

卢卡奇的现代性批判理论在马克思主义和西方马克思主义的发展史上都具有非常重要的地位。而就整个西方思想史的视野来看，他的现代性批判理论也发生了长足深远影响。卢卡奇出生于匈牙利。匈牙利的文化在欧洲处于边缘性地位，颇具地方性和狭隘性。但是卢卡奇的思想超前，他从小就在西方先进思想的氛围中长大。狄尔泰的生命哲学、西美尔的文化哲学和韦伯的合理化思想对他影响很大。其现代性批判就建立在这些思想基础上，同时又是源于对当时时代问题的思考。当时匈牙利出现了自由主义的危机和反犹主义，他采取的不是与之相对立的激进立场，而是思考整个现代世界文明的危机问题。其现代性批判理论就是要为了解决现代性问题，并为之寻找一条真正可行的道路。

很久以来，人们普遍认为卢卡奇所开创的西方马克思主义传统是一种黑格尔主义的马克思主义。也就是说，卢卡奇对马克思主义和西方马克思主义的理论贡献在于重新复活了马克思主义的黑格尔因素。“对任何想要回到马克思主义的人来说，恢复马克思主义的黑格尔传统是一项迫切的义务。《历史与阶级意识》代表了当时想要通过更新和发展黑格尔的辩证法和方法论来恢复马克思理论的革命本质的也许是最激进的尝试。”① 当代的美国学者马丁·杰伊也特别指出：“在马克思主义理论在反思的深刻性方面远远落后于其资产阶级对手时，卢卡奇几乎是单枪匹马地又重新在欧洲的思想界把它提高到一个令人尊

① 卢卡奇：《历史与阶级意识》，杜章智等译，商务印书馆1999年版，第16页。

敬的地位。”[①] 马丁·杰伊在这里强调，恢复马克思主义的黑格尔方面，既复活了黑格尔主义，又复活了马克思主义，使马克思主义重新回到西方思想史上去。如果从现代性批判的角度来看，这种对黑格尔主义复活不仅表现在卢卡奇的马克思主义时期，也体现在前马克思主义时期。在《小说理论》里，卢卡奇顺应当时复兴黑格尔主义的思潮，把黑格尔哲学运用到美学研究上去。“《小说理论》是‘精神科学’中第一部将黑格尔哲学的发现成果具体地运用到美学问题中的著作。”这里的黑格尔哲学的成果指的是“美学范畴的历史化”[②]。这种对黑格尔主义的复兴说明卢卡奇的现代性批判在整个西方思想史上的地位。

除了复兴黑格尔主义的影响方面，卢卡奇的现代性批判的贡献还表现在异化或物化理论上。当时，人的异化成为时代的关键问题。思想家们都在为现代世界的危机忧心忡忡，并为现代人的异化现状而深感焦虑。卢卡奇也不能例外。他自认为自己在这方面的思考先走了一步，对同时代的哲学家有引领作用。“它（异化问题）在这本书（即《历史与阶级意识》）中，从马克思以来第一次被当作对资本主义进行革命批判的中心问题，而且它的理论史的和方法论的根基被追溯到黑格尔的辩证法。当然，这个问题当时正在酝酿中。几年以后，随着海德格尔《存在与时间》的问世，它成了哲学争论的中心。甚至在今天，主要是由于萨特及其追随者和反对者的影响，它仍旧没有失去这种地位。”[③] 卢卡奇这里谈到了他的思想对海德格尔和存在主义思想流派的影响。E. 巴尔对此表示了赞同。他认为《历史与阶级意识》的影响超出了马克思主义的范围，例如对曼海姆的知识社会学以及法国的存在主义都发生过巨大影响。他转用莫里斯·瓦特尼克的说法，

---

① Martin Jay, *Marxism and Totality*, the University of California Press, 1984, p. 102.

② 卢卡奇：《卢卡奇早期文选》，张亮、吴勇立译，南京大学出版社 2004 年版，第 VI—VII 页。

③ 卢卡奇：《历史与阶级意识》，杜章智等译，商务印书馆 1999 年版，第 17 页。

认为海德格尔的“此在”概念是受卢卡奇的启发而产生的。[①] 关于卢卡奇与海德格尔思想之间的关系，可在吕西安·戈德曼的论著《卢卡奇与海德格尔》中得到印证。

（二）当代意义

卢卡奇的现代性批判理论不仅具有重要的思想史意义，而且还有重大的当代意义。或许有人会说，卢卡奇已逝世四十年了，而卢卡奇诞生的时代距今更是有一百年左右，卢卡奇的思想也该寿终正寝了，或者至少是没什么太大价值。这种看法似乎有点道理。学者威廉·麦克布莱德就持此种观点。他认为卢卡奇的物化概念对今天的社会哲学只具有有限的价值；当代的社会哲学应当关注消费主义，“自由事业”的意识形态以及核威胁等这样的世界性问题。[②]

这种观点似是而非。如果我们只是从表面上来对待卢卡奇的思想或只注意其思想的具体结论，这当然不错。然而，思想的当代价值在于它关注的问题是否仍是当代的时代主题，以及它对问题的思考是否从本质上切入，并具有前瞻性。青年卢卡奇的现代性批判始于他对当时现代性问题的自觉认识。他把现代性的基本样式界定为异化或物化现象。这种异化或物化现象体现为一种普遍的人类生存困境和精神焦虑。而在当代，现代性的表现样式发生了变化，它不再表现为所谓精神世界的异化或物化，而是超越了这种精神的范围，体现为人类的客观存在的危机问题，比如说，生态环境问题、核威胁问题、超主权战争问题和世界性经济危机问题。从表象上看，现代性的基本样式确实发生了变化。然而，就现代性的观念形态而言，理性主义形式体系内部的主体与客体、主观与客观、必然与自由、理性与非理性等之间的对立和矛盾不仅没有被消解，反而愈加蔓延和强化。因此，现代性的表现样式的改变，并不代表现代性的实质发生根本的变革，而是表明

① 张伯霖等编译：《关于卢卡契哲学、美学思想论文选译》，中国社会科学出版社1985年版，第76页。

② Tom Rockmore (ed.), *Lukács Today*, D. Reidel Publishing Company, 1988, p. 122.

人的精神世界的异化或物化不再仅仅局限于人的观念领域，异化现象已扩展到人类生存的所有领域，从而获得了一种更广泛的总体性。现代性在当今时代的强化和弥漫，这足以证明青年卢卡奇的现代性批判的当代意义。对此，吴晓明给予了明确指认："如果说，后现代主义的兴起总是以某种方式同某些伟大思想家的现代性批判相联系，那么事实上，卢卡奇（特别是其《历史与阶级意识》）的基本定向在20世纪的终了之际仍然是有意义的——这种意义既在于现代性在当今时代愈益强化着的主导作用，又在于这一强化过程同样不可避免地伴随着所谓'后现代'问题的揭示。"① 这种指证说明，由于现代性在现今世界的不断巩固和强化，卢卡奇的现代性批判在后现代语境中仍然意义重大。

我们刚才是从总体上谈论现代性的观念形态在当今社会的持续存在和愈加顽固。而我们从现代性的种种思想样态来看，情况依然如此。卢卡奇指出《历史与阶级意识》在复活黑格尔的辩证法中具有不可磨灭的贡献。为什么要突出马克思主义中的黑格尔主义传统？因为当时的时代精神是实证主义哲学。实证主义在第二国际理论内部表现为经济决定论和知性科学化了的马克思主义。复兴黑格尔主义就是要对付实证主义。而在当代社会，虽然现代性的表现样式发生了改变，但是实证主义仍然是当今世界的时代精神，这在福山的《历史终结论》和新自由主义的兴起中得到印证。这种对实证主义的批判也出现在卢卡奇的前马克思主义时期中。他正是出于对实证主义的不满和反抗才走上现代主义艺术的道路，并由此亲近和走进新康德主义。而当他发现新康德主义并未克服实证主义而是与它处于同一水平上的对立极时，他走向了黑格尔主义。《小说理论》可以说既反对实证主义，又在逐渐脱离新康德主义。"《小说理论》的作者已是一位黑格尔主义者了。'精神科学'方法的老一辈代表人物是以康德哲学为基

① 吴晓明：《思入时代的深处》，北京师范大学出版社2006年版，第370页。

础的，尚没有脱离实证主义的窠臼；这一点在狄尔泰那里体现得尤为明显。克服实证论单调的理性主义的企图，差不多也就意味着向非理性主义方向的开步；这既适用于西美尔，也适用于狄尔泰自己。”①

不论从对现代性的观念形态还是对实证主义的批判，卢卡奇的现代性批判都呈现出当代的价值。这里须清楚的是，卢卡奇对现代性的批判是要拯救和疗治现代性，而非拒绝和否弃现代性。这可以从他的黑格尔主义的马克思主义立场窥知。他要在马克思的辩证法的基础上重建现代性。在这一点上，陈学明予以了明确指证：“西方马克思主义理论家在揭露现代性负面效应时，并不否认现代性对当代人的积极意义，并不认为现代性的负面效应是现代性本身的逻辑发展，而是后来外在强加的，也不希望现代人放弃对现代性目标的追求，而是要求人们对现代性加以治疗和拯救。”② 这种观点表明西方马克思主义的现代性批判坚持的是一种辩证的立场，我们应当葆有一种对现代性的辩证意识。这种对现代性的辩证意识对正在进行社会主义现代化建设的中国，无疑具有重要的启发和警醒作用。改革开放 30 年以来，中国的现代化建设在取得巨大成就的同时，同时也需遭受到现代性的种种困境和诸多弊端。卢卡奇的现代性批判的辩证立场启示我们，我们已无路可走，在经济全球化的当今世界，资本呈总体性的发展态势，现代化的道路是历史的必然；然而重要的是，我们在进行现代化建设的同时，要尽量消除和克服现代化发展带来的种种负面效果。中国是一个社会主义国家，我们有社会主义制度的优越性。我们要坚持社会主义的市场经济体制，充分发挥资本在创造物质财富方面的巨大能量，同时也要发挥社会主义的制度优势，以驾驭和引导资本的运行，尽力遏制资本发展给我们带来的诸多罪恶。只有这样，我们的现代化

① 卢卡奇：《卢卡奇早期文选》，张亮、吴勇立译，南京大学出版社 2004 年版，第 VI 页。

② 陈学明，王凤才：《西方马克思主义前沿问题二十讲》，复旦大学出版社 2008 年版，第 121 页。

建设才能健康有序地向前发展。

卢卡奇的现代性批判体现了一种对现代性的辩证立场，同时也表达了一种对现代性的意识形态批判的立场。我国进行现代化建设，走的是市场经济的道路。我们要充分利用资本的优势来发展我国的经济生产力和科学技术，但是我们在享受资本给我们带来好处的同时也需警惕对资本的膜拜。这种对资本的崇拜意识其实就是物化意识。它将使我们跌落在资产阶级的意识形态中不能自拔的同时还自以为是。我国现在正处于改革开放的攻坚阶段，成绩不少，问题也很多。而物化意识却使我们相信，目前的困难只是因为资本的发展还不够，等到资本得到充分发展时，一切问题将迎刃而解。事实上，这种意识将使我们误以为资本的世界是永恒的，而不知资本的机制只是我们达到共产主义的一种手段。因此，我们在进行现代化建设时要发挥资本的优势，又要有超越资本的意识。这是卢卡奇的现代性批判给予我们的启示。

第二节　卢卡奇现代性批判的限度

卢卡奇的现代性批判理论不仅具有重要的思想史意义，而且还具有显著的当代价值。他的现代性批判对危机重重的当代世界提供了有价值的参考和借鉴作用，也对处于改革开放的关键时期的中国有重要的启示作用和现实意义。然而，我们也应看到，与马克思的现代性批判相比，卢卡奇的现代性批判从本质上说只是一种意识形态批判或文化的批判。由于缺乏马克思的现代性批判的社会历史的存在论基础或者资本主义的生产方式，卢卡奇的现代性批判只能始终停留于精神的层面或文化的层面，而不能下降到尘世的粗糙的物质层面。正是不能深入到资本主义的经济生产内部，卢卡奇的现代性批判最终只能是一种浪漫主义的激进批判，而这种浪漫主义的倾向又最终体现为一种“浓厚的主观主义的色彩”并接近于“以救世主自居的乌托邦主义”。

我们知道，卢卡奇是通过现代主义艺术来展开他的现代性批判理论的。他认为现代主义艺术是摆脱现代世界的异化现象的唯一途径。他开始认为悲剧和论说文具有这种解放的功能，并因此走进新康德主义。但后来发现新康德主义并不能真正克服实证主义，于是转向了黑格尔主义，并把希望寄托在小说这种叙事文学，希冀通过小说在现实世界中达到总体性，从而扬弃现实社会中的异化现状。这种从文学艺术和美学方面对现代性的批判并没有获得成功。在转向马克思主义后，他把马克思的商品拜物教和韦伯的理性化理论融合起来提出自己的物化理论。他认为物化是资本主义社会的一个普遍范畴。但物化现象要成为真正的现实，还需物化意识作为中介。“商品关系变为一种具有‘幽灵般的对象性’的物，这不会停止在满足需要的各种对象向商品的转化上。它在人的整个意识上留下它的印记：他的特性和能力不再同人的有机统一相联系，而是表现为人‘占有’和‘出卖’的一些‘物’，像外部世界的各种不同对象一样。根据自然规律，人们相互关系的任何形式，人使他的肉体和心灵的特性发挥作用的任何能力，越来越屈从于这种物化形式。”① 这说明正是物化意识使得物化现象被看作现实的存在。于是卢卡奇展开了对物化意识的批判。物化意识是一种直接的意识，它认眼前的东西为真实的东西。物化意识表现为资产阶级的意识形态。虽然德国古典哲学提出了自在之物的概念，并竭力去解决自在之物的难题，但是由于它走的是一条理论的道路，从而最终滞留于物化意识，并体现为资产阶级的意识形态。为了从物化意识中突围，卢卡奇提出了无产阶级的自我意识的道路，这是一条实践的道路。

就总体而言，卢卡奇的现代性批判是一种文化的或意识形态的批判。特别是在他的马克思主义时期，他把物化现象的原因归咎于物化意识，从而展开了对物化现象的意识形态批判。而在马克思那里，资

① 卢卡奇：《历史与阶级意识》，杜章智等译，商务印书馆 1999 年版，第 167 页。

本主义的生产方式，即资本和雇佣劳动制度是资本主义社会中的物化或异化现象的根源。这种雇佣劳动制度揭示出，资本是一种社会关系，这种社会关系的本质是积累起来的物化劳动（死劳动）对具体劳动（活劳动）的剥削和奴役关系。这种在生产领域中发生的颠倒和扭曲的关系造成了现实中的物化或异化现象。“从资本和雇佣劳动的角度来看，活动的这种物的躯体的创造是在同直接的劳动能力的对立中实现的，这个对象化过程实际上从劳动方面来说表现为劳动的外化过程，从资本方面来说表现为对他人劳动的占有过程。”① 因此，对马克思而言，资本主义社会中的异化或物化现象是客观的资本主义生产方式所致，而非卢卡奇讲的物化意识产生的。相应地，为了消除这种异化现象，马克思诉诸通过历史唯物主义原理揭示出资本主义经济生产的辩证法给无产阶级革命提供科学的理论基础来实现，而青年卢卡奇则只能诉诸共产党来唤醒无产阶级的阶级意识。

由于缺失社会历史的存在论基础的维度，卢卡奇的现代性批判就总体而言被称作是从属于黑格尔主义的批判范式。这在一定意义上是有道理的。且不说他在《小说理论》中自诩是个黑格尔主义者了，在《历史与阶级意识》中他也为恢复马克思理论的革命本质而复活黑格尔的辩证法进行了不懈的努力。其中他提到了对异化问题的讨论完全拘泥于黑格尔哲学。黑格尔把对象化等同于异化，认为意识通过外化自身上升到自我意识，并在绝对精神那里达到主客体的统一。而卢卡奇把黑格尔的这个纯逻辑和哲学的概念运动坐实在社会历史进程中，认为无产阶级在历史辩证法中能由一般心理意识（即物化意识）上升到无产阶级的阶级意识，从而实现对异化的消除。“它（对异化问题的讨论）是用纯粹黑格尔的精神进行的。尤其是，它的最终哲学基础是在历史过程中自我实现的同一的主体—客体。当然，在黑格尔那里，它是以一种纯粹逻辑的和哲学的方式提出的……然而，在《历

① 《马克思恩格斯全集》第31卷，人民出版社1998年版，第244页。

史与阶级意识》中，这个过程表现为一种社会—历史的过程。当无产阶级在它的阶级意识中达到了这一阶段，并因而成为历史的同一的主体—客体时，上述过程也就达到了顶点。”① 这足以表明卢卡奇现代性批判的黑格尔主义性质。

卢卡奇的现代性批判是一种黑格尔主义性质上的批判范式，这在《历史与阶级意识》中表现得特别明显。他也因此被称为黑格尔主义的马克思主义者或马克思主义的黑格尔主义者。这只是从存在论基础上而言②，但是，如果从卢卡奇思想的实践旨趣来看，他已开始在试着超越黑格尔了。黑格尔对近代哲学进行了批判，并尽力去解决现代性的核心问题，即自在之物的难题，然而，由于他把同一的历史主体坐实在历史之外而以失败告终。他的现代性批判的道路终究只是一条理论的和直观的道路。而卢卡奇接着黑格尔的道路往下走，在历史辩证法的原则上要使同一的历史主体在社会历史过程中得以实现。这条道路其实已经是一条实践的道路。我们可以说，卢卡奇在这里已开始超越黑格尔了。对此，张双利指出：“卢卡奇和黑格尔之间的关系并不是没有张力的。一方面，黑格尔的哲学的确是卢卡奇的重要思想资源，这既包括它对现代世界的批判，也包括它对整个近代哲学的批判；另一方面，由于在根本上德国古典哲学与资本主义世界是一致的，它又是卢卡奇所竭力批判和超越的对象。因此，我们绝不能简单地说，卢卡奇的思想，尤其是他的总体性理论，纯粹是黑格尔主义的，而应该说它是充满着张力的。正是这些内在的张力才构成了其思

① 卢卡奇：《历史与阶级意识》，杜章智等译，商务印书馆1999年版，第17—18页。

② “卢卡奇对以康德为代表的现代性原则的批判，从总体上来说立足于——并且仅仅立足于——黑格尔；至于他为这一批判所补充的关于马克思思想的解释，从内在巩固的存在论基础上来说则几乎是无关紧要的，或者说是模棱两可的……因此，从哲学上来说，卢卡奇的现代性批判的薄弱方面，首先就在于其存在论的根基——在于这一根基仍然依赖于哲学的知识论路向，亦即仍然滞留于断言、反思及概念的天真性中”。参见吴晓明《思入时代的深处》，北京师范大学出版社2006年版，第376—379页。

想的魅力。”① 此种观点表明，卢卡奇的现代性批判理论与黑格尔主义之间是有一定张力的，正是这种张力使得卢卡奇的思想既来源黑格尔，又开始超出黑格尔。或许他还没达到马克思的思想境界，但根据新时代的境况尝试重新解释和发展马克思的思想，我们可以说他已在通向马克思思想的途中。

不管怎样，由于卢卡奇的现代性批判在实质上只是一种文化的或意识形态的批判，从而错失了社会历史的存在论根基，因此它最终在存在论上局限于一种黑格尔主义的定向。尽管这种现代性批判有其合理性和重要意义，但是由于缺乏资本批判的维度，这种批判就丧失了原则高度。根据马克思对现代性的批判必须同时展开对资本原则和现代形而上学的批判，唯有对现代性的这种双重批判，才是一种真正有原则高度的现代性批判，从而形成一种具有真正实践和历史内涵的理论构架，并为人类的未来提供真正的实践智慧。“在马克思那里，对于资本及其世界的具有原则高度的批判从根本上来说就是同对现代形而上学的决定性批判直接地并且内在地联系在一起的。……在当今世界的时代状况中，唯有这样（具有原则高度）的批判方式有助于人类向着未来开展其历史—实践的真正筹划。”② 依上文可知，卢卡奇用无产阶级的自我意识去超越理性主义的形式体系，这只是对现代形而上学的批判，而对资本的批判却落在青年卢卡奇的思想视野之外。因此，对待卢卡奇的现代性批判，我们既要看到它的重要价值，同时也要注意到它的根本理论局限。只有对它采取辩证的立场，我们才能很好地继承他的思想遗产，并推进它在当代的发展。

---

① 复旦大学当代国外马克思主义研究中心：《国外马克思主义研究论丛》第2辑，人民出版社2010年版，第106页。

② 吴晓明：《思入时代的深处》，北京师范大学出版社2006年版，第334—339页。

结束语

敞开卢卡奇思想的当代视域

本书是有关卢卡奇思想与现代性问题的理论关联研究的成果。现代是个文明形态学概念，而现代性是指现代这一文明形态最内在的规定性与最本质特征。现代性问题由来已久，可以说它是伴随着现代社会的产生与发展。而现代性问题成为人们普遍关注和讨论的话题却是20世纪的事情。本文从现代性批判角度展开一项有关卢卡奇思想的发生学研究，目的就是要把其思想放在现代文明危机和现代性问题凸显这样一个时代背景和思想语境中来理解，对卢卡奇思想进行一次全新重构，以揭示其思想的实质内涵和精神本质，并阐明其思想的理论价值和现实意义。本书之所以要把卢卡奇思想与现代性问题关联起来做一个课题化研究，很大一个方面的原因在于目前的卢卡奇思想研究提供给我们的只是一个有关其模糊的理论形象。① 目前学界对卢卡奇思想的研究可谓是成果丰硕，成就显著，但也出现了条块分割、"各

---

① 张亮认为，一般而言，国内目前卢卡奇思想的研究著作具有视域狭窄、理论含量低和原创性差的不足（参见张亮《国内卢卡奇研究七十年：一个批判的回顾》，《现代哲学》2003年第4期）。这种看法多少有点激进，但也的确说明了国内的卢卡奇思想研究有待于进一步提升和深化。他在另一篇文章也谈到要超越国内对卢卡奇研究的两种模式，即"马克思主义模式"与"西方马克思主义模式"（参见张亮《国内卢卡奇研究的两种模式及其超越》，《河北学刊》2009年第4期）。这也表明目前国内卢卡奇研究内部的分裂与对立状态，而这种对立状态也使得卢卡奇的整体形象也变得晦暗不明。

自为政”的现状。许多学者从卢卡奇思想“截取”一块进行专门研究。这种研究固然是必要的基础工作，但也使得卢卡奇思想处于分裂和肢解状态，从而未能给我们提供一个有关卢卡奇的整体印象。更要害的是，这种片断化研究由于缺乏对卢卡奇生活的时代背景和思想语境的通盘把握而不能完整反映其思想，显得更加支离破碎。

鉴于此，本书主张把现代性批判这个视角引入对卢卡奇思想的研究。通过这种方法，我们能把卢卡奇各个时期文本勾连起来，并对其思想的来龙去脉能做一个清晰阐明的理性分析。这样就可以把之前那种对其思想的片断式研究建立起逻辑联系，以前那种狭隘理解就可在现代性批判的大背景下获得明晰阐释，卢卡奇思想的性质和意义也可重新得到诠释，从而还卢卡奇一个清楚可辨的总体印象。就论题而言，本书在卢卡奇思想与现代性问题之间建立联系，用现代性批判去重构其思想，以物化理论和阶级意识理论为成果形式的卢卡奇思想就被放置在西方思想史的大背景下，从而获得了一种更广大的理论阐释空间。物化理论和阶级意识理论不再仅仅是相关于无产阶级革命理论，而是与早年异化理论息息相关，是这种异化理论发展的必然产物。卢卡奇的物化范畴也并非是马克思的商品拜物教理论和韦伯的理性化思想非法对接的结果，而是把商品拜物教和理性化思想融合在一起的产物，因为这两者都体现了现代性的特征，即形式化、抽象化和理性化原则。其次，卢卡奇主要著作的基本性质就获得了重新阐释，而不再是简单的孤立文本。比如说其早期文学艺术和美学著作就不再是单纯的文学评论作品，而是具有深刻哲学内涵的社会批判理论著作。而《历史与阶级意识》也非简单的关于无产阶级革命的理论作品，而是对现代性进行深刻批判的哲学著作。最后，对卢卡奇思想性质就能做出一个恰当判断。在存在论基础上或在总体上，卢卡奇思想一般被认为具有黑格尔主义性质。然而，如果从现代性批判角度看，卢卡奇思想就不简单地说是黑格尔主义的，而是在开始超出黑格尔主义并通向马克思主义的途中。这从其后期思想对经济学与辩证法的哲学联系作出深刻考察以及对“社会存在的本体论”的理论构筑工作可得到清晰阐明。

或许有人会说本书仅在探讨青年卢卡奇思想，这固然不错。但从现代性批判视角出发，对卢卡奇后期思想乃至对卢卡奇总体思想的理解和探究是笔者下一步努力的目标。当然，即使目前的研究尚有许多进一步探讨的空间。不管怎样，笔者会致力于从现代性批判角度去重释卢卡奇思想，以便献上一个整体而明晰的卢卡奇思想肖像，并彰显其当代价值和现实意义。而且，从卢卡奇现代性批判思想出发，去阐发法兰克福学派的现代性批判思想以及当代激进的左翼政治思想，也是笔者计划中的研究方向。他们都依据时代变化和发展从不同侧面对卢卡奇思想进行了继承与创新。接下来，我们主要从具体文本出发，从现代性批判视角去阐发卢卡奇中晚期思想，以论证卢卡奇思想的整体性和前后一贯性，并且在论述法兰克福学派现代性批判思想和当代激进的左翼政治思想时，指明卢卡奇思想对其深刻影响以及其依据时代变化对卢卡奇思想的继承和创造。最后，我们还将进一步阐析卢卡奇现代性批判理论对中国现代化建设的启示意义与借鉴作用。[①]

一 卢卡奇中晚期的现代性批判理论

卢卡奇是20世纪最负盛名的思想家之一，同时其思想又饱受争议。每个人站在自己的立场上对卢卡奇思想进行判断与评估。人们对卢卡奇的思想有颇多争议，这与卢卡奇一生思想复杂多变直接相关，卢卡奇一生的思想经历过许多转折，而且大转折中又蕴含着众多小转折；同时也与卢卡奇本人对自己思想的评价也息息相关。在其动荡的一生中，卢卡奇对自己思想作出了不同的价值评判，他时而肯定自己

① 在上一章，本文对卢卡奇的现代性批判理论作了简约评价，对其理论的思想史意义和当代意义进行了简单扼要的勾勒。此处本文从未来研究目标或卢卡奇思想当代视域展望的角度出发，对卢卡奇思想作出进一步的阐析，以期为未来研究指明具体路径和思路。

的思想，时而又全盘否弃它们。然而，我们也应注意到，卢卡奇是个思想巨人，其思想的诸多曲折衍变一定是事出有因，而非一时冲动所致。我们已从现代性批判维度融贯了青年卢卡奇思想的发展逻辑。卢卡奇对现代性的批判统摄了其早期思想发展历程。我们认为，这种对现代性的批判也是卢卡奇中晚期思想的发展线索。接下来，我们以具体文本为依据，阐明现代性批判维度是如何体现于卢卡奇中晚期思想当中。我们将领悟到，这种体现不仅解释了卢卡奇思想发展中许多蜿蜒流变之原因，也统一了其一生思想，更重要的是，表明了卢卡奇理论工作的强烈现实关怀，即对现代性危机的深切思虑。

（一）以现代性批判视角贯通卢卡奇所有思想的可能性

卢卡奇一生思想曲折多变，这主要表现在其思想发展过程当中大大小小的思想转折中。这些诸多思想演变构成卢卡奇思想的特有风景，从大的方面讲有四个主要阶段：一是直接受西美尔和韦伯等思想家影响的前马克思主义时期。这时期的主要文本是《心灵与形式》和《小说理论》等，卢卡奇此时是个新康德主义者，同时又向经基尔凯郭尔中介的黑格尔主义转化。第二是“马克思主义学徒期”。卢卡奇于1918年加入匈牙利共产党，中经匈牙利苏维埃革命和维也纳流亡时期，直至1928年《勃鲁姆提纲》的撰写。这时期的代表作是《历史与阶级意识》。卢卡奇在此阶段主要是黑格尔主义的马克思主义者。第三是20世纪30—40年代的苏联马克思主义时期。这时期的代表作是《青年黑格尔》和《理性的毁灭》。最后是晚期卢卡奇的思想独创阶段，此时的主要著作是《审美特性》和《社会存在本体论》。

纵观卢卡奇思想发展的四阶段，我们发现，前两阶段的一致性已被详细论证过，第三阶段是对第二阶段的背离，而最后阶段又似乎回归到前两阶段。究其实质，这四阶段思想转折的关键问题是对第二阶段文本《历史与阶级意识》的思想定位或评价问题。正是《历史与阶级意识》的产生和广泛影响，卢卡奇思想才会变得错综复杂，以致出现众多思想转折。它是卢卡奇思想发展的重要关节点，对其他三阶段思想有着异乎寻常的影响与作用，其他三阶段思想地位都跟它有千丝万缕的关系。《历史与阶级意识》是西方马克思主义的圣经，同时也是许多人斥为唯心主义的著作。关于此文本的历史地位，历来众说纷纭。其中卢卡奇弟子的评价至关重要。卢卡奇的弟子创建了以阿格尼丝·赫勒为代表的布达佩斯学派。他们各自的观点互不相同，但是他们对《历史与阶级意识》这部著作都作出了积极而充分肯定的评价。尽管他们可能对该著作个别具体观点的看法有差异，然而他们都充分肯定其在卢卡奇思想中、马克思主义思想发展史上乃至在20世纪西方思想史上的重要影响和作用。费伦茨·费赫尔就积极确认该文本在马克思主义哲学史上的重要历史位置。“尽管卢卡奇把自己掩饰成一个谦虚的马克思的阐释者，但他在20世纪20年代就已经成为一个经典作家。当今，无论是朋友还是敌人都同样承认，《历史与阶级意识》一书的出版是马克思逝世之后马克思主义哲学史上最重要的事件。”[①] 他们不仅肯定该著作的重要历史地位，也自觉承认其对他们各自思想的积极而深刻的启迪作用。卢卡奇的弟子在评价其晚年著作《社会存在本体论》时也积极指认《历史与阶级意识》对其产生的持久影响。他们自认为从哲学生涯的童年时代起，就在追寻一种“实践哲学”。其中《历史与阶级意识》对他们思想的塑造起着重要作用，尽管卢卡奇本人一再拒斥这部代表作。[②] 同属东欧新马克思主义的南斯拉夫实践派代表人物弗兰尼茨基也对这部著作给予较高评价：“卢卡奇无疑是本世纪最重要的马克思主义理论家之一。他的著作《历史与阶级意识》，是在时代和人这一哲学问题方面取得的最深刻的思想突破之一，可是，无论是社会主义的左派还是社会主义的右派，基本

---

① 赫勒主编：《卢卡奇再评价》，衣俊卿等译，黑龙江大学出版社2011年版，第97页。

② 同上书，第170页。

上都不理解这种思想突破。"① 总之，东欧新马克思主义理论家和后来的西方马克思主义思想家都对该文本评价较高，并都承认该著作对其思想的积极影响。当然，早期的共产国际理论家和大多数苏联哲学家却对该文本持基本否定态度，并把该书斥为唯心主义著作而大加鞭挞和批判。

不管怎样，大多数东欧新马克思主义者和西方马克思主义者还是对《历史与阶级意识》持积极和肯定的态度。但问题在于，为何卢卡奇本人会放弃其在该文本中确立的马克思主义基本立场？这对于理解其思想转折最为紧要。在写作该著作后，卢卡奇不断地对其进行自我批评，检讨其中的基本观点与立场。其中特别引人注目的是，他在1967年为该书所作的新版序言中，对该文本作出了相当严格而影响深远的自我批评。那么，这种所谓的"自我批评"是发自其内心的，还是被迫无奈呢？学者们一般认为卢卡奇的这些自我批评是被迫作出的策略选择，是其迫于当时正统马克思主义的政治压力和理论讨伐而作出的妥协行为，而非出自其内心的真实意图。科斯克拉夫斯基就认为卢卡奇思想具有断裂性，而其思想的非连续性源于当时官方压力，这种外界压力使其思想充满争议和断裂："他经常受到正统斯大林主义者的谴责和抨击，经常屈从于党的纪律，宣布撤回其先前观点，仅仅是为了在时机变得宽松时否认或修正这种撤回行为。因此，其著作充满了自我否定、收回成见、撤销这种收回以及对早期著作的重新阐释，这尤其表现在60年代那些再版著作的序言和跋当中。"② 而作为卢卡奇弟子的布达佩斯学思想家们却另有看法，他们大多认为卢卡奇的诸多自我批评和思想转折具有错综复杂的原因，而非简单的价值评判所能厘清。在他们看来，"卢卡奇的转折既是被迫的，也是自愿的；

① 弗兰尼茨基：《马克思主义史》（Ⅱ），胡文建等译，人民出版社1988年版，第330页。

② Leszek Kolakowski, *Main Currents of Marxism* (Ⅲ), Oxford: Clarendon Press, 1978, p. 253.

既是被动的，也是主动的；既是对理论的被迫修正以求得自我保存和自我保护，也是基于对原有理论内在缺陷的修正和完善而采取的主动的和自觉的举措”[①]。赫勒对这种复杂原因作出过深刻分析。她把卢卡奇对《历史与阶级意识》进行自我批判的原因归结为两点：一是迫于生存压力而采取的被动的生存选择；二是出于用人的类概念来替代阶级概念来完善其理论内在发展需要而作出的主动选择。她以为卢卡奇对该著作的否定是诚恳的。其公开认错的第一个动机是由于当时的共产党以及苏联和第三国际的限制而造成的生存选择，第二个动机来源上述被动选择造成的焦虑、受挫感和自我批判精神。而这其中的契机在于卢卡奇阅读马克思《1844 年经济学哲学手稿》所产生的思想震撼。用阶级概念来代替类概念，是《历史与阶级意识》的重大错误。[②] 尽管赫勒对卢卡奇公开认错的第二个动机的分析并非完满，但总体上其分析是中肯的。

我们在上面主要就《历史与阶级意识》来讨论卢卡奇思想中的诸多思想转折和自我批评。学者们对他的评价众多且观点杂陈，有些甚至截然相反。从这方面来判断，卢卡奇思想似乎不具有统一性。而且，如果我们从学者们对卢卡奇后期理论著作的研究和评价来看，这种思想上的非统一性好像就得到进一步确证。以苏联理论界为代表的正统马克思主义一般对卢卡奇后期思想持较为肯定态度，认为卢卡奇自《历史与阶级意识》后找到马克思主义理论，回到辩证唯物主义立场，而把卢卡奇早年到《历史与阶级意识》为止的理论探索看作非马克思主义的。卢卡奇的弟子对卢卡奇后期思想的评价却较复杂。他们在总体上对卢卡奇后期思想评价不高，特别是对《理性的毁灭》和《社会存在本体论》等评价较低，认为它们被束缚在正统马克思主义的理论框架内。当然，他们对《青年黑格尔》和《审美特性》

---

① 赫勒主编：《卢卡奇再评价》，衣俊卿等译，黑龙江大学出版社 2011 年版，中译者序言，第 8 页。

② 同上书，第 229—230 页。

却给予较高评价。

不管怎样，虽然大多数东欧新马克思主义者和西方马克思主义者对卢卡奇后期思想的评价不一，但就卢卡奇全体思想的评价上却表现出惊人的相似性，即他们一致认为，尽管卢卡奇一生的思想出现了许多波折和起伏，但是其前后期思想却保持了一种内在一致性。对于建立这种思想内在一致性的理论基础，每个学者表现出自己的理论特色。有的围绕着《历史与阶级意识》建立起一致性，如弗兰尼茨基就认为卢卡奇的晚期著作在某种程度上又回到《历史与阶级意识》的立场。有学者从卢卡奇对共产主义的坚定信仰来确认这种统一性，如克拉科夫斯基就以为卢卡奇对共产主义的信仰使得他在1918年加入共产党后一直没放弃马克思主义。而卢卡奇的弟子则突破从纯粹的理论逻辑推衍来理解卢卡奇思想的一般学术理路，而是从人类文化精神的演变和思想家的深层文化诉求的关联中把握其思想进程。衣俊卿指出，卢卡奇弟子深入人类文化精神演进的层面挖掘卢卡奇思想的文化内涵，由此他们在文化批判层面上不仅重新解读了《历史与阶级意识》的观点，而且建立起一种贯通和穿透卢卡奇全部思想的文化逻辑和理论诉求。[①] 这种从文化批判角度去贯通和勾连卢卡奇一生思想的做法深得要领，且有重大理论和实践意义。这种做法不仅能解释清楚卢卡奇一生中出现的众多思想转折和自我批评，表明其思想的内在连贯性，而且阐明卢卡奇所从事的理论活动的现实旨趣。卢卡奇对现代世界出现的文化危机深感担忧和关切，而为了找寻走出文化危机的道路，他不断地进行理论运思，并由此导致其思想不断地发生变化和转折。马尔库什断言文化是卢卡奇生命中“唯一的”思想。回答和实现“文化的可能性”是其生命中最核心的关注点。对卢卡奇而言，文化问题意味着“是否有可能过上一种摆脱异化的生活”问题。[②]

---

① 赫勒主编：《卢卡奇再评价》，衣俊卿等译，黑龙江大学出版社2011年版，中译者序言，第15页。

② 同上书，第5—6页。

卢卡奇的弟子主要从文化批判视角来统摄卢卡奇思想整体，使其思想保持内在的一贯性。在一定意义上我们也可把这种文化批判看作一种现代性批判。[①] 我们在前面用现代性批判视角统一了卢卡奇从早期到《历史与阶级意识》为止的思想。通过以上论证表明，卢卡奇对现代性的批判不仅贯穿了其早期的思想理论活动，而且贯通了其中晚期的思想进程。

（二）卢卡奇是如何用现代性批判来重构其中晚期思想

卢卡奇从小就对现代文明世界的危机有一种深切的感知和体验，这种敏锐的体认使得他始终持有对现代资本主义世界的自觉批判意识和超越现代性危机的强烈渴望。他早期从事艺术、文学和美学等理论研究，但是这种理论活动并非一种知识社会学性质的研究，不关涉价值判断，而是建立在现代性批判基础上的理论研究活动，目的是解决现代社会的危机问题。虽然这种理论活动取得了丰硕成果，然而卢卡奇心里清楚这种理论研究无助于现代性问题的化解。“十月革命”的胜利给在黑暗中苦苦摸索的卢卡奇指明了解决现代性危机的道路，即共产主义道路。接着他开始把研究重点放在马克思主义理论上，并且加入匈牙利共产党组织，积极参加匈牙利无产阶级革命活动。《历史与阶级意识》是这阶段的理论结晶。它对现代性进行了深刻的揭露，把现代性揭示为物化现象和物化意识与理性主义形式体系之间的共谋关系，并把无产阶级意识的唤醒以及共产党在阶级意识上对无产阶级的领导地位看作走出现代性危机的唯一可行道路。

---

① 衣俊卿界定的文化批判主题较为宽泛与丰富，包括意识形态批判、技术理性批判、大众文化批判、现代国家批判和现代性批判等（衣俊卿等：《20 世纪的文化批判》，中央编译出版社 2003 年版，“序言”第 20 页）。本书界定的现代性批判含义也较广泛，主要指对资本主义社会的物化或异化现象和形式理性进行的批判以及对走出异化或物化路径的探求。这种解放的路径既包括文化和哲学的道路也涵括现实的革命道路。就此而言，本文探讨的现代性批判与衣俊卿和马尔库什所指的文化批判有异曲同工之处，或者说他们在批判性质和批判方式上是一致的，而且，在前面笔者也指证出卢卡奇的现代性批判本质上也是意识形态批判或文化批判。

然而，我们知道，无产阶级意识并没有在无产阶级头脑中真正形成，而匈牙利苏维埃革命也很快失败了。卢卡奇的现代性批判似乎走入绝境。但是，卢卡奇的倔强性格并不会使他轻易地放弃。他一边从事政治实践活动，一边继续进行理论探索活动，继续其现代性批判理论工作。这种理论工作是以卢卡奇对《历史与阶级意识》的不断反思来获得思想源泉的。该著作经常被他人批评为唯心主义和主观主义著作。卢卡奇后来也承认这一点，这特别体现在实践概念上。在晚期的卢卡奇看来，“被赋予的”无产阶级意识在此作品中被理解为革命的实践，这种实践概念肯定是抽象的和唯心主义的，是不可思议的。[①]卢卡奇认为，“如果不以真正的实践为基础，不以作为其原始形式和模型的劳动为基础，过度夸张实践概念可以走向其反面：重新陷入唯心主义的直观之中”[②]。正是由于卢卡奇后来看到实践等一系列概念的唯心主义性质，才不断地重视抽象概念的经济基础和自然本体论基础，由此不断地接近马克思。他批评自己将“总体在方法论上的核心地位与经济的优先性对立起来”，以及曾试图用经济基础来对所有意识形态现象作出解释，但是对经济还是做出过于狭隘的理解，因为它遗忘了作为社会与自然之间物质变换的中介的“劳动”。他还检讨自己对马克思主义的本体论根基的反对，即将马克思主义仅仅看作一种关于社会理论和社会哲学，因而忽视或者否认它同时也是一种关于自然理论的倾向。[③]

对于这些唯心主义错误，卢卡奇作出了诚恳的自我批评。他深入到哲学理论的经济基础，以便继续推进现代性批判工作。在一篇有关布哈林的评论文章《尼古拉·布哈林：历史唯物主义》中，他使关于经济的观点具体化。他对当时广泛流行于共产党人和资产阶级实证主义者中的庸俗唯物主义观点进行激烈抨击。这种观点认为技术是决

① 卢卡奇：《历史与阶级意识》，杜章智等译，商务印书馆 1999 年版，第 13 页。
② 同上书，第 12 页。
③ 同上书，第 10—15 页。

定生产力进步的主要因素，而卢卡奇则认为，经济力量决定着社会过程和技术进步。[①] 在《拉萨尔书信新版本》和《莫泽斯·赫斯和唯心主义辩证法问题》这两篇文章中，卢卡奇更为具体地将社会批判和对于社会进化的理解植根于经济状况中去。他一方面继承了黑格尔的辩证法；另一方面接受青年马克思的思想，强调经济范畴在哲学理论中的基础作用。这种对经济基础的突出强调表明，卢卡奇正在纠正其早期的唯意志论思想。而这突出体现在他1929年起草的《勃鲁姆提纲》政治纲领上。他通过对匈牙利社会和经济状况的理性分析提出，争取共和国的合法口号必须是工农民主专政。然而，这样一种根据实际情况提出的策略目标却被斥为纯粹的机会主义。卢卡奇被迫发表“自我批评”，但他因此决定退出现实政治舞台，全身心投入理论活动中。1930年卢卡奇在莫斯科辨认且阅读了马克思的《1844年经济学哲学手稿》。这部著作对卢卡奇起了振聋发聩的效果，而非使他欣喜若狂。他并没有在其中找到自己与马克思思想的相似性，反而根据此作修正了自己在《历史与阶级意识》中所犯下的幼稚错误。“时至今日，我仍旧记得马克思关于对象性是一切事物和关系的基本物质属性的论述对我产生的惊人印象。”[②] 卢卡奇在这里强调了哲学范畴的唯物主义基础，而这种物质基础在《历史与阶级意识》中是被忽视的。1931—1933年卢卡奇在柏林作为文学艺术评论家提出现实主义创作理论，与自然主义理论相对立。这是其哲学世界观的根本转变，同时也是他对现代性批判的继续。自然主义理论以机械的反映论为基础，而现实主义理论则以辩证反映论为哲学根基。现实主义创作主张语言与生活的互动和互相创造，以此带来两者的改变。这种重视现实社会生活的基础地位及其实际改变的思想理论，是卢卡奇现代性批判的继续与深化。

---

① 卢卡奇：《历史与阶级意识》，杜章智等译，商务印书馆1999年版，第30—31页。
② 同上书，第34页。

卢卡奇在其学术生涯中晚期的主要著作为《青年黑格尔》《理性的毁灭》《审美特性》和《社会存在本体论》。他在这些著作中并没表现出与前期思想的断裂，或发生了根本的思想转变。换言之，如果说其中要是真有变化的话，只不过它们是前期思想的进一步完善和深化的结果，是他对现代性进行批判的延续和发展。《青年黑格尔》是以青年黑格尔的思想发展为线索，重点论述黑格尔的《精神现象学》。该书讨论了诸多问题，其中最突出的是哲学史方法论问题。卢卡奇认为自己提出了一种哲学史方法论上的新观点，即经济范畴和哲学范畴、经济学与辩证法之间的内在关联。在他看来，哲学与社会现象之间的思想关联在那时还没人曾研究过。青年黑格尔对英国经济情况和政治经济学的具体研究，促成了其辩证法的实际产生。“在他（黑格尔）对伟大的法国革命的革命理想发生迷惑的时候，他对政治经济学的分析研究，他对英国的经济情况的分析研究，给他提供了指南针，使他走出了这个迷宫，找到了他通往辩证法的道路。并且我们还想具体指出，掌握经济问题对于青年黑格尔的自觉的辩证思想的产生，具有如何巨大的意义。”[①] 这种对哲学与社会经济现象之间思想关联的方法论研究，纠正了《历史与阶级意识》对意识过分强调的唯心主义错误，使其现代性批判建立在更坚实的社会生活基础上。《理性的毁灭》是卢卡奇一部重要但又备受争议的著作。该著作分析了“二战”中法西斯主义兴起的哲学根源。卢卡奇把之归咎于非理性主义的德国传统哲学倾向。他认为，这种非理性主义哲学思潮抛弃了德国的理性传统，不断泛滥，以致最后促使纳粹主义的产生。这种要哲学理论为现实灾难负责的思想固然有其偏颇之处，但他把哲学思潮与社会现实勾连，其实表现出他对现代社会的深深关切和忧虑，是对现代性的一次深刻揭露和批判。卢卡奇引用福克纳的话说：“我们时代的悲剧是普遍的、支配整个世界的恐惧。我们在内心承受这恐惧

① 卢卡奇：《青年黑格尔》（选译），王玖兴译，商务印书馆1963年版，第24页。

已经如此长久，以致我们对它甚至已能忍受。不再有思想问题，只还有一个疑问：什么时候我被炸得粉身碎骨?"[①] 卢卡奇在此处指出现代性问题的严重性和普遍性，要我们拒斥非理性主义思想，重新拥抱理性，以便有可能走出现代性危机。

《审美特性》是一部众多学者比较认同的作品。卢卡奇在其中提出了一般的方法论问题，即科学认识和审美意识是对日常生活的反映，是以日常生活作为其物质基础。"对客观现实的科学反映和审美反映是在历史发展的过程中形成的、并不断精细分化的反映形式。这些反映在生活本身中既能找到它的基础，也能求得它的最终的完成。"[②] 审美活动是对现实生活的反映，但这种反映并非一种被动的反映，它同时包含着人的主观能动性，因而是主观性和客观性相结合的产物，从而是一种辩证的反映。然而，卢卡奇对审美艺术特性的阐述并非一般的实证说明和介绍，而是蕴含着深刻的批判精神。赫勒恰当地对之加以揭示："艺术是一种对象化，其功能是消除拜物教。在对艺术品的享受和理解中，所有个体都提升到'类特征'的水平上；不断地作为意识的非拜物教化而产生的个体的统一得以实现。在艺术的净化中，所有个体都获得了人类的记忆，并且伴随着这种记忆，他们践行了这样的根本要求：'你必须改变你的生活。'"[③] 很明显，卢卡奇寄希望审美艺术能解决现代性的危机问题。在艺术欣赏中，个体和类达到统一，拜物教得以扬弃，人们能过上一种"后"现代的非异化生活。

《社会存在本体论》是卢卡奇晚年倾心撰写的一部鸿篇巨制，可以说该书是其一生思想的理论总结。但是，与他以前所撰写的许多著

---

① 卢卡奇：《理性的毁灭》，王玖兴等译，江苏教育出版社 2005 年版，第 560 页。

② 卢卡奇：《审美特性》第 1 卷，徐恒醇译，中国社会科学出版社 1986 年版，第 2 页。

③ 赫勒主编：《卢卡奇再评价》，衣俊卿等译，黑龙江大学出版社 2011 年版，第 238 页。

作的命运相似，该著作在广为人赞誉之时也饱受争议。本书以为，撇开学者们褒贬不一的评价不计，如果我们重新梳理卢卡奇一生思想的发展线索，并且从现代性批判视野去考量的话，该著作并非一部屈从于传统马克思主义哲学的违心之作，也非“临近20世纪末一部令人钦佩的不朽巨著”，而是卢卡奇矢志不渝地对现代性批判的理论产物。卢卡奇在其中要建立关于社会存在的本体论学说。而要达到此目标，就要遵循马克思的两个最基本的原则，即历史性和劳动。按照历史性原则，整个物质世界不断向前发展，依次产生了无机物存在、有机物存在和社会存在这三种存在方式。前两种存在方式是后一种的前提和基础，后者是前两者的质变和飞跃。就第一方面而言，卢卡奇在1967年《历史与阶级意识》新版序言中作了自我批评，认为自己把自然也看作社会范畴是错误的，而没认识到自然是社会的物质基础，以及关于自然的唯物主义观点是资产阶级世界观和社会主义世界观之间的真正区别。[①] 就第二方面来说，这种飞跃源于人类生产劳动的作用。劳动是目的设定性活动。这种活动既受制于物质条件，又体现了人的自由性和主动性。劳动实践既会导致人的异化，同时又有人类解放的功能。

纵观卢卡奇后期的这四部作品，我们发现，除了《理性的毁灭》是“应景之作”（当然它也是卢卡奇深思熟虑的产物，体现了卢卡奇对现代性危机的深切忧思），其他三部作品之间有着紧密关系。20世纪30年代卢卡奇与米哈伊尔·里夫希茨合作，企图去建立一个马克思主义的美学体系。他的一个重要美学原则是辩证反映论，强调文学和艺术与生活互相创造的辩证观点。卢卡奇的系统美学理论的最终结晶是《审美特性》。《审美特性》中的美学理论其实是对《海德堡美学手稿》和《历史与阶级意识》中的美学观点的深化。卢卡奇反思《历史与阶级意识》时得出哲学要与社会现实互动的教训。由此，在

① 卢卡奇：《历史与阶级意识》，杜章智等译，商务印书馆1999年版，第10—11页。

《青年黑格尔》中他对辩证法与经济学的内在关联进行了考察。而在《社会存在本体论》中他对这种新的哲学史方法论进行哲学上的理论总结和概括。在1967年《历史与阶级意识》新版序言中，卢卡奇对自己中晚期的思想发展轨迹进行简要的勾勒。在经历现实革命斗争的实际经验和《历史与阶级意识》出版后所招致的批评后，他开始反思自己的所做所想。在关于莫泽斯·赫斯第一部论文集的讨论中，他总结出要对经济及其社会发展问题进行哲学具体化的思想。这种思想引领了卢卡奇后期思想的主导线索。“上述思想最重要的意义在于，它最大限度地表现出了这样一种要求：要从事一种新的批判，从而寻找一个明确的方向，使之与马克思的《政治经济学批判》沟通起来。一旦我对《历史与阶级意识》整个内容的错误之处获得了一种清晰的、根本的认识，这种寻找就变为一个具体的研究计划，即要对经济学与辩证法之间的哲学联系作出考察。早在30年代我就第一次试图将这一计划付诸实现。在莫斯科和柏林，我写了关于青年黑格尔著作的初稿。只是在30年后的今天，我才试图在关于社会存在的本体论中找到解决这一问题的根本方法。”① 由此可见，卢卡奇后期思想发展进路也是其对现代性批判理论的发展轨迹。

二　法兰克福学派的现代性批判思想及其他

卢卡奇对现代性的批判不仅存在于其青年时期的思想里，也贯穿了他中后期的思想理论中。卢卡奇对现代性不遗余力的批判，对同时代和后来的思想流派和思想家的影响巨大，尤其是对法兰克福学派的思想。法兰克福学派的社会批判理论直接肇始于卢卡奇的现代性批判思想，特别是其物化理论，而物化理论又可追溯至韦伯的合理化理论。接下来，我们就从卢卡奇的物化理论出发，观察它是如何受韦伯

① 卢卡奇：《历史与阶级意识》，杜章智等译，商务印书馆1999年版，第33页。

合理化思想影响，同时它又是如何影响法兰克福学派的思想，而法兰克福学派又是如何继承、改造和发展卢卡奇的现代性批判思想，并检讨法兰克福学派思想努力的得与失。最后简略阐述卢卡奇现代性批判对当今左翼政治思潮的影响以及对中国现代化建设的启示意义。

对卢卡奇和法兰克福学派的现代性批判思想来说，韦伯的合理化理论是其共同的思想来源。“如果从霍克海默和阿多诺在40年代初期的立场出发，我们就会清楚地看到，韦伯的合理化主题与建立在马克思——卢卡奇传统基础上的工具理性批判是一脉相承的。”[①] 哈贝马斯把法兰克福学派思想主题概括为工具理性批判。而卢卡奇的物化理论与受其影响的工具理性批判都来源韦伯的合理化主题。韦伯、卢卡奇与法兰克福学派的思想一脉相承。对韦伯而言，理性化或合理化是现代性的基本特征。现代资本主义社会是个不断理性化的社会。现代社会的理性化的过程不仅表现在宗教、道德等文化领域，也表现在经济与政治等领域。如前所述，理性化在韦伯这里表现为积极的记述概念，也就是说，它是个中性概念。理性在现代社会中的扩散与渗透是一个自发的客观必然过程，尽管这种理性化过程会导致生命意义与个体自由的双重丧失。卢卡奇赞成韦伯有关合理化概念的社会学描述，认为此概念准确把握了现代性的本质特征。而且他也认肯韦伯对现代性内在悖论的揭示，即现代社会的理性化必然会导致目的理性与价值理性的内在张力。尽管韦伯揭露出现代社会的本质特征，但他仅仅只是对此作纯粹社会学的描述与分析，并且对现代社会的前景持悲观主义态度。卢卡奇是现代批判理论家，他对现代性持激烈的批判态度。因此，卢卡奇接受了韦伯的合理化概念，但他对其作出了创造性的改造，使之变为一个具有价值取向的批判性概念，即物化概念。

那么，他是如何做到这一点呢？他接受了韦伯的理性化概念，但

---

① ［德］哈贝马斯：《交往行为理论》第1卷，曹卫东译，上海人民出版社2004年版，第326页。

是他又对这个概念不满意，因为它是个价值中立概念。卢卡奇一直对以形式理性为主导的现代资本主义社会进行批判。他走进现代主义艺术和认同新康德主义思想，正是对这个理性化社会的反对。然而，他又发觉，这种对形式理性原则的直接反动并未撼动坚若磐石的现代社会，因为这种浪漫主义的对抗方法对现实未加触动，而且深深陷入一种以为问题得到解决的自我欺骗中。接着他转向黑格尔的历史辩证法，而其中的中介物是基尔凯郭尔和陀思妥耶夫斯基的宗教资源。最后在马克思的拜物教批判理论的基础上，卢卡奇形成了自己的物化理论。因此，正是多种思想资源的中介才使得卢卡奇对韦伯的合理化理论进行创造性转化，并最终形成自己独特的物化理论。卢卡奇"实际上是站在马克思主义的辩证法的立场上对韦伯的思想进行了包容和超越。……他最终站在商品拜物教批判的立场上扬弃了韦伯的合理化批判思想"。①

卢卡奇的物化理论建基于韦伯的理性化理论，但同时又赋予其以批判性含义。对卢卡奇来说，物化是现代社会人们的普遍命运。由于人类劳动的普遍抽象，人与人之间的社会关系被抽象的物所中介和主导，人们之间直接的社会关系下降为次要的东西。物化的内在规定性是形式理性原则，即一种可计算性原则。而形式理性原则要成为生活中的现实，还需人的物化意识的中介。而人的物化意识则不断地巩固现实社会中的物化现象，使得物化现象成为资本主义社会的普遍现实。物化现象与物化意识相伴相随，它们互为中介，互相巩固，成为现代人难以逃脱的魔影。韦伯认为，现代社会的合理化进程是个自发的客观过程，其结果是统一价值的坍塌和个体自由的丧失。韦伯认为这是现代人难以逃避的命运，他把之形象化为"钢铁般的外壳"，任何人都被罩在这围城中逃离不掉。这里凸显出韦伯面对理性化过程的

① 复旦大学当代国外马克思主义中心：《当代国外马克思主义评论》（8），人民出版社 2010 年版，第 266 页。

悲观主义态度。与韦伯不同的是，卢卡奇承认现代世界是物化世界，其中形式理性原则成为现实社会的主导原则。但是他认为形式理性原则在现代社会有其自身的界限。一旦达到这个界限，形式理性原则就会失去效力。“世界的这种表面上彻底的合理化，渗进了人的肉体和心灵的最深处，在它自己合理性的形式特征上达到自己的极限”①。这明显表现出卢卡奇对破除物化现象的乐观态度。法兰克福学派代表人物霍克海默也坚持卢卡奇的物化概念。“尽管霍克海默和韦伯所强调的重点各不相同，但霍克海默还是坚持了构成韦伯时代诊断核心内容的两个主题，即意义丧失主题；自由丧失主题。他们二人只是对这些主题的论证有所不同，因为霍克海默在论证过程中坚持的是卢卡奇所提出的观点，即把资本主义的合理化理解为物化。”② 早期的霍克海默对去除物化持乐观态度，然而，他后来却表现出极度悲观思想。

卢卡奇对现代性进行了双重批判。现代性的现实表现形式是物化现象和物化意识。其哲学表达形式为理性主义形式体系。这种形式体系中包含着现代性的内在悖论。悖论的解决需要同一的历史主客体。而这只有依靠具有普遍性质的无产阶级才能做到。无产阶级能在自身上找到同一的主客体，从而消除资本主义社会中的物化现象。卢卡奇认为，只有从无产阶级立场出发，无产阶级作为人类历史发展过程中的同一的主客体的本质才能出现。无产阶级立场即无产阶级阶意识。他提出用无产阶级阶级意识来扬弃物化意识，从而达到现代性的批判目的。卢卡奇是用马克思的辩证法去论证无产阶级阶级意识的生成机制。在这里，辩证法不仅是方法论，也是存在论，是无产阶级的存在和活动本身。因此，卢卡奇在《历史与阶级意识》中用辩证法从哲学上论证无产阶级阶级意识生成的可能性，同时从政党、无产阶级与

---

① Georg Lukács, *Georg Lukacs Werke*: *Fruehschriften* Ⅱ (*Band* 2), Hermann Luchterhand Verlag, 1977, S. 276.

② ［德］哈贝马斯：《交往行为理论》第 1 卷，曹卫东译，上海人民出版社 2004 年版，第 327 页。

历史的关系中探讨无产阶级阶级意识的现实性，从而马克思的辩证法在卢卡奇那里实际上就是关于革命的辩证法。从某种意义上说，马克思的辩证法在卢卡奇那里不仅是关于无产阶级革命的，也是无产阶级革命本身。这也是我们一再申明的卢卡奇开始超越黑格尔主义的原因所在。霍克海默和阿多诺等法兰克福学派代表人物开始对无产阶级革命还充满信心。但随着社会历史的发展，他们逐渐失去了对无产阶级的信心。文化工业的出现，法西斯主义和苏联集权主义的兴起，使得无产阶级失去了有机地形成无产阶级阶级意识的可能性。现代社会已是宰制社会，它在改善工人生活条件的同时，也压缩了工人形成集体反抗意识的现实空间。既然革命已变得日益不可能，对法兰克福学派思想家唯一能做的是进行社会批判。正是由于资产阶级意识对无产阶级阶级意识的遮蔽与压制，无产阶级阶级意识才难以形成。因此，他们对资产阶级的文化和意识形态进行猛烈批判。卢卡奇的物化概念是以形式理性原则为内在规定。这种形式理性可以说是目的——工具理性。社会批判理论家们接过并推进了卢卡奇的物化理论。他们把目的理性（Zweckrationalitaet）等同于工具理性（instrumentelle Vernunft），并把对资本主义社会中的工具理性的批判延展到整个西方文明史。“霍克海默和阿多诺认为有必要进一步挖掘物化批判的基础，并把工具理性扩展成为整个世界历史文明进程的一个范畴，也就是说，把物化过程从现代资本主义的发生继续向前追溯到人类文明的源头。”①大众文化、新实证主义和法西斯主义等在一定程度上可以说都是工具理性的表现形态。他们推进了卢卡奇的物化理论，但放弃了其无产阶级革命学说。他们看出时代条件使得无产阶级阶级意识已丧失产生的可能性。如果要唤醒无产阶级阶级意识，只有依靠政党的特权和灌输。而苏联的集权主义现实阻止他们这么设想和实践。所以，放弃革

---

① ［德］哈贝马斯：《交往行为理论》第1卷，曹卫东译，上海人民出版社2004年版，第348页。

命就势所必然。

卢卡奇使用马克思的辩证法论证无产阶级阶级意识的生成。他认为马克思思想的本质是辩证法。马克思的辩证法是主客体辩证法。但在法兰克福学派思想家看来，卢卡奇对辩证法的理解过于黑格尔主义化，这特别表现在辩证法与总体性之间的本质关联。卢卡奇以为无产阶级阶级意识的生成过程是一个不断中介的辩证过程，而中介过程也是一个逐渐通向总体性的过程。然而，社会批判理论家们拒绝辩证法与总体性的互相关联。现代社会已成铁板一块，总体性已变得不可能。他们提出与传统辩证法不同的否定辩证法。否定辩证法最核心的内涵是“被规定的否定”。根据传统辩证法，否定是包含着肯定的辩证否定，否定之否定就是肯定。而在他们看来，否定是绝对的，而肯定是相对的。只有在不断的否定中，新的内容才得以显现。人们的任务是不断地进行否定，而不是去认识和实践那个总体或绝对。既然革命在现代社会已变为不可能，总体性问题也就不复存在。

法兰克福学派第二代代表人物哈贝马斯继承了韦伯和卢卡奇开创的现代性批判传统，同时又在其基础上向前推进。他在反思现代性话语的历史时指出，韦伯的合理化理论、卢卡奇的物化批判和早期社会批判理论的工具理性批判指向的对象都是形式理性。这种对形式理性的批判的哲学基础是黑格尔的形而上学理性观或主体性的意识哲学。现今时代变化了，现代社会已是后期资本主义，主体性意识哲学已耗尽其批判潜能，建立在意识哲学上的现代性反思或批判既不能提供启蒙现代性理想的规范内容，也不能提出实现现代性合理潜能的途径。“从卢卡奇到阿多诺对韦伯合理化理论的接受当中，可以清楚地看出，社会合理化始终被认为是意识的物化。但由此而导致的悖论又说明，用意识哲学的抽象概念并不能妥善地处理这个主题。”[①] 时代的发展

① ［德］哈贝马斯：《交往行为理论》第 1 卷，曹卫东译，上海人民出版社 2004 年版，第 381 页。

呼吁社会批判理论规范基础的重建，应该用语言哲学代替意识哲学。哈贝马斯提出交往理性概念，重建了社会批判理论的规范基础，从而实现社会批判理论的“语言哲学转向”。后期的哈贝马斯开始转向政治伦理学。法兰克福学派第三代核心人物霍耐特最终实现了政治伦理转向。霍耐特认为，即使哈贝马斯也没有真正为批判理论奠定规范基础，规范基础只能到人类学中去找寻。鉴于此，本书必须走规范研究与经验研究相结合的道路，也就是说，必须走出交往理性范式，从语言学理论转向承认理论。

卢卡奇的现代性批判不仅对法兰克福学派的批判理论产生持久影响，也深刻影响着当代西方左翼政治思潮。在当今西方左翼政治思潮中正发生着一个明显的宗教转向。对这个宗教转向作具体原因分析时，笔者发现它是在回应革命的主体性危机问题。[①] 出于对革命主体性问题的焦虑，他们转向宗教，以期利用丰富的宗教资源来解决关于革命的普遍性质和历史的重新开创的问题。我们知道，卢卡奇在批判现代社会的物化现象与物化意识时，主张用无产阶级意识去扬弃物化意识。但欧洲无产阶级革命的相继失败，使得革命主体性问题凸显。之后又有法兰克福学派对革命的主动放弃。就革命与宗教之关联而言，卢卡奇在加入匈牙利共产党前后曾专门探讨过此问题。他企图利用宗教方面的思想资源来论证革命伦理问题。但他在《历史与阶级意识》中又对自己以前的宗教思想进行清算，并与布洛赫宗教的革命乌托邦立场划清界限。当今左翼政治思想思潮有几大流派，其中有一派以恩里克·杜塞尔、迈克尔·罗威和埃尔汶·沃尔法施等为代表，他们直接延续卢卡奇和布洛赫等人的思路，对资本主义社会的拜物教进行毫不留情的批判，强调革命与宗教之联盟，致力于构建马克思主义与宗教的联盟，以期能在当今世界真正解决革命的主体性问题。

---

① 对这次重要宗教转向的扼要介绍和精彩分析，可参考张双利的文章《宗教与革命的主体性问题》，《国外马克思主义研究报告2010》，人民出版社2010年版。

最后笔者还尝试探讨卢卡奇的现代性批判思想与中国历史与现实之关联。目前中国正在进行现代化建设。中国应该进行现代化建设，以及中国需要建构现代性，现在已成国人的共识。但对于中国的现代化和现代性模式的选择问题，争议颇多。目前至少有两种思想主张值得关注：一种观点认为，现代化只有一种，即西方的现代化。这种现代化以自由主义思想、现代民主政治、自由市场经济、民族国家和资本主义工业体系为其显著特征，它具有普适意义。另一种观点认为现代化并不意味着西方化，现代化模式是多元的，每个国家都可根据自己的历史文化传统、时代环境和人们的价值观念等选择适合自己的现代化道路。然而，不管我们选择何种现代化模式，都应有对现代性和现代化的正确态度。第一种主张重视现代性的普世价值，表达了某些人对西方现代性的高度赞同立场，以及急切想学习西方现代化模式来改变落后中国的愿望，但缺乏对西方现代性应有的反思态度以及对本国历史与国情的考虑。第二种观点注重现代化的普适性和特殊性的结合，追求“另类的现代性”，但很容易导致凸显现代化的特殊性而贬低或忽视普遍性的倾向。

如果我们从整体上考量这两种对现代性的态度，就能发觉，他们看似不同，甚至相反，但其实在本质上是一致的，即它们缺乏一个对现代性和现代化的审慎而科学的态度。而这种科学态度会对我国的现代化建设起着重要的规范和指导意义。而要做到这一点，就需要我们从我国的历史传统和具体国情出发，借鉴西方的现代性思想资源，从总体上去把握和规划中国现代化的现状和未来。中国是在一个完全不同西方国家的历史条件下去进行现代化建设，即中国的现代化是“外生后发”。中国的现代化进程置身于一个巨大的历史错位中。中国发起新文化运动，号召国人学习西方的民主和科学，而西方却出现批判现代性的思潮。20 世纪 70 年代末，当中国人民走出“文革”的阴影，开始进行现代化建设时，西方却出现了后现代主义思潮，它对现代性的严重后果忧心忡忡，由此对现代性和现代化的价值观大加鞭挞。这种历史错位既是我国现代化发展的劣势，因为我国要在西方背后奋起直追，又是我国的优势，因为我国进行现代化建设可以借鉴西方国家的现代化发展的成功经验与失败教训。西方思想家的现代性批判理论成果就值得我国汲取和吸收。他们对西方现代性的起源和性质等作了深入研究，对现代性的得失作了适当评估。卢卡奇的现代性批判就是一个很重要的思想资源。

卢卡奇的现代性批判重要体现在他的物化理论与阶级意识理论。卢卡奇物化理论是他站在马克思辩证法的立场上融合韦伯的合理化理论与马克思的拜物教批判理论的产物。现代社会是个不断理性化的社会，但现代人对物的崇拜导致人与人关系的异化。现代社会中的物化现象与物化意识互为生成。而物化意识即资产阶级意识。物化意识需要用无产阶级意识去扬弃。卢卡奇提出用总体性辩证法去生成无产阶级意识。而现实中的无产阶级意识很难产生。卢卡奇提出无产阶级政党承担赋予工人以无产阶级意识的领导地位。我们从中至少可以获得两点启示。

首先，对我国目前出现的物化现象和物化意识的利弊要有清醒的意识。我们既要承认其出现的必然性，又要尽量降低它对我们人际关系和社会风气的不良影响。中国正处于社会主义初级阶段，实行的是社会主义市场经济。市场在资源配置上起着决定性作用。由此，人对物的依赖关系必然长期存在。我们要看到这种物化关系对我们经济发展有着重要的促进作用。它能搞活经济，提高人民生活水平，为将来人的自由全面发展创造客观条件。同时我们也应觉察到物化带来的负面效应。它会滋生我们对物的依赖和崇拜关系，出现拜金主义思想。这种思想即物化意识，它使我们处于被物所役使的境地而不能自拔，从而失去了超脱物化的可能性。因此，我们既要充分发挥物化关系必然带来经济发展的积极作用，也要极力规避或减缓物化给我们的生活和思想带来的负面效果。

其次，要充分发扬党的政治和思想领导作用，以及政府的经济领导作用，对改革开放要进行顶层设计和统筹规划，加大我国政治制度、经济制度和文化制度等改革和建设，为最终实现对物化的扬弃创造必要的主客观条件。卢卡奇用总体性辩证法去促成无产阶级意识的长成，并充分发挥无产阶级政党在其中的领导作用。总体性辩证法表明，为去除物化意识，既需要无产阶级具备总体性视野，达到对资本主义社会的本质认识，又需要自身的实际努力，以便打开历史的僵硬局面，重新开创历史。无产阶级政党是先进的组织，它能引导无产阶级意识的自为生成。中国是后发现代化国家，需要大力发展生产力，物化现象必然会出现，并蔓延到社会各个领域，并成为我们每个人必然经历的历史命运。中国共产党是我国的领导阶级，它有资源也有能力去深化中国的改革开放，对改革开放进行总体性筹划，大力发展中国的经济、政治和文化等事业。它领导中国现代化建设，不断深化改革和开放，其目的不仅仅是推进物化现象的普遍展开，使国家富强和人们过上富裕的生活，更重要的是为最终扬弃物化实现人的自由全面发展创造有利条件。而这不仅是它执政能力的证明，也是社会主义合理性的验证。

参考文献

中文文献：

1.《马克思恩格斯选集》第1—4卷，人民出版社1995年版。

2.《马克思恩格斯全集》第21卷，人民出版社1965版。

3. 马克思：《资本论》第1卷，人民出版社2004年版。

4.《马克思恩格斯全集》第42卷，人民出版社1979年版。

5. 马克思：《1844年经济学哲学手稿》，人民出版社2000年版。

6. 马克思、恩格斯：《神圣家族》，人民出版社1958年版。

7. 马克思、恩格斯：《德意志意识形态》，人民出版社1961年版。

8.《马克思恩格斯全集》第30卷，人民出版社1995年版。

9.《马克思恩格斯全集》第31卷，人民出版社1998年版。

10. 卢卡奇：《历史与阶级意识》，杜章智等译，商务印书馆1999年版。

11. 卢卡奇：《卢卡奇早期文选》，张亮、吴勇立译，南京大学出版社2004年版。

12. 卢卡奇：《小说理论》，燕宏远、李怀涛译，商务印书馆2012年版。

13. 张伯霖等编译：《关于卢卡契哲学、美学思想论文选译》，中国社会科学出版社 1985 年版。

14. ［意］葛兰西：《实践哲学》，徐崇温译，重庆出版社 1990 年版。

15. ［德］柯尔施：《马克思主义与哲学》，王南湜等译，重庆出版社 1989 年版。

16. ［德］阿多诺：《否定辩证法》，张峰译，重庆出版社 1993 年版。

17. ［德］霍克海默、阿多诺：《启蒙辩证法》，渠敬东等译，上海人民出版社 2003 年版。

18. ［法］德里达：《马克思的幽灵》，何一译，中国人民大学出版社 1999 年版。

19. ［美］麦克莱伦：《青年黑格尔派与马克思》，夏威仪等译，商务印书馆 1982 年版。

20. 莱文：《辩证法内部对话》，云南人民出版社 1997 年版。

21. 霍夫曼：《实践派理论和马克思主义》，社会科学文献出版社 1988 年版。

22. 《马克思哲学思想研究译文集》，人民出版社 1983 年版。

23. 吴晓明主编：《当代学者视野中的马克思主义哲学·西方学者卷》，北京师范大学出版社 2008 年版。

24. 杨耕主编：《当代学者视野中的马克思主义哲学·中国学者卷》，北京师范大学出版社 2008 年版。

25. 《十八世纪末——十九世纪初德国哲学》，商务印书馆 1960 年版。

26. 《十六—十八世纪西欧各国哲学》，商务印书馆 1975 年版。

27. 文德尔班：《哲学史教程》（上、下卷），罗达仁译，商务印书馆 1997 年版。

28. 笛卡尔：《探求真理的指导原则》，管震湖译，商务印书馆 1990 年版。

29. 笛卡尔：《第一哲学沉思集》，庞景仁译，商务印书馆 1986 年版。

30. 笛卡尔：《哲学原理》，关文运译，商务印书馆 1958 年版。

31. 斯宾诺莎：《伦理学》，贺麟译，商务印书馆 1983 年版。

32. 斯宾诺莎：《知性改进论》，贺麟译，商务印书馆 1960 年版。

33. 休谟：《人类理解研究》，关文运译，商务印书馆 1957 年版。

34. 莱布尼茨：《人类理智新论》，陈修斋译，商务印书馆 1982 年版。

35. ［德］康德：《纯粹理性批判》，蓝公武译，商务印书馆 2003 年版。

36. ［德］康德：《纯粹理性批判》，邓晓芒译，人民出版社 2004 年版。

37. ［德］康德：《未来形而上学导论》，庞景仁译，商务印书馆 1978 年版。

38. 费希特：《全部知识学的基础》，王玖兴译，商务印书馆 1986 年版。

39. 谢林：《先验唯心论体系》，梁志学、石泉译，商务印书馆 1976 年版。

40. ［德］黑格尔：《哲学史演讲录》第 1—4 卷，商务印书馆 1959 年版。

41. ［德］黑格尔：《精神现象学》，贺麟、王玖兴译，商务印书馆 1979 年版。

42. ［德］黑格尔：《小逻辑》，贺麟译，商务印书馆 1980 年版。

43. ［德］黑格尔：《逻辑学》，杨一之译，商务印书馆 1966、1976 年版。

44. 韦伯：《社会学的基本概念》，胡景北译，上海人民出版社 2005 年版。

45. ［德］黑格尔：《历史哲学》，王造时译，生活·读书·新知三联书店 1956 年版。

46. ［德］黑格尔：《精神哲学》，杨祖陶译，人民出版社 2006 年版。

47. ［德］黑格尔：《哲学科学全书纲要》，薛华译，上海人民出版社 2002 年版。

48. ［德］黑格尔：《法哲学原理》，范扬、张企泰译，商务印书馆 1961 年版。

49. 《费尔巴哈哲学著作选集》（上、下卷），荣震华等译，商务印书馆 1984 年版。

50. ［德］费尔巴哈：《黑格尔哲学批判》，王太庆等译，生活·读书·新知三联书店 1958 年版。

51. 洛维特：《从黑格尔到尼采》，李秋零译，生活·读书·新知三联书店 2006 年版。

52. 布朗：《黑格尔》，彭俊平译，中华书局 2002 年版。

53. 卢梭：《论语言的起源》，洪涛译，上海人民出版社 2003 年版。

54. 柯林伍德：《历史的观念》，何兆武、张文杰译，商务印书馆 1997 年版。

55. 张祥龙：《当代西方哲学笔记》，北京大学出版社 2005 年版。

56. 胡塞尔：《逻辑研究》第 1—2 卷，倪梁康译，上海译文出版社 1998 年版。

57. 胡塞尔：《第一哲学》（上、下卷），王炳文译，商务印书馆 2006 年版。

58. 胡塞尔：《经验与判断》，邓晓芒、张廷国译，生活·读书·新知三联书店 1999 年版。

59. 胡塞尔：《纯粹现象学通论》，李幼蒸译，中国人民大学出版社 2004 年版。

60. 胡塞尔：《现象学观念》，倪梁康译，上海译文出版社

1986 年版。

61. 胡塞尔：《现象学方法》，倪梁康译，上海译文出版社 2005 年版。

62. 胡塞尔：《生活世界现象学》，倪梁康、张廷国译，上海译文出版社 2005 年版。

63. 胡塞尔：《欧洲科学危机和超验现象学》，张庆熊译，上海译文出版社 1988 年版。

64. 胡塞尔：《内在时间意识现象学》，杨富斌译，华夏出版社 2000 年版。

65. 胡塞尔：《现象学与哲学的危机》，吕祥译，国际文化出版公司 1987 年版。

66. 胡塞尔：《笛卡尔式的沉思》，张廷国译，中国城市出版社 2002 年版。

67. 《胡塞尔选集》（上、下卷），倪梁康选编，上海三联书店 1997 年版。

68. 黑尔德：《世界现象学》，孙周兴、倪梁康编译，生活·读书·新知三联书店 2003 年版。

69. 扎哈维：《主体性和自身性》，蔡文青译，上海译文出版社 2008 年版。

70. 扎哈维：《胡塞尔现象学》，李忠伟译，上海译文出版社 2007 年版。

71. 梅欧：《胡塞尔》，杨富斌译，中华书局 2002 年版。

72. ［英］维特根斯坦：《哲学研究》，陈嘉映译，上海人民出版社 2001 年版。

73. 海德格尔：《存在与时间》，陈嘉映、王庆节译，生活·读书·新知三联书店 1999 年版。

74. 海德格尔：《形而上学导论》，熊伟译，商务印书馆 1996 年版。

75. 海德格尔:《演讲与论文集》,孙周兴译,生活·读书·新知三联书店 2005 年版。

76. 海德格尔:《林中路》,孙周兴译,上海译文出版社 2004 年版。

77. 海德格尔:《现象学之基本问题》,丁耘译,上海译文出版社 2008 年版。

78. 海德格尔:《尼采》,孙周兴译,商务印书馆 2002 年版。

79.《海德格尔选集》(上、下卷),孙周兴选编,上海三联书店 1996 年版。

80.《晚期海德格尔的三天讨论班纪要》,F. 费迪耶等辑录,丁耘摘译,《哲学译丛》2001 年第 3 期。

81.《海德格尔与有限性思想》,刘小枫选编,孙周兴等译,华夏出版社 2007 年版。

82. 殷叙彝编:《伯恩施坦文选》,人民出版社 2008 年版。

83. 施皮格伯:《现象学运动》,王炳文、张金言译,商务印书馆 1995 年版。

84. 施特格米勒:《当代哲学主流》,王炳文等译,商务印书馆 1986 年版。

85. 倪梁康主编:《面向实事本身——现象学经典文选》,东方出版社 2006 年版。

86. 洪汉鼎主编:《理解与解释——诠释学经典文选》,东方出版社 2001 年版。

87. 伽达默尔:《真理与方法》(上、下卷),洪汉鼎译,上海译文出版社 1999 年版。

88. 伽达默尔:《哲学解释学》,夏镇平、宋建平译,上海译文出版社 2004 年版。

89. 阿佩尔:《哲学的改造》,孙周兴、陆兴华译,上海译文出版社 1997 年版。

90. 格雷马斯：《结构语义学》，吴泓缈译，生活·读书·新知三联书店 1999 年版。

91. 海然热：《语言人》，张祖建译，生活·读书·新知三联书店 1999 年版。

92. 库尔珀：《纯粹现代性批判》，臧佩洪译，商务印书馆 2004 年版。

93. 列维纳斯：《从存在到存在者》，吴蕙仪译，江苏教育出版社 2006 年版。

94. 岩城见一：《感性论》，王琢译，商务印书馆 2008 年版。

95. 巴雷特：《非理性的人》，段德智译，上海译文出版社 2007 年版。

96. 多尔迈：《主体性的黄昏》，万俊人译，上海人民出版社 1992 年版。

97. ［德］哈贝马斯：《后形而上学思想》，曹卫东、付德根译，译林出版社 2001 年版。

98. ［德］哈贝马斯：《现代性的哲学话语》，曹卫东等译，译林出版社 2004 年版。

99. ［德］哈贝马斯：《交往行为理论》第 1 卷，曹卫东译，上海人民出版社 2004 年版。

100. 《马克思哲学的当代意义》，社会科学文献出版社 2006 年版。

101.《马克思的本体论思想》，社会科学文献出版社 2006 年版。

102. 《国外马克思主义的基本问题》，社会科学文献出版社 2006 年版。

103. 《马克思哲学与现代性建构》，社会科学文献出版社 2006 年版。

104.《中国化马克思主义哲学新形态》，社会科学文献出版社 2006 年版。

105.《中国现象学与哲学评论》第1—10卷，上海译文出版社1998—2008年版。

106. 俞吾金：《问题域的转换》，人民出版社2007年版。

107. 俞吾金：《实践诠释学》，云南人民出版社2001年版。

108. 俞吾金：《意识形态论》，人民出版社2009年版。

109. 吴晓明：《形而上学的没落》，人民出版社2006年版。

110. 吴晓明：《马克思早期思想的逻辑》，云南人民出版社1993年版。

111. 吴晓明、王德峰：《马克思的哲学革命及其当代意义》，人民出版社2005年版。

112. 吴晓明：《思入时代的深处》，北京师范大学出版社2006年版。

113. 张庆熊：《自我、主体际性与文化交流》，上海人民出版社1999年版。

114. 张文喜：《自我的建构与解构》，上海人民出版社2002年版。

115. 邹诗鹏：《生存论研究》，上海人民出版社2005年版。

116. 张有奎：《现代性的哲学批判》，社会科学文献出版社2005年版。

117. 王晓东：《西方哲学主体间性理论批判》，社会科学文献出版社2004年版。

118. 王金林：《世界历史意义的本质道说》，上海教育出版社2002年版。

119. 陈修斋：《欧洲哲学史上的经验主义和理性主义》，人民出版社2007年版。

120. 冯俊：《开启理性之门》，中国人民大学出版社2005年版。

121. 谢地坤：《走向精神科学之路》，江苏人民出版社2003年版。

122. 莫伟民等:《二十世纪法国哲学》, 人民出版社 2008 年版。

123. 张汝伦:《二十世纪德国哲学》, 人民出版社 2008 年版。

124. 张汝伦:《历史与实践》, 上海人民出版社 1995 年版。

125. 张汝伦: 《现代西方哲学十五讲》, 北京大学出版社 2003 年版。

126. 陈学明、王凤才:《西方马克思主义前沿问题二十讲》, 复旦大学出版社 2008 年版。

127. 俞宣孟:《本体论研究》, 上海人民出版社 2005 年版。

128. 杨大春:《感性的诗学》, 人民出版社 2005 年版。

129. 陈嘉明:《确证与知识——当代知识论引论》, 上海人民出版社 2003 年版。

130. 倪梁康:《自识与反思》, 商务印书馆 2002 年版。

131. 倪梁康:《现象学及其效应》, 生活 · 读书 · 新知三联书店 1994 年版。

132. 倪梁康:《胡塞尔现象学概念通释》, 生活 · 读书 · 新知三联书店 1999 年版。

133. 复旦大学当代国外马克思主义研究中心:《当代国外马克思主义评论》(8), 人民出版社 2010 年版。

134. 复旦大学当代国外马克思主义研究中心:《国外马克思主义研究论丛》第 1 辑, 人民出版社 2009 年版。

135. 复旦大学当代国外马克思主义研究中心:《国外马克思主义研究论丛》第 2 辑, 人民出版社 2010 年版。

136. 张一兵:《文本的深度耕犁》第 1 卷, 中国人民大学出版社 2004 年版。

137. [美] 约翰 · 麦考米克:《施米特对自由主义的批判》, 徐志跃译, 华夏出版社 2005 年版。

138. 初见基:《卢卡奇——物象化》, 范景武译, 河北教育出版社 2001 年版。

139. 刘放桐等编：《新编现代西方哲学》，人民出版社 2000 年版。

140. 汉斯·施杜里希：《世界哲学史》，吕叔君译，山东画报出版社 2006 年版。

141. 刘佩弦、马健行主编：《第二国际若干人物的思想研究》，中国人民大学出版社 1994 年版。

142. 普列汉诺夫：《在祖国的一年》，生活·读书·新知三联书店 1980 年版。

143. 姚顺良等：《资本主义理解史》第 2 卷，江苏人民出版社 2009 年版。

144. 中共中央编译局资料室编：《伯恩施坦言论》，生活·读书·新知三联书店 1966 年版。

145. 梅林：《马克思传》，樊集译，人民出版社 1965 年版。

146. 梅林：《保卫马克思主义》，人民出版社 1982 年版。

147. 卡尔·考茨基：《一个马克思主义者的成长》，生活·读书·新知三联书店 1973 年版。

148. 西美尔：《货币哲学》，陈戎女等译，华夏出版社 2002 年版。

149. 苏国勋：《理性化及其限制——韦伯思想引论》，上海人民出版社 1988 年版。

150. 马丁·杰伊：《法兰克福学派史》，单世联译，广东人民出版社 1996 年版。

151. 张亮：《“崩溃的逻辑”的历史建构》，中央编译出版社 2003 年版。

152. 罗骞：《论马克思的现代性批判及其当代意义》，上海人民出版社 2007 年版。

153. 张秀琴：《西方马克思主义意识形态理论的当代阐释》，中国传媒大学出版社 2005 年版。

154. 佩里·安德森：《西方马克思主义探讨》，高铦、文贯中、魏章玲译，人民出版社 1981 年版。

155. 阿尔都塞：《保卫马克思》，顾良译，商务印书馆 1984 年版。

156. 萨特：《辨证理性批判》，林骧华等译，安徽文艺出版社 1998 年版。

157. 萨特：《自我的超越性》，杜小真译，商务印书馆 2001 年版。

158. 张旭东：《批评的踪迹》，生活·读书·新知三联书店 2003 年版。

159. 弗雷德里克·詹姆逊：《马克思主义与形式》，李自修译，百花洲文艺出版社 1995 年版。

160. 单世联：《反抗现代性：从德国到中国》，广东教育出版社 1998 年版。

161. 陈志刚：《现代性批判及其对话》，社会科学文献出版社 2012 年版。

162. 毕尔格：《主体的退隐》，陈良梅、夏清译，南京大学出版社 2004 年版。

163. 贺来：《辩证法的生存论基础》，中国人民大学出版社 2004 年版。

164. 李龑君：《马克思的感性活动存在论》，天津人民出版社 2005 年版。

165. 阿格尼丝·赫勒主编：《卢卡奇再评价》，衣俊卿等译，黑龙江大学出版社 2011 年版。

166. 衣俊卿主编：《超越物化的狂欢：新马克思主义评论》第 1 辑，中央编译出版社 2012 年版。

167. 汤姆·洛克莫尔：《非理性主义：卢卡奇与马克思主义理性观》，孟丹译，中国人民大学出版社 2014 年版。

外文文献：

1. Tom Rockmore (ed.), *Lukács Today*, D. Reidel Publishing Company, 1988.

2. Agnes Heller (ed.), *Lukács Revalued*, Basil Blackwell Publisher Limited, 1983.

3. Macheal Holzman, *Lukács's Road to God*, Center for Advanced Research in Phenomenology & University Press of America, Washington, D. C., 1985.

4. Mary Gluck, *George Lukács and His Generation*, 1900 - 1918, Harvard University Press, 1985.

5. Georg Lukács, *The Theory of the Novel*, trans, Anna Bostock, London: The Merlin Press Ltd., 1971.

6. Georg Lukács, "Tactics and Ethics" in *Political Writings* (1919 - 1929), trans., Michael McColgan, ed., Rodney Livingstone, NLB, 1972.

7. Andrew Arato, Paul Breines, *The Young Lukács and the Origins of Western Marxism*, The Seabury Press, New York, 1979.

8. MartinJay, *Marxism and Totality*, the University of California Press, 1984.

9. L. Congdon, *The Young Lukács*, the University of North Carolina Press, 1983.

10. Georg Lukács, *Soul and Form*, trans., Anna Bostock, London: The Merlin Press Ltd., 1974.

11. Fredric Jameson, *Marxism and Form*, Shanghai Foreign Language Education Press, 2009.

12. Theodor W. Adorno, *Notes to Literature* Vol. 1, trans. Shierry Nicholsen, Shanghai Foreign Language Education Press, 2009.

13. Georg Lukács, *Geschichte und Klassenbewusstsein*, Hermann Luchterhand Verlag, 1977.

14. Juergen Habermas, *Theorie des Kommunikativen Handelns* (Band I), Suhrkamp Verlag Frankfurt am Main, 1981.

15. Gyrgy *Lukács*, *Georg Lukács Werke* (1 - 16), Hermann Luchterhand Verlag, 1971 - 1977.

16. Michael Grauer, *Die Entzauberte Welt: Tragik und Dialektik der Moderne im Fruehen Werk von Georg Lukács*, Koenigstein: Hain, 1985.

17. Timothy Bewes and TimothyHall (ed.), *Georg Lukács: The Fundamental Dissonance of Existence*, Continuum International Publishing Group, 2011.

18. Michael J. Thompson (ed), *Georg Lukács Reconsidered: Critical Essays in Politics, Philosophy and Aesthetics*, Continuum, 2011.

19. Janos Kelemen, *The Rationalism of Georg Lukács*, Palgrave Macmillan, 2013.

附录一

卢卡奇的历史唯物主义学说探析

历史唯物主义是马克思主义最基本的原理。它在马克思主义发展史上发挥着举足轻重的作用。自其诞生以来，不仅马克思和恩格斯本人把它运用到社会实践中去，并通过实践不断地丰富和完善它，其他马克思主义者亦如此。西方马克思主义者也不例外。卢卡奇作为西方马克思主义的创始者，也对历史唯物主义进行了重新诠释和发展。他根据时代新状况，提出历史唯物主义已发生功能变化。这种思想主要体现在其论文《历史唯物主义的功能变化》中。本文尝试阐释卢卡奇的历史唯物主义学说的理论内涵，分析其历史唯物主义学说产生的时代背景、思想境况以及使用的方法论基础，并从马克思历史唯物主义学说的理论实质出发对其作出辩证评价，以表明卢卡奇在何种意义上“发展”了马克思历史唯物主义。

一　卢卡奇的历史唯物主义学说内涵

卢卡奇根据新时代状况提出自己的历史唯物主义学说。他认为，历史唯物主义是无产阶级在其受迫害时代的一种最强大的武器。历史唯物主义是一种科学方法，它不仅是能考察过去的历史事件，也能考察当代现实。“什么是历史唯物主义呢？无疑，它是按其真正的本质理解过去事件的一种科学方法。但是，同资产阶级的历史方法相反，它同时也使我们有能力从历史的角度（科学地）考察当代，不仅看到当代的表面现象，而且也看到实际推动事件的那些比较深层的历史动力。”① 然而，这种科学方法并非实证主义意义上的那种实证方法。实证主义的科学方法只关注和讨论现象和经验范围内的东西，对其中的既定事实进行分析和描述，以此形成一定的“科学”规律，并以之来指导现实。实证主义实际上主张的是对事实的崇拜态度，其宗旨是整理、顺从事实，而非对事实的批判与改变。而在卢卡奇看来，历史唯物主义作为一种科学方法，它也是无产阶级的意识形态。无产阶级用它来批判资本主义制度，揭露资产阶级意识形态的虚假性，以反对和推翻资本主义社会。“历史唯物主义最重要的任务是，对资本主义社会制度作出准确的判断，揭露资本主义社会制度的本质。因此，在无产阶级的阶级斗争中，历史唯物主义总是为以下目的而被加以运用：在资产阶级用各种意识形态成分来修饰和掩盖了真实情况即阶级斗争状况的一切场合，用科学的冷静之光来透视这些面纱，指出这些面纱多么虚伪、骗人，多么同真相不一致。这样，历史唯物主义的首要功能就肯定不会是纯粹的科学认识，而是行动。历史唯物主义不是目的本身，它的存在是为了使无产阶级自己看清形势，为了使它在这种明确认识到的形势中能够根据自己的阶级地位去正确地行动。”②

此处卢卡奇指明，历史唯物主义不仅仅是纯粹的科学认知，而且是无产阶级批判和揭露资本主义制度本质的锐利武器，它直接导致无产阶级的阶级行动。历史唯物主义在这里体现了科学性与革命性的统一，理论与实践的一致，以及认识与行动的一致。“承认历史唯物主义，对资产阶级来说简直就意味着是自杀……另一方面，对无产阶级来说，如果在认识到历史唯物主义的科学特性时止步不前，把历史唯

① 卢卡奇：《历史与阶级意识》，杜章智等译，商务印书馆1999年版，第312页。
② 同上书，第313页。

物主义仅仅看作一种认识工具，这也同样是自杀。无产阶级阶级斗争的本质正好能被规定到这种程度：对这种斗争来说，理论和实践是一致的，在这里，认识不要过渡就能导致行动。”①历史唯物主义作为无产阶级的意识形态，它是一种实践的意识，因而直接导致无产阶级对资本主义社会本质的揭露和批判以及对资本主义社会的革命行动。因此，如果它被资产阶级认可，则资本主义就缺乏存在的合理性；如果无产阶级仅把它看作一种纯粹认知，则无产阶级革命就会失败，历史唯物主义就会蜕变为资产阶级的意识形态。

卢卡奇揭示出历史唯物主义的革命性和批判性，同时他也指证历史唯物主义存在的历史基础是资本主义社会制度。“经典形式的历史唯物主义意味着资本主义社会的自我认识。”② 历史唯物主义强调社会存在“决定”社会意识。因此，在资产阶级科学看来，历史唯物主义真理的根本依据是，它“必须运用于自身”；“历史唯物主义学说正确性的前提是，所有所谓意识形态的产物都表现经济关系的一些功能：历史唯物主义本身（作为战斗无产阶级的意识形态）也只是这样一种意识形态，也只是资本主义社会的这样一种功能。”③也就是说，就资产阶级科学而言，历史唯物主义只适用于资本主义社会，随着资本主义社会的瓦解，历史唯物主义也寿终正寝。卢卡奇部分认可这种意见，但他认为这种承认并不损害历史唯物主义的科学性。在他看来，历史唯物主义可以运用于自身，它有自身存在的社会前提。这个社会前提就是资产阶级社会及其经济结构。“历史唯物主义首先是资产阶级社会及其经济结构的一种理论。”资本主义社会结构的不同方面组成完全独立的、自我封闭的自洽体系，而这些独立的局部体系处在辩证的相互作用之中。资产阶级科学只看到这些自律体系的独立性，而看不到它们之间的相互依赖性。卢卡奇认为资产阶级科学甚至

---

① 卢卡奇：《历史与阶级意识》，杜章智等译，商务印书馆1999年版，第313页。
② 同上书，第318页。
③ 同上书，第317页。

在其黄金时代也没能力彻底思考这些独立的趋势，并根据这些方面互相间的依赖性，以及其对社会经济结构总体的归属关系来理解这些方面。历史唯物主义却能透过这些独立的局部体系观察到它们之间的相互依存性以及这些体系构成的综合整体。“历史唯物主义在方法上划时代的功绩恰恰在于，这些表面上完全独立的、自我封闭的自律体系仅仅被看作一个综合整体的一些方面，而它们表面上的独立性也会被扬弃。”①

对卢卡奇来说，资本主义社会制度是运用历史唯物主义的典型基础，因此，我们不能随意把历史唯物主义运用于前资本主义时代，因为这样做会导致一种在它批判资本主义时并未出现的本质重要的方法论困难。众所周知，在不同的社会环境中，不同的规律居于支配地位；某一特定类型的规律是同其特定的社会前提相关联。在资本主义社会里，社会的自然规律居于统治地位，而在前资本主义社会里，自然联系（不论在人与自然之间的“物质代谢”，还是人与人之间的社会联系）必定占据绝对优势地位。由此，卢卡奇界定了历史唯物主义的使用边界。“历史唯物主义不能像运用于资本主义发展的各种社会形态那样完全以同一种方式运用于前资本主义的各种社会形态。”②如果我们要把历史唯物主义运用于各种古代社会以便认识它，也并不是完全不可以，但要异常谨慎。而要实现这种认识的途径是把历史唯物主义限定为对资本主义的认识和批判。“只有当历史唯物主义把人的所有社会关系的物化不仅理解为资本主义的产物，而且同时也理解为暂时的、历史的现象时，认识没有物化结构的前资本主义社会的途径才找到了。”③

卢卡奇把历史唯物主义看作资本主义社会的自我认识，而匈牙利现在处于从资本主义向社会主义过渡时期，所以他认为历史唯物主义

① 卢卡奇：《历史与阶级意识》，杜章智等译，商务印书馆1999年版，第319页。

② 同上书，第330页。

③ 同上书，第329页。

在新时代需要与时俱进。面对着这种新状况，他强调唯物辩证法的至关重要性。“这里的问题实际上关系到在辩证方法（die dialektische Methode）的意义上超过历史唯物主义至今为止所达到的成果：把历史唯物主义运用于它按照自己作为历史方法的本质还未能被运用到的一个领域；为此要作一切对于任何一种非图解式的方法，因此对于辩证方法（die Dialektik）来说必然首先意味着某种在原则上和质上崭新的题材的更改。”① 过渡时期这种新的社会现实需要辩证法的导引。由此，他提出历史唯物主义的功能变化，即历史唯物主义需要及时更新与完善，用唯物辩证法来指导新的现实。“仅仅这一阶段中有斗争这一事实，就同时表明了历史唯物主义功能方面的两点很重要的变化。第一，必须用唯物主义辩证法来指明，怎么一定会走上自觉监督和控制生产、摆脱对象化社会力量强制的道路。过去的任何分析，无论多么仔细和准确，都不能对此作出令人满意的回答。只有把辩证方法——无偏见地——运用于这种完全新的题材才行。第二，因为每一次危机都是资本主义自我批判的客体化，所以极度严重的资本主义危机就使我们有可能从它正在做完的自我批判这一立场出发，比迄今为止可能有过的都更明确和更完善地进一步发展作为‘人类史前史’研究方法的历史唯物主义。”②

二　卢卡奇历史唯物主义学说诞生的背景与方法论分析

按照卢卡奇的说法，历史唯物主义不仅仅是考察历史和当代现实的科学方法，也是一种对资本主义制度进行批判的革命学说。历史唯物主义的客观基础是资本主义社会，它是资本主义社会的自我认识。

① 卢卡奇：《历史与阶级意识》，杜章智等译，商务印书馆 1999 年版，第 341 页。
② 同上书，第 348—349 页。

也就是说，历史唯物主义只适用于资本主义社会。我们知道，匈牙利苏维埃共和国只是在1919年3—8月间短暂维持，而《历史唯物主义的功能变化》是1919年6月撰写的，即该文撰写于匈牙利无产阶级专政时期。或者说，其独特的历史唯物主义学说产生于匈牙利正从资本主义向社会主义过渡时期。按照其观点，历史唯物主义的功能正在发生变化，亟须进一步发展与完善。

为什么他会对马克思的历史唯物主义产生新的看法呢？这既是其早期思想发展逻辑的产物，更主要的是对第二国际正统马克思主义的经济决定论思想直接反动的结果。经济决定论是一种消极的实证主义，它强调对社会现实进行旁观的“科学”认知，认为随着社会经济规律的自然发展，资本主义会和平“长入”社会主义。而卢卡奇认为，第二国际的庸俗马克思主义在理解历史唯物主义时强调社会发展的客观方面，而忽略了其主观方面和人的主体作用。因此，他强调历史唯物主义不仅是对客观事实的纯科学认识，而且还是对资本主义制度的批判和改造。而且，由于历史唯物主义是资本主义社会的自我认识，它适用的只能是资本主义社会的范畴，所以，在研究从资本主义向社会主义过渡时我们要使用一些新范畴，这样的话，在新境况下运用旧范畴就会产生错误。“它（庸俗马克思主义）对历史唯物主义的运用，陷入了马克思所指责的庸俗经济学犯的同一错误：它把一些纯粹历史的范畴，更确切地说也就是资本主义社会的一些范畴，看作永恒的范畴。”①

卢卡奇和庸俗马克思主义对历史唯物主义理解方面的显著区别集中体现在暴力问题上，即暴力在争取和保护无产阶级革命胜利的斗争中的历史作用问题。庸俗马克思主义否认暴力从一种经济生产制度过渡到另一种经济生产制度中的重要作用。它的论据是经济发展的“自然规律性”，这种经济发展凭借自身的力量而不诉诸超经济的暴力来

① 卢卡奇：《历史与阶级意识》，杜章智等译，商务印书馆1999年版，第330页。

实现过渡。卢卡奇指出，从资本主义向社会主义过渡时期，资本主义的生产制度和社会主义的生产制度是相互竞争的。然而，这两种制度并非同时以独立的制度出现，而是表现为资本主义制度本身内部难以解决的矛盾，即危机，也就是说，这两种生产制度的竞争体现为资本主义生产的内部对抗，即劳动与资本的对抗。这种对抗在现实表现为资本主义生产的一次又一次的危机的出现。这些不断重复的危机其实构成了资本主义生产持续的必然环节。这些危机的结束或最后危机的出现，有赖于资本主义生产制度最强大的生产力，即无产阶级不仅作为单纯的生产客体而且还作为能动的主体来经历危机。如果无产阶级不再仅仅作为危机的单纯客体，而且作为决定的主体，则资本主义的危机结构发生决定性质变。而在这种情况下，暴力正成为改变局面的决定性经济因素。

卢卡奇认为，在资本主义向社会主义过渡中，暴力并非专横的原则，因为暴力“服务于人和他作为人的发展”。这种暴力不仅扬弃物化的社会关系对人的统治，也扬弃经济对社会的统治，而且无产阶级最终要实现自我扬弃。在卢卡奇看来，庸俗马克思主义否定暴力作为经济力量的重要作用和低估暴力在历史上的重要功能，提出依照资本主义社会中特殊经济规律的自动发展来实现社会主义的主张，其实质是承认资本主义社会的永久持存。“把资本主义社会的特殊发展规律提升为一般规律，是庸俗马克思主义力求使资本主义社会的存在在实际上永久化的理论基础。庸俗马克思主义意义上的合乎逻辑的、一直向前的继续发展，要求社会主义在没有‘超经济的’暴力的情况下通过经济发展的内在规律来实现，这同资本主义永久存在下去的论点客观上是同义的。”①

由以上分析可知，两者对历史唯物主义理解有本质差异，而这种差异来源其方法论上的本质差异。庸俗马克思主义使用的是消极的实

① 卢卡奇：《历史与阶级意识》，杜章智等译，商务印书馆1999年版，第339页。

证主义方法，主体对社会现实和客观事物采取的是不偏不倚的“科学”态度，对之加以描述和整理，而不是对客观事物的批判与改造。而卢卡奇采用的是总体性的方法。总体性方法是整个《历史与阶级意识》的主导或枢纽方面。卢卡奇认为该书的主要任务是正确理解马克思的方法的本质，而马克思方法的命脉就是辩证法。因此，这种总体性方法是唯物主义辩证法。而唯物辩证法也是革命的辩证法。这种辩证法强调历史过程中主体与客体的辩证关系。“辩证法的决定性因素，即主体和客体的相互作用、理论和实践的统一。”① 也就是说，总体性方法注重主客体的辩证关系，强调主体的能动性，这与庸俗马克思主义片面强调客体的做法正好相反。因此，对卢卡奇而言，历史唯物主义不仅是科学的认识方法，更是对资本主义社会的批判和改造。而在从资本主义向社会主义过渡过程中，他提出用唯物辩证法来发展历史唯物主义。这种辩证法正是其思想的实质。辩证法主张的主客体相互作用，正是他坚持暴力是争取和保证无产阶级革命胜利关键性经济力量的原因所在。暴力体现的是无产阶级的主体作用，正是这种主体能动性，使得由资本主义过渡到社会主义的质变成为可能，而庸俗马克思主张的和平资本主义只能保证资本主义的永存，并断送社会主义的前途。

三 对卢卡奇历史唯物主义学说的辩证评价

卢卡奇是在匈牙利无产阶级专政期间提出自己的历史唯物主义学说。其学说具有强烈的针对性，即对庸俗马克思主义经济决定论的严厉拒斥。他强调历史唯物主义是革命性和批判性学说，是资本主义社会的自我认识，历史唯物主义的功能发生变化，以及应该运用唯物辩证法来发展和完善历史唯物主义以便为过渡时期提供坚实的理论基

① 卢卡奇：《历史与阶级意识》，杜章智等译，商务印书馆 1999 年版，第 51 页注 2。

础。这些有关历史唯物主义的新观点适应了时代的发展，具有深刻的现实和理论意义。

然而，我们在看到其学说积极意义的同时，也要清醒地认识到其不足。首先是卢卡奇对历史唯物主义的判断，即历史唯物主义是资本主义社会的自我认识。这种判断明显有失偏颇。这里卢卡奇把历史唯物主义界定为只适用于资本主义社会。这其实是狭义意义上的历史唯物主义。而我们知道，马克思和恩格斯在《德意志意识形态》中提出了广义的历史唯物主义。广义的历史唯物主义是一门真正的实证科学(die wirkliche, positive Wissenschaft)，它以“生活决定意识”作为自己的出发点。它是马克思和恩格斯站在资本主义大工业文明基地上对全部人类历史进行科学理解的结晶。它是对人类历史发展的一般规律进行的科学概括和抽象，这种抽象是建立在对人类历史的能动生活过程之上，同时我们在运用这种抽象去研究各个历史时代时又要结合和考察当时具体的社会现实状况。“在思辨终止的地方，在现实生活面前，正是描述人们实践活动和实际发展过程的真正的实证科学开始的地方。关于意识的空话将终止，它们一定会被真正的知识所代替。对现实的描述会使独立的哲学失去生存环境，能够取而代之的充其量不过是从对人类历史发展的考察中抽象出来的最一般的结果的概括。这些抽象本身离开了现实的历史就没有任何价值。它们只能对整理历史资料提供某些方便，指出历史资料的各个层次的顺序。但是这些抽象与哲学不同，它们绝不提供可以适用于各个历史时代的药方或公式。相反，只是在人们着手考察和整理资料——不管是有关过去时代的还是有关当代的资料的时候，在实际阐述资料的时候，困难才开始出现。这些困难的排除受到种种前提的制约，这些前提在这里是根本不可能提供出来的，而只能从对每个时代的个人的现实生活过程和活动的研究中产生。”① 这里清晰地表明历史唯物主义的研究对象是全部人类历史，

① 《马克思恩格斯文集》第1卷，人民出版社2009年版，第526页。

而非仅仅是资本主义社会。卢卡奇把历史唯物主义限定为资本主义时代，显然与他当时不可能阅读《德意志意识形态》有关，也与他的批判对象紧密相关。庸俗马克思主义正是通过对历史唯物主义的泛化理解，把只适合于资本主义的范畴运用到社会主义当中，从而导致严重的失误。而卢卡奇对历史唯物主义的限制正是反对庸俗马克思主义对资本主义范畴的过度使用从而导致无产阶级革命斗争的取消。当然，马克思也是把历史唯物主义运用到整个人类历史中，但是其历史唯物主义的前提是人们的实践活动和实际的历史发展过程，这种实践活动既包括对现实的历史实践活动的理论理解，也包括对其的批判性改造活动。“对实践的唯物主义者即共产主义者来说，全部问题都在于使现存世界革命化，实际地反对并改变现存的事物。”[①] 从某种程度上说，马克思的历史唯物主义是对前两者相关学说的“综合”。

其次是卢卡奇对历史唯物主义与唯物辩证法的区分。他以为，历史唯物主义只是对资本主义社会本质的揭露与批判，而在由资本主义向社会主义过渡期间，历史唯物主义要发展和提升为辩证法，因为无产阶级专政过渡期的社会基础是两种相互竞争的生产制度，这种新的社会基础亟须新范畴的使用，而这种新范畴需要辩证法加以统筹和把握。“正是辩证方法的基本原理，即‘不是人们的意识决定人们的存在，相反，是人们的社会存在决定人们的意识’，使得人们——如果被正确理解的话——必须在革命的转折点上，在实践中认真地对待全新事物的范畴、彻底变革经济结构的范畴、改变过程方向的范畴，也就是飞跃的范畴。”[②] 此处卢卡奇把两者区别开来，而这种区分在马克思那里并不存在。马克思把两者看作同质的事物。历史唯物主义坚持用唯物主义观点去观察和研究人类历史的发展过程，它强调的是历史性概念，但它主张人类历史进程是一个辩证运动的过程。马克思在

① 《马克思恩格斯文集》第 1 卷，人民出版社 2009 年版，第 527 页。
② 卢卡奇：《历史与阶级意识》，杜章智等译，商务印书馆 1999 年版，第 344 页。

《政治经济学批判·序言》中对历史唯物主义作出经典表述，指出人类历史是一个社会生产力与生产关系、经济基础与上层建筑辩证的矛盾运动过程。这种表述集中体现了历史唯物主义辩证性的一面。唯物辩证法强调的是人类社会实践的辩证运动规律，但它也主张人类社会生活本身是历史的，它存在于生动的历史运动过程中。有学者指出，广义的历史唯物主义概念本身蕴含着辩证性质。“保留作为‘广义的历史唯物主义概念’的同名词的辩证唯物主义概念是必要的，因为它可以凸显马克思哲学的批判性和革命性，从根本上抵御把马克思哲学实证化的各种企图，而且从本质上看，‘广义的历史唯物主义概念’所蕴含的‘历史性’与作为这一概念的同名词的辩证唯物主义概念所蕴含的‘辩证性’也完全是一致的。”①

由此可知，历史唯物主义与唯物辩证法在本质上是一致的，我们没必要对其作明显的区分。如我们细加深究可知，卢卡奇区别两者是有其明确的理论旨趣。一方面是为了与经济决定论相抗衡；另一方面是为了凸显其自身的理论轴心，即总体性辩证法。就卢卡奇而言，总体性辩证法是对历史唯物主义的推进和完善，它弘扬了无产阶级的主体性作用。这对于匈牙利无产阶级专政具有特殊的历史意义。而且，卢卡奇提出的总体性辩证法对人的主体性的高扬，开创了西方马克思主义的人本主义的哲学倾向。然而，我们也应看到，卢卡奇对历史唯物主义的理解是狭义上的，而且，他所讲的历史唯物主义是对资本主义的批判和改造，其实也没有深入到政治经济学领域中，从而使他的批判更多地流于意识形态方面，而非真正的科学批判。“基于哲学人类学，卢卡奇展开了对资本主义的总体性批判，但他并没有对政治经济学批判维度给予必要的重视。”② 而唯有对资本主义的批判深入到政治经济学中，才能达到历史唯物主义的原则高度。

① 俞吾金：《重新理解马克思》，北京师范大学出版社 2005 年版，第 143 页。
② 邹诗鹏：《唯物史观的三个维度》，《天津社会科学》2011 年第 5 期，第 42 页。

附录二
论卢卡奇的意识形态理论

自从法国学者特拉西于1796年提出意识形态概念以来，有关意识形态的话题和研究逐渐成为现实政治生活和学术界的关注中心。虽然相关研究有短暂的低潮和回落，但在21世纪以来又有持续升温的趋势。作为西方马克思主义的创始人，卢卡奇的意识形态理论内容丰富，影响深远。其意识形态理论主要体现在他对阶级意识的理论探讨上。卢卡奇对无产阶级阶级意识和资产阶级阶级意识的思想内涵进行详细的历史论证和理论分析，并对无产阶级阶级意识的生成路径进行深刻的哲学证明。卢卡奇对阶级意识的集中关注和创造性剖析具有强烈的时代感，即其意识形态理论具有深刻的历史背景与思想史境域。我们既要看到卢卡奇意识形态理论对时代问题的敏锐把握和深切领悟，以及对西方马克思主义意识形态理论研究的引领性作用，又要看到其局限性和不足之处。

一　卢卡奇对意识形态内涵的界定和分析

对卢卡奇而言，意识形态就是阶级意识，所有形式的阶级意识都是意识形态的。尽管恩格斯认为历史发展的真正动力独立于人们对它的（心理学上的）意识，这种意识是虚假的，但在卢卡奇看来，“虚假的”意识应该被置于它所隶属的历史总体去研究。卢卡奇认为阶级意识不同于“经验实际的、从心理学的角度可以描述、解释的人们关于自己的生活状况的思想”，“阶级意识因此既不是组成阶级的单个个人所思想、所感觉的东西的总和，也不是它们的平均值”①。卢卡奇在这里明确把阶级意识与一般的经验意识与心理意识区分开来。

就阶级意识的内在结构而言，阶级意识表现为一种“虚假”意识。恩格斯强调意识形态的虚假性。卢卡奇承认虚假意识的存在，但是关键是要把这种虚假意识放入到它所从属的历史总体中去，并把它当作总体中的一个要素来研究。虚假意识正是在与具体总体的联系中产生了客观可能性的范畴，即虚假意识具有转变为一种正确的自觉意识的可能性。卢卡奇指认了虚假意识的双重辩证规定性，而这种辩证特性来源虚假意识与社会整体的联系。

同时，卢卡奇认为虚假意识是非任意的，而是客观经济结构的思想表达。“阶级意识就是理性的适当的反应，而这种反应则要归因于生产过程中特殊的典型的地位。”因此，虚假意识是由某阶级在生产过程的地位所决定，是一种客观存在。每个阶级由于自己在生产中的地位而产生自己阶级的特殊阶级利益，这是虚假意识产生的客观原因。然而，虚假意识只有在社会的阶级关系明朗的情况下才能产生。而只有资产阶级社会才会有明朗的阶级关系，这是由于在资产阶级社会中，只有资产阶级和无产阶级才是纯粹的阶级，它们的存在及其发展完全是以近代生产过程的发展为基础，而且它们都有自己明确的阶级利益。因此，只有资产阶级社会才会产生虚假意识。而在前资本主义时代，虽然社会结构分化为等级和阶层等，但阶级利益绝不会以清晰的经济形式表现出来，因为当时社会的经济因素和政治因素、宗教因素等不可分割地结合在一起。而在资产阶级社会中，除了资产阶级和无产阶级外，其他阶级也没有明确的阶级利益，因为它们的存在是

① 卢卡奇：《历史与阶级意识》，杜章智等译，商务印书馆1999年版，第107页。

和等级社会的残余紧密联结在一起的。

因此，只有资产阶级和无产阶级才会有“虚假”的意识。资本主义社会是一个总体性社会。这两大阶级都有自己特定的阶级利益，同时都有对总体性的追求，所以必然就会产生虚假的阶级意识。但是这两种虚假意识有本质上的区别。资产阶级的虚假意识产生于其阶级意识和阶级利益处于一种互相对立和矛盾的关系之中。只不过这种矛盾是一种辩证矛盾。这种辩证矛盾主要表现在“在资本的关系中，个人的原则和社会的原则，即资本作为私人财产的功能和它的客观的经济功能处于一种相互之间不可解决的辩证矛盾之中”[①]。资产阶级阶级意识中的这种辩证矛盾并不意味着它不能把握自身社会制度的矛盾。资本主义是第一次能在经济上完全渗透整个社会的生产制度，资产阶级由此能获得对生产总过程的意识，但是资产阶级自身狭隘的阶级利益又使得它不能控制它自己的生产制度。因此，资产阶级就在这种辩证矛盾中不断地徘徊和摇摆。资产阶级就始终停滞在这种虚假意识中而找不到突破道路。致命的是，在资产阶级虚假意识中的辩证矛盾由于无产阶级的阶级斗争而加剧，使本来客观存在的辩证矛盾转而变为主观的。为了反抗无产阶级，资产阶级有意识地掩盖自身的辩证矛盾。“虚假意识变成了虚伪的意识。开始时只是客观存在的矛盾也变成主观的了：理论问题变成了一种道德立场。”[②] 因此，资产阶级的“虚假”意识成为真正的虚假意识，从而永远停留于物化意识中。

无产阶级也有自身阶级利益，因此一开始其意识也是一种“虚假”意识，它也致力于对其自身直接利益的追求。但是，与资产阶级不同的是，它被历史赋予自觉地改造社会的任务。无产阶级的历史使命就是要超越现存的社会，由此造成无产阶级的意识内部的辩证分裂，即在无产阶级的阶级意识中，必然会出现直接利益和最终目标、

---

① 卢卡奇：《历史与阶级意识》，杜章智等译，商务印书馆 1999 年版，第 122 页。

② 同上书，第 126 页。

个别环节和整体的辩证矛盾。由于这种矛盾出现在无产阶级意识本身内，因此无产阶级革命的胜利就不再是无产阶级的社会既定存在的直接实现，而是这种直接存在的自我扬弃。阶级地位的这种内在辩证法使得超越直接既定的东西是无产阶级的阶级斗争的基本要求，同时意味着在无产阶级的“虚假”意识中隐含着一种对正确东西的追求，而在资产阶级的阶级意识中，在每一事实或要素的陈述和说明都在与总体的关联中暴露自己是虚假意识。而这种对正确东西的追求使得无产阶级阶级意识中的矛盾才有可能得到解决，虚假的意识转而变成为正确意识。因此，“在别的阶级那儿，表现为阶级利益和社会利益的对立，表现为个人行为及其社会结果的对立，因此表现为意识的外部界限的东西，在无产阶级这儿，则作为眼前利益和最终目标的对立被移入到无产阶级阶级意识的内部。因此，对这种辩证分裂的内在克服才能使无产阶级在阶级斗争中的外部胜利成为可能”①。

资产阶级的阶级意识由于其阶级利益的狭隘性而陷于“虚假”意识甚至虚伪的意识，而无产阶级的阶级意识由于其普遍性，它能从总体性的眼光来观察社会进而改造社会，所以它能从“虚假”的意识突围出来上升为自我意识。无产阶级的自我意识并非一种与资产阶级的阶级意识相对立的阶级意识，而是对资产阶级阶级意识的一种积极扬弃，因为无产阶级革命的最终目标是超越自身的直接利益，实现无阶级的社会。

卢卡奇对阶级意识的探讨集中在无产阶级意识与资产阶级意识，而且无产阶级意识是资产阶级意识的真理，是对后者的扬弃和发展。在卢卡奇看来，资产阶级阶级意识是一种物化意识，即停留于既定存在的直接认知，而只有达到无产阶级立场，即无产阶级自我意识，无产阶级才能成为“社会和历史发展过程的同一的主体——客体”，从而扬弃物化意识（即资产阶级阶级意识），实现资本主义向社会主义

① 卢卡奇：《历史与阶级意识》，杜章智等译，商务印书馆1999年版，第135页。

的转变。为此，他对无产阶级阶级意识的生成进行哲学论证。在他看来，无产阶级阶级意识并非自动生成，而是需要一系列建构性环节，即中介范畴，总体性渴望，历史根基以及阶级意识本身的实践性品格，这些环节的共同合力才能促成无产阶级阶级意识的最终形成。在资本主义社会里，无产阶级和资产阶级都陷于物化意识，这是资本主义社会的直接事实。而无产阶级的优越性在于它有对中介范畴的意识。中介范畴能超越直接性的物化意识上升到自我意识水平。“中介范畴的方法论作用在于借助它们（资本主义社会连同它的思想、艺术等的产品），使资产阶级社会的客体必然具有的，但在资产阶级社会中必然没有得到直接表现的，以及相应地在资产阶级思想中必然没有得到反映的那种内在意义，在客观上发生作用，并因而能提高为无产阶级的意识。”① 正是中介范畴的方法论作用使得无产阶级的自我意识得以产生。

中介过程也是一个通向总体性的过程。无产阶级在走向总体性的过程中，商品拜物教逐渐融化了，人与人之间的物化关系返回到人与人之间具体的社会关系。“无产阶级地位的特殊性的基础是，对直接性的超越这时具有一种朝着社会总体前进的意向；因此它必然不会停留在复归的直接性的相对更高级的阶段上，而是处于一种朝着这种总体前进的不断的运动之中，即处于一种直接性不断自我扬弃的辩证过程之中。”这也意味着打开了历史的大门，我们进入了历史。而只有在历史进程中，中介范畴才能起作用，总体性维度才能开放。也只有在历史当中，工人才能上升为阶级，工人的一般心理意识才能成长为无产阶级阶级意识。卢卡奇强调，他对无产阶级阶级意识所作的哲学论证并非只是纯理论上的，因为其自身具有实践性质。意识是生活的一部分，它能带来生活的改变和意识自身的改变。当达到无产阶级阶级意识的高度，意识能和意识对象达成同一关系。“这种意识突出的

① 卢卡奇：《历史与阶级意识》，杜章智等译，商务印书馆 1999 年版，第 250 页。

实践的本质就表现为，相应的正确的意识就意味着它的对象的改变，而且首先是，它自身的改变。”正如伊格尔顿对卢卡奇有关意识形态特征的恰当识别：“对于卢卡奇而言，革命无产阶级的认知是它所认知情形的组成部分，并且一举改变那种情形。”① 相反，非无产阶级的意识只能导致意识与生活的永恒分裂。物化意识就是这样的一种意识，它停留于直接性上，并立足于意识与生活、思维与存在的二元对立。

二　卢卡奇意识形态理论诞生的成因解析

诚如伊格尔顿所言，“卢卡奇关于阶级意识的著述，是20世纪马克思主义最为丰富、最有创见的文献”。这种富有创见的意识形态理论的诞生有着深刻的历史环境和思想史视域。卢卡奇正是在这种特殊环境下提出自己独特的意识形态理论。在“第一次世界大战”结束前后，中西欧的无产阶级革命此起彼伏，但都相继败北。匈牙利苏维埃革命也于1919年8月流产。此后十多年中卢卡奇流亡于维也纳。卢卡奇有关阶级意识的论文也写作于这一时间内。正是这些无产阶级革命的相继失败使得他把阶级意识问题置于其研究中心。他认为革命失败的原因在于工人陷于物化意识之中，工人并没真正组成为阶级，无产阶级阶级意识也没有生成。而只有无产阶级阶级意识的生成才能保证无产阶级革命的最终成功。因此，他对阶级意识作了深入的历史分析和理论研究，其中他批判了资产阶级阶级意识的狭隘性，并对无产阶级阶级意识的生成提出一套深刻哲学论证。

以上主要是从历史条件上来分析卢卡奇关注和研究意识形态的缘由。如果我们把研究视野放宽到卢卡奇的思想发展历程，这种对意识形态的探讨也贯穿早期卢卡奇的思想活动中。卢卡奇自童年起就对资

① Slavoj Žižek (ed.), *Mapping Ideology*, London, New York: Verso, 1994, p. 113.

本主义制度下的生活抱有强烈的仇恨和蔑视，他感觉到其家庭生活、匈牙利社会和整个现代世界已深陷于异化状态中。在其早期思想活动中，卢卡奇致力于从文学艺术角度对资本主义社会进行批判。不论是文学艺术评论、文学批判还是美学研究，在一定程度上都可以说是从属于意识形态。卢卡奇最早站在新康德主义立场上，认为戏剧和论说文这些艺术形式能够助人摆脱现代世界的异化问题，以此来反抗作为现代世界的哲学基础的实证主义哲学。后来他转向黑格尔主义，寄希望于小说这种叙事文学，希望通过小说在现实世界中趋向总体性。无论是戏剧、论说文还是小说都可以说是属于文化或意识形态的因素。自从接受马克思主义后，卢卡奇对资本主义社会的意识形态批判更加明显。其意识形态理论表现为对物化现象和物化意识的批判和对超越物化意识的无产阶级意识的哲学论证上。

而从马克思主义发展史上看，卢卡奇关注和探讨意识形态问题是为了反驳第二国际庸俗马克思主义者把马克思主义变成了经济决定论和对现实世界进行实证研究的“知性科学”的做法。庸俗马克思主义者把马克思主义看作知性科学，而这种科学就是无产阶级的意识形态。如此的话，与恩格斯把意识形态看作虚假的观点相反，他们认为意识形态是肯定概念。然而，他们没看到资产阶级阶级意识也是一种意识形态。就资产阶级阶级意识是一种物化意识而言，我们可称为一个否定概念。“卢卡奇接受了第二国际关于意识形态这个词的肯定的、非贬义的方面，镇定地将马克思主义写为‘无产阶级阶级意识形态之表达’；而这至少是意识形态对于他来说是虚假意识这个盛传观点完全错误的原因之一。但是，他同时保留马克思商品拜物教批判的整个概念架构，因此使得这个术语的一种更为批判的意义充满活力。”[①] 伊格尔顿在此处确认双重意义的意识形态：无产阶级阶级意识是肯定意义的意识形态，资产阶级阶级意识是否定意义的意识形态。也就是

① Slavoj Žižek (ed.), *Mapping Ideology*, London, New York: Verso, 1994, p. 113.

说，无产阶级阶级意识作为肯定的意识形态，是与资产阶级阶级意识形态相对立而存在，无产阶级必然会从事对资产阶级阶级意识形态的批判。对卢卡奇来说，无产阶级阶级意识相对于资产阶级阶级意识的高明之处在于它能够洞见到资本主义社会的本质以及把资本主义社会看作一个各种因素连接起来的整体，并且把这种整体观察社会的方法与无产阶级的阶级行动直接统一起来。“面对在思想、组织等方面都占优势的资产阶级，无产阶级的优势仅仅在于，它有能力从核心出发来观察社会，并把它看作互相联系的整体，并因而能从核心上，从改变现实上来采取行动；就在于对它的阶级意识来说，理论与实践是互相吻合的；就在于它因此能自觉地把它自己的行动作为决定性的因素投放到历史发展的天平上去。”①

庸俗马克思主义者只是把马克思主义这种意识形态看作客观的实证科学理论，没看到它与现实革命实践的统一关系，从而忽视了意识形态在无产阶级阶级斗争中的重要作用，并由此无意中屈服于资产阶级阶级意识。“庸俗马克思主义者总是无视意识在无产阶级阶级斗争中具有的这种独一无二的功能，并且用目光短浅的‘现实政治’来代替归结为客观经济过程的决定性问题的重大的原则斗争。……他们把理论归结为是对社会发展征兆的‘科学’论述，并把实践变成由他们要加以控制的过程的个别事件的摇摆不定的、没有目的的行动，也就是在方法论上放弃了对这一过程的控制。由这样一种立场产生的阶级意识必然表明它有着和资产阶级阶级意识一样的内部结构。”②卢卡奇对庸俗马克思主义的驳斥在于强调无产阶级阶级意识的主观能动作用，即它对社会秩序实施整体化的能力，以及它与无产阶级的改造社会现实的革命行动统一起来。卢卡奇在谈论阶级意识时提出客观可能性范畴。“客观可能性是无产阶级阶级意识的核心，也是欧洲革

① 卢卡奇：《历史与阶级意识》，杜章智等译，商务印书馆1999年版，第130页。
② 同上书，第129—130页。

命的希望所在。”① 客观可能性范畴就是强调意识与社会总体联系起来考察的能力。“与具体的总体及由此而产生的辩证规定的关系超越了这种单纯的描述，并产生了客观可能性的范畴。”这种整体观点贯穿卢卡奇对阶级意识内涵的分析中，也贯通于其对无产阶级阶级意识生成的哲学证成上。

三 卢卡奇意识形态理论的得与失

卢卡奇意识形态理论内涵丰富，影响巨大。卢卡奇对无产阶级阶级意识形态与资产阶级阶级意识形态进行深入的历史分析，又对无产阶级阶级意识的生成进行深刻的哲学分析。这种独特的理论解析有着强烈的时代感，既是对20世纪初中西欧无产阶级革命失败原因进行总结的成果，又是对庸俗马克思主义的经济决定论抨击的产物。我们在评价该理论时，既要看到其内容的独创性和影响的深远性，又要看到其理论上的欠缺与不足。卢卡奇的意识形态理论既是对马克思主义的继承与发展，同时又在一些关键点上缺乏马克思主义的原则高度。

前面我们谈到，卢卡奇把意识形态看成描述性的中性概念，他探讨了两种意义的意识形态，即无产阶级阶级意识是肯定的，而资产阶级阶级意识是否定的意识形态。这两种意识形态并非仅仅是虚假的意识，而是社会的客观经济结构的思想反映。“阶级意识——抽象地、形式地来看——同时也就是一种受阶级制约的对人们自己的社会的、历史的经济地位的无意识（Unbewusstheit）。这一经济状况被既定为一种明确的结构关系，被既定为一种似乎控制着生活的全部对象的明确的形式关系。”② 阶级意识并不是虚构和捏造的，而是受各阶级的经济地位制约的。卢卡奇依据这种原则，从历史发生学角度阐述这两

---

① 张一兵：《文本的深度耕耘》第1卷，中国人民大学出版社2004年版，第62页。

② 卢卡奇：《历史与阶级意识》，杜章智等译，商务印书馆1999年版，第108页。

种意识形态产生过程。由于前资本主义社会和资本主义社会具有完全不同的经济组织，即前者中各经济组织的独立性很大，后者中在经济上形成一种有关联的统一体；前者并未形成较明确的阶级意识，或者说，只形成了一些“亚阶级意识”，而后者形成了较为纯粹的资产阶级阶级意识与无产阶级阶级意识。卢卡奇基于社会的经济基础去分析社会各阶级的意识形态，这种分析符合马克思主义的历史唯物主义原则。历史唯物主义强调社会存在决定社会意识，社会意识是社会存在的一部分，是社会存在的思想表达，并对社会存在具有能动的创造作用。卢卡奇坚持无产阶级意识对资本主义社会本质的揭示及其与无产阶级革命行动的统一，充分表明社会意识的创造功能。卢卡奇正确地指出：“它（无产阶级）的阶级意识，作为人类历史上最后的阶级意识，一方面必须要和揭示社会本质联系起来，另一方面，必须实现理论和实践的越来越内在的统一。对无产阶级来说，它的‘意识形态’不是一面扛着去进行战斗的旗帜，不是真正目标的外衣，而就是目标和武器本身。”①

卢卡奇对阶级意识内涵的分析具有历史唯物主义向度，然而在现实中无产阶级停留在工人一般的心理意识水平，并没有上升为无产阶级意识，因为无产阶级阶级意识容易被资产阶级阶级意识所同化，这从中西欧无产阶级革命的失败可得到实证。因此，卢卡奇对无产阶级阶级意识的生成作出深刻的哲学论证。其中他谈到中介范畴和总体性范畴。资产阶级意识只能一直停留于直接性中，而无产阶级阶级意识能超越直接性达到中介性和总体性。这体现在劳动时间上。卢卡奇认为，劳动时间问题体现了阶级斗争的基本问题，即力量问题。无产阶级和资产阶级围绕着工作日的长短进行斗争时，由于工人意识中拥有中介性和总体性，因此，斗争的最后胜利属于无产阶级。“对无产阶级来说，则相反，它的力量，它的影响，它的可能性和它的作用范围

① 卢卡奇：《历史与阶级意识》，杜章智等译，商务印书馆1999年版，第132页。

是系于既定存在的直接性被克服的程度的。当然超越这种直接性的可能性，即意识本身的深度和广度是历史的产物。但这种历史上可能达到的高度并不靠直接既定的东西（及其规律）的笔直发展所能达到的，而是要靠通过形形色色的中介，意识到社会的总体才能这到的。"[①] 无产阶级阶级意识具有中介性和总体性范畴就能生成阶级意识，这里卢卡奇对阶级意识的论述明显具有黑格尔主义的色彩。"我的努力却导致了一种——黑格尔主义——的歪曲，因为我将总体在方法论上的核心地位与经济的优先性对立起来。"他自己也承认自己的阶级意识概念具有唯心主义性质：无产阶级意识"成了纯粹思想的产物，从而成了某种直观的东西"，"这种'被赋予'的意识在我的表述中竟变为革命的实践，从客观上来说，只能使人感到不可思议"[②]。伊格尔顿也予以了证实："他（卢卡奇）的意识形态理论倾向于经济主义与唯心主义的不合理组合。"[③]

也正是由于卢卡奇的意识形态理论的黑格尔主义性质，它也缺乏马克思主义的理论高度。众所周知，马克思也从事过意识形态理论的研究工作，但其主要是批判意识形态。对马克思而言，意识形态来源现实生活，它只有相对的独立性。"分工只是从物质劳动和精神劳动分离的时候起才真正成为分工。……从这时候起，意识才能摆脱世界而去构造'纯粹的'理论、神学、哲学、道德等。但是，如果这种理论、神学、哲学、道德等同现存的关系发生矛盾，那么，这仅仅是因为现存的社会关系同现存的生产力发生了矛盾。"[④] 马克思在此处认为，意识形态起始于人类的劳动分工，它只是现实生活的思想表达，其本身并无自主性。而卢卡奇却把意识形态看作革命的实践，本

① 卢卡奇：《历史与阶级意识》，杜章智等译，商务印书馆 1999 年版，第 270 页。

② 同上书，第 15、13 页。

③ Slavoj Žižek (ed.), *Mapping Ideology*, London, New York: Verso, 1994, p. 116.

④ 马克思、恩格斯：《马克思恩格斯文集》第 1 卷，人民出版社 2009 年版，第 534—535 页。

身具有实践性质。马克思正是看到意识形态对现实实践的依附性，严厉地批判了德意志意识形态的纯粹理论性质及其非现实性，并把研究中心转向政治经济学领域，对资产阶级政治经济学进行科学而缜密的批判。虽然我们看到卢卡奇对意识形态的倚重和偏爱，并由此在某种程度上推进了马克思主义的发展，然而由于其对政治经济学的忽视，从而在存在论根基上离开了马克思主义，他至多是个黑格尔主义的马克思主义者。我们知道，唯有深入到政治经济学领域的研究和批判，才能达到马克思主义的原则高度。

后　记

现代性批判似乎是个“落后”的主题，而卢卡奇好像也是“过时”人物。然而我一直相信，对哲学而言，“太阳底下无新事”。做哲学研究主要是问题研究。哲学研究的基本问题是亘古不变的主题。变化的只是哲学思潮，即使是哲学思潮，它也是依据时代变化对哲学基本问题作新的阐释。就像中国的现代化面对的仍然是中国和西方以及传统与现代的关系这些古老问题。对卢卡奇思想的研究成果汗牛充栋，但对其的研究仍存在诸多争议之处，特别是其早晚思想的差异。本书从现代性批判视角切入研究卢卡奇思想，就是想从学理上论证其思想在实质层面上是一以贯之，以维护其思想的整体形象。当然，这只是个初步尝试。

此部著作是在我的博士论文基础上修改而成的。在论文写作期间，一直就在不断地进行自我怀疑和自我否定。这种自我质疑使自己深感痛苦和不安，一再检讨自己的写作思路和意义，同时又是自己写作的动力，让我感受到学术道路的艰辛以及价值所在。学术道路确实是一条孤独困苦同时又充满诱惑的荆棘之路。五年前我进入复旦大学时就强烈地感觉到这一点。复旦大学哲学学院老师严谨的治学态度和扎实的功底，使我充满敬仰之情又备感压力。在复旦三年，我勤勉治学，踏踏实实地拜读哲学经典。而学问的艰深和自身的愚钝，使我的学习之路步履维艰，寸步难行。幸有老师的及时点拨和耐心引导，以及同学们的相互扶持和悉心帮助，使自己对哲学渐有些许感觉和迷恋，并一步一个脚印地前行。因此，论文的最终完成离不开各位尊敬的老师们和可爱的同学们。衷心的感谢他们！

衷心感谢我的导师郑召利教授！这篇论文能顺利地通过开题报告、中期考核以及最后拿出完稿，与其时常督促和悉心的指导分不开。他治学有方，为人亲切和蔼。他对我论文的指导，侧重于从整体上进行把捉和理解。这种对论文的宏观把握，让我受益匪浅，使我清晰地了解到自己论文的不足和值得商榷之处，促使自己不断修改和校正论文，直至论文的最终成型。而且，他对哲学的理解以及他的平易近人，使我体会到做学问和做人也是分不开的。“学问即做人”，在他身上得到了切实体现。师恩难忘，吾当永记心头！

我还要向复旦大学哲学学院的诸位老师们表达最诚挚的谢意！他们对哲学经典的重视，那份对哲学的热爱，那种人格的伟大，是我学习的不竭源泉和动力。“高山仰止，景行行止”！在这些最可敬的老师当中，给我最深刻印象的是，余源培老师的高风亮节和洒脱气质，吴晓明老师的高屋建瓴和原则高度，陈学明老师的宝刀不老和关爱学生，孙承叔老师对马克思主义的坚定信仰和谆谆教导，邹诗鹏老师的博学多才和妙笔生花，王德峰老师的本质直观和自我陶醉，张汝伦老师的愤世嫉俗和中西会通，丁耘老师的献身哲学和诙谐幽默，张双利老师对事业的鞠躬尽瘁和对原典的信手拈来。这里要特别感谢张双利老师，本书中的一些想法也受益于其成果。她对哲学文本的深刻分析和理解，总是让我们回味无穷和望洋兴叹！当然，我一直就认为，复旦大学哲学学院是一个学术团体，各位老师的聪明才智熔铸为一种复旦大学哲学学院独特的学术精神。它像一个强有力的磁场，吸引着每一位教师和同学并使其中的每一个人都终身受益。

感谢复旦三年朝夕相处的同学们！他们是王世进博士、李春建博士、司强博士、汲广林博士、黄学胜博士、王文臣博士、赵岩博士、邓秋菊博士、沈玉梅博士以及姜海波博士后，还有唐爱军、肖玉营和罗九师弟、魏海燕和徐娜师妹，以及好友罗才成博士和王伟博士等。没有他们的帮助和支持，我的学习之路会经历更多的不必要的曲折和弯路；没有他们的陪伴和鼓励，我的博士生活会显得黯淡无光和无滋无味！友谊万岁！

我还把感激之情献给复旦大学！复旦的三年学习生活，使我度过了人生的一段艰难时期，并给我指出了前行方向。而且更重要的是，我在复旦学习时悟出了哲学学习的意义和真谛："哲学就是生活，亦即生命本身！"复旦永在！

吴晓明老师曾说过：复旦大学哲学学院毕业生要把本学院特有的学术思想和为人传统带到未来工作岗位上，同时又要学习未来工作单位的优良传统和作风。因此，我最后要感谢武汉纺织大学！武汉纺织大学马克思主义学院是个和谐的大家庭。大家在其中都能找到回家的感觉。学校和学院非常重视学术工作。博士文库的出版计划就是重要体现。朱丽霞院长为博士论文的出版东奔西跑，付出诸多心血。学校领导也为本书的出版给予多方面的帮助和支持。至此一并表示谢意！

由于我学识和能力所限，本书肯定存在这样或那样的不足或值得商榷之处。于此，我恳请专家学者或学术方家批评指正！

宋朝普

2013 年 6 月 1 日修改于武汉东湖